REVUE RÉTROSPECTIVE

NORMANDE

REVUE RÉTROSPECTIVE
NORMANDE

DOCUMENS INÉDITS

POUR SERVIR

A L'HISTOIRE DE ROUEN
ET DE LA NORMANDIE

RECUEILLIS ET PUBLIÉS

PAR ANDRÉ POTTIER

CONSERVATEUR

DE LA BIBLIOTHÈQUE PUBLIQUE DE ROUEN

ROUEN
NICÉTAS PERIAUX, ÉDITEUR,
RUE DE LA VICOMTÉ, 55

1842

A

MONSIEUR HENRY BARBET

MAIRE DE ROUEN

MEMBRE DE LA CHAMBRE DES DÉPUTÉS

OFFICIER DE LA LÉGION D'HONNEUR

CHEVALIER DE L'ORDRE DE LÉOPOLD DE BELGIQUE

DÉCORÉ DE JUILLET

ETC., ETC.

HOMMAGE RESPECTUEUX
DU COLLECTEUR

AVERTISSEMENT.

Ceci n'est point, à proprement parler, un livre; c'est plutôt, ainsi que l'indique son titre, un Recueil, ou mieux encore un Porte-feuille de pièces détachées, pour servir à l'histoire de Rouen, et par extension à celle de la Normandie. La forme nouvelle et inusitée qu'on a donnée à cette collection a peut-être besoin, pour être justifiée, de quelques explications: cette forme résulte des circonstances accidentelles qui ont fait naître cette publication, aussi bien que d'une détermination raisonnée et arrêtée à l'avance. Occupé, depuis plusieurs années, de l'exécution d'un vaste travail qui embrasse le dépouillement, l'analyse, la recherche des origines et la classification des nombreux Manuscrits que renferme la Bibliothèque de Rouen, nous avons dû rencontrer, dans le cours de nos investigations, beaucoup de documens précieux et inédits, qui, sans mériter par leur importance, ou nécessiter par leur étendue les soins et les dépenses d'une publication distincte, valaient pourtant la peine d'être recueillis et mis en lumière. La Revue de Rouen, cet utile et progressif recueil, qui a toujours prêté une aide si efficace et une si active coopération à tous les travaux entrepris depuis dix ans pour l'illustration de notre histoire locale, la Revue de Rouen s'offrit pour recevoir et insérer ces Analectes dans ses numéros périodiques. Mais, en même temps, pour ne pas modifier l'ensemble de ses matières, et dénaturer le caractère de sa rédaction, elle imprima ces matériaux sous forme de pièces détachées, et les annexa, à titre d'appendices, à ses cahiers mensuels. L'isolement de ces pièces, ainsi séparées du recueil, devait fournir un moyen facile d'en réunir la série en volume, tandis qu'en même temps il permettait d'en classer et d'en distribuer les élémens, au gré du collecteur, dans les porte-feuilles de toute bibliothèque historique spéciale.

Il n'est pas, en effet, sans utilité de remarquer que, au milieu de l'abondance des documens que les recherches d'une foule d'érudits, dans les bibliothèques et les dépôts publics et particuliers, font surgir de toutes parts, la dispersion de ces mêmes matériaux, leur insertion, souvent fortuite, dans les Revues, dans des collections sans spécialité déterminée, forment le plus grand obstacle à l'utilité que le travailleur pourrait retirer de leur coordination et de leur rapprochement; bien plus, que, la plupart du temps, ces extraits, égarés dans des recueils polygraphiques, dissimulés par leur entourage, échappent aux investigations, et restent complètement ignorés de ceux qui auraient intérêt à les consulter.

Il nous a donc paru convenable, pour le plus grand avantage des études historiques, et pour la satisfaction des collecteurs qui aiment à former des suites de documens relatifs à une époque, à un fait important, à un point de critique historique controversé, de publier nos extraits sous forme de pièces détachées, ayant chacune leur titre distinctif, leur notice explicative, et leur pagination particulière, de telle sorte qu'on pût, à volonté, les laisser en volume, ou les scinder en fragmens, pour les répartir méthodiquement dans des porte-feuilles de classement. Tous les collecteurs de spécialités, tous ceux qui attachent tant de prix aux opuscules détachés, aux notices tirées à part, nous sauront sans doute gré d'avoir tenté cette combinaison et donné cet exemple.

Ce livre, on le voit déjà, n'est que la réunion de ces fragmens anecdotes, de ces curiosités d'histoire locale, publiés en différens temps par la Revue de Rouen; de là des dates différentes, des variantes même de nom d'éditeur, sur le titre de ces courts opuscules : indices significatifs que la publication a suivi les fortunes diverses de la Revue. Heureusement ces vicissitudes n'ont pu influer d'une manière fâcheuse sur la correction, sur l'élégance constante de la composition typographique, qualités qu'on appréciera sans doute en parcourant ce volume, puisque les mêmes soins, la même expérience pratique, déjà manifestés par tant de belles éditions, ont concouru d'un bout à l'autre à l'exécution de l'œuvre.

Il nous resterait maintenant à faire connaître, d'une manière sommaire, la valeur et l'intérêt de la plupart des pièces contenues dans ce receuil, si les notices qui accompagnent chacune d'entre elles ne remplissaient surabondamment ce but. Il nous appartient moins qu'à tout autre de relever le mérite de trouvailles dont chacun, avec du zèle, un peu de discernement, et de bons yeux, peut arriver à glaner sa part. Ce ne sont, d'ailleurs, comme nous l'avons dit, que des matériaux; or, les matériaux n'ont point de valeur par eux-mêmes; ils doivent tout leur prix à celui qui réussit à les enchâsser utilement dans son travail : ici, comme partout ailleurs, tant vaut l'ouvrier, tant vaut l'œuvre.

A. P.

I

CHRONIQUE
DU ROI RICHARD

Chronique Abrégée
du Roi Richard
Coeur-de-Lion,

Depuis son retour de Palestine jusqu'à sa mort.

Extrait d'une Histoire universelle
Compilée par Jehan Raveneau,
Religieux de St-Wandrille.

Publié d'après un Manuscrit du xve siècle
de la Bibliothèque de Rouen ;
par André Pottier,
Conservateur.

✤

Rouen,
Nicétas Periaux, Éditeur,
Rue de la Vicomté, 55.

1841.

Publication
de la Revue de Rouen
et de la Normandie.

Imprimé chez Nicétas Periaux,
Rue de la Vicomté, 55.

Briefve Chronique

Du Roi Richart

Coeur-de-Lion,

Depuis son retour de Palestine jusqu'à sa mort.

Or nous dirons du roy Richart qui estoit en Cypre, qui avoit eues lettres d'Acre, que prinse estoit; si en fut couroucé et vint à Acre le plus tost que il peust, et eust en son cueur grant envie et grant félonnie de ce qu'il sçavoit bien que Acre estoit prinse par le roy Philippe. Si advint ung jour que monseigneur Dés Barres chevauchoit parmi Acre et le roy Richart aussi, et s'entrerencontrèrent; et le roy Richart tenoit ung tronchon d'une grosse lance, et muet[1] au Barrois et le cuida porter hors des archons; le Barrois se tint bien car il estoit chevalier esmeré[2], et au passer que le roy engleis cuida faire, le Barrois le saisi par le col, et fiert[3] cheval des esperons, et le trait par force de bras hors des archons, et lasche les bras, et il chiet[4] sur le pavement, si angoisseusement que poi[5] alla que le cueur ne li parti; et fut illec une grande pièce pausmé[6] que on n'y senti ne pous ne alaine. Atant s'en parti le Barrois et s'en alla à l'ostel du roy et lui dist comment il estoit. Quant le roy ouy ce, si luy en pesa, et fist armer sa gent, car il resongnoit[7] moult le roy Richart.

Or advint quant le roy Richart fut revenu de pausmoison, il fit armer ses Engleis et vint assaillir à l'ostel le roy Philippe, maiz il ne le trouva pas esbahi ne desgarni ; ains le deffendirent la gent du roy bien et vigoureusement, et assez y eust trait et lanche ; et apres vint le conte de Flandres et autres barons, et prindrent triefves à iiij jours, et en dedens fut la chose appaisée.

Le roy Richart eust trop le cueur enflé du roy Philipp: qui avoit l'onneur d'Acre, si le commencha à hair moult, et mesmement pour l'occasion de son pere ; et pourcacha[8] tant par ses dons que le roy fut enherbez[9]; mais, Dieu mercy, les enherbemens ne fut mie à mort. Quant le roy Richart vist qu'il avoit failli, si se traist[10] au conte Philippe de Flandres, et au conte de Champaigne et au conte de Bloiz, et tant leur donna de ses esterlins qu'il jurèrent sa mort, et debvoient traitier comme[11] il rechevroit mort. Mais Dieu qui n'omblie mie les siens envoia une maladie au conte Philippe dont il mourut. Et quant il se senti agrevé, si manda le roy Philippe qui estoit son filleul, et lui dist: Beau filleul, faictes prendre une corde et la me faictes mectre au col, et me faictes trainer par toutes les rues d'Acre, car je l'ai bien desservi[12]. Quand le roy l'ouist ainssi parler, si cuida qu'il ne fut mie en son bon sens, et lui dist : Beau parrain, qu'esce que vous dictes? — En nom Dieu, je sçai bien que je vous dy; sachez de voir, beau filleul, que je ai vostre mort jurée, et je et le conte Henry vostre nepveu, et le comte de Blois ; et bien saichez que se vous ne vous en allez de cy eraulment[13], vous serez trahi et mort. — Ha dieu! dist le roy, beau parrain, pourquoi vous y accordastes vous? — En nom Dieu, beau filleul, ils me eussent ochiz[14]. Adonc s: départi le roy du comte, à grant mésaise de cueur, et pensa qu'il feroit crier que tous les chevaliers venissent mangier à sa court au tiers jour, et fist appareiller viande à grant planté, si comme il convenoit à court de roy, et néantmoins n'omblia mie ce que li queux[15] Philippe lui avoit fait sçavoir. Si fist atourner coiement[16] son navire, et mectre dedens quanque mestier fut[17], et lendemain, ains jour, monta en mer et tous ses privez.

Quant li quens Henry sceust que le roy s'en alloit, si se mist en une barge, et s'en alla après lui et le rataingnist, car il n'estoit pas encore moult loin. Si lui dit: Beau sire, beau cousin, me lairez vous par decha, en ceste estrange contrée? Le roy lui respondi et lui dist: Ouil, par la lance St. Jacques, mauvaiz traistre, ne jamaiz en Champagne ne rentrerez, ne vous ne vos hoirs. Atant retourna le conte Henry en Acre, et vint au roy Richart et lui dist : Sire, nous sommes honnis et destruis, car le roy s'en va en France, et bien sait par le conte Philippe que nous avons sa mort traitié; et bien sachés qu'il nous destruira tous. Lors fut mandé le queux de Bloiz et prindrent conseil qu'ils iroient parler au conte Philippe. Et en ces parolles l'en leur apporta nouvelles que le queux estoit mort, et lors furent-ils trop esbahis; et fut enfoui en l'estre [18] Saint Nicholas d'Acre, et s'en revint le roy et le queux de Blois, et entrèrent en une chambre et prirent conseil qu'ils feroient. — Par mon chief, dit le roy engleis, je m'en irai en Angleterre, et si tost comme je y vendrai, je mouverai au roi guerre. — En nom Dieu, dist le queux de Blois, je m'en irai en France, et crîrai au roy merci. — Par ma foi, dist le conte Henry, je demourrai en ceste terre, car je sçai certainement que je suis deshérité.

Adonc le roy Richart fist atourner ses nefs et ses pavillons, et monta en mer, et s'adrecha du miex qu'il peult vers Allemaigne, et print port et s'en alla par terre à privée mesnie [19]; et tant erra qu'il vint en Otheriche, et fut espiez et cogneu par le roy Philippe et par l'empereur de Rome [20] de ce Henry à qui le roy Richart debvoit avoir donnée une buffe [21], si comme aucuns disoient. Quant le roy Richart apperchut qu'il estoit ainssi espiez, si entra en l'ostel du duc d'Otheriche et print la broche d'un garchon et se mist à la cuisine pour tourner les chappons. Une espie l'ala conter au duc, et quant le duc le sceult, si envoia tant de chevaliers et de mesnie [22] que la force en fut leur [23], et fut prins le roy et envoyé en ung fort chastel, et toute sa mesnie en ung aultre; et fut mené le roy de chastel en chastel [24] que n'en sceult nouvelles.

Or vous dirons du roy Richart d'Engleterre que le duc d'Otheriche tenoit en prison; il advint que le roy Richart avoit nourri ung menestrel de France qui avoit nom Blondiaux. Celui pensa qu'il querroit son seigneur par toutes terres jusques qui l'eust trouvé. Et tant erra celui Blondiaux, par les estranges contrées, qu'il eust bien demeuré an et demi que onques il ne ouit nouvelles du roy; et tant aventura [25] qu'il vint en Otheriche, en Allemaigne, ainssi comme aventure le menoit, et vint droit au chastel où le roy estoit en prison, et se heberga ceur [26] une fame qui demouroit près du chastel, et demanda à celle fame à qui le chastel estoit, et elle lui dist que le chastel estoit au duc d'Otheriche, et qu'il avoit dedens ung prisonnier bien iiij ans avoit [27]; et lors il lui demanda qui il estoit, et elle lui dist que elle ne sçavoit, et ne povoit sçavoir nul qui il estoit, et que l'en le gardoit bien songneusement, et pour ce que elle créoit bien qu'il estoit gentil homme et grant seigneur. Et quant Blondiaux ouy ce, si fist tant qu'il s'acointa du chastelain de laiens [28] qui estoit jeune chevalier, et jouoit devant lui et begnignement le servoit, et l'aima moult le chastelain. Illec demoura Blondiaux tout l'yver, ne ne povoit sçavoir qui le prisonnier estoit, tant que ung jour Blondiaux fist tant que il alla, par les festes de Pasques, tout seul au jardin qui estoit jouxte la tour où le roy estoit, et regarda entour lui, et se pensa se par aventure pourroit veoir la prison. Ainssi comme il estoit en ceste pensée le roy regarda parmi une archière [29], et vist Blondiaux, et pensa comme il se feroit à lui congnoistre. Si lui souvint d'une chançon qu'ils avoient faicte entre eux deux; si commencha à chanter moult hault et cler, car il chantoit moult bien, et quant Blondiaux l'ouy, si sceust certainement que c'estoit son seigneur le roy Richart, si en eust grant joie; atant se parti du vergier. Ainssi demoura Blondiaux jusques à la Pentheconste, et si bien se contint laiens que le chastelain ne nul aultre ne s'en apperchust; et fist tant que, par ses belles parolles, il se parti d'avec le chastelain, et alla tant par ses journées qu'il vint en Angleterre, et dist aux amis du roy et aux barons qu'il avoit le roy trouvé, et leur dist où il estoit.

Quant ils ont entendu les nouvelles que Blondiaux leur apportoit si en furent moult joieux, et envoièrent en Otheriche deux chevalliers vaillans et saiges hommes, et traitièrent tant devers le duc que ils le ramenèrent et délivrèrent de la prison au duc, par ij[cm] mars [30] de sterlins, et par si que le roy Richart plenvi et enconvenancha [31] que jamais au duc ne feroit moleste. Et fut rechen en Angleterre à grand honneur, donc Angleterre fut moult grevé, car il leur convint mectre jusques à leurs galices [32], et chantèrent long temps en galices d'estain et de fust [33].

Or advint que une nuit le roy Richart gesoit en son lit et ne povoit dormir, et lui vint une pensée devant lui qui mout fut félonnesse et crueuse; et lui souvint de son père le roy Henry qui s'estrangla des règnes du frain de son cheval; et lui souvint de la prinse et de la renchon que le duc de Autheriche lui avoit fait, par le mandement et par les prières du roy Philippe et l'empereur Henry. Si en eust en son cueur si grand couroult qu'il dist et afferma que jamais son cueur ne seroit aise ne en paix, de ci atant qu'il s'en soit vengié [34]. Atant adjourna [35], et alla ouir messe, et manda ses barons et leur dist son conseil de ce faire, lesquieux [36] s'accordèrent de lui aidier de corps et d'avoir, et bien avoit povoir du roy Philippe d'amis et d'avoir. Quant il entendi qu'il eust le cueur de ses barons si en fut joieux, et maintenant fist escrire une lettre et sceller de son scel, de deffiance [37] le roy Philippe; et lui mandoit par ses lettres qu'il ne le tenoit mie à seigneur ne à ami, et bien sceult-il que il l'iroit veoir à briefs jours, en milieu de sa terre, ne ja ne seroit tels qui l'osast encontrer ne atendre. Atant eslut un chevalier saige homme, et lui charga ces lettres. Le chevalier les rechut de la main du roy et alla tant par mer et par terre qu'il vint à Orliens où le roy Philippe estoit, et lui tendi la lettre sans saluer, et lui dist: Sire, le roy Richart d'Angleterre si vous envoie ces lettres; faictes sçavoir s'il vous plaist qu'il y a, car je ne veul pas si longuement demourer. Le roy fist briser la lettre à l'évesque d'Orliens qui estoit jourte lui, et quant il les eust lues et dist au roy Philippe ce qui estoit dedens. Quant le roy entendit ce si pensa ung poi et dist: Dieu qui est nostre seigneur tout puissant nous peult bien aidier; et sachez que se vostre seigneur vient en ceste terre pour mal faire, nous lui serons à l'encontre à tant de gens comme nous pourrons assembler. Atant se départi le chevalier sans congié prendre et repassa mer, et trouva le roy Richart à Londres, à tout [38] grant chevalerie, et lui noncha ce que le roy Philippe lui avoit dist.

Le roy Richart fist faire nefz, tentes et pavillons à grant foison, car il avoit bien le povoir, et atourna son esre [39] à grant esploit, car il actendoit la saison du nouveau temps. Et le roy Philippe si n'omblia mie la poire au feu, ains fist reffermer ses chasteaux et ses arches [40], et fist venir des vins et des viandes et des gens si comme pour lui deffendre et sa terre, car il resongnoit [41] moult le roy Richart, pour sa prouesse et pour son hardement [42].

Atant revint le nouvel temps que le mois de mai fut entré, et que le roy Richart fut entré en mer à tout grant chevalerie, et eurent bon vent et bonne esre [43], et arrivèrent à Dieppe, ung port de mer en normandie qui estoit sien, et issirent hors des nefs, et vindrent à Rouen sa cité, qui estoit à xiiij lieues du port, et illec séjournèrent ung mois, pour eux aiser et appareller. Atant commanda le roy Richart que l'ost allast et errast droit à Gisors, ung sien chastel qui est fort à merveilles et bien séant, et est à vij lieues de Biauvais; et quant ils furent là venus si séjournèrent deux jours, et au tiers jour commanda le roy que l'avant gardes errast [44] et les fourriers courrurent tost. Donc veissiés garchons et ribaux, à pié et à cheval, espandre parmi Biauvoisin, et prendre pors et vasches, brebiz et asnes, chappons et guelines [45], chevaux et charues et paysans, et amener en l'ost arrière, dehors Gisors où ils estoient logiez, et faisoient tout le mal qu'ils povoient faire par la terre et par le pays.

Ainssi furent une pièche de temps qu'ils faisoient tout à leur voulenté dehors forteresses, que nuls ne les destourboit [46]. Si advint que renommée qui partout volle vint jusques au roy Philippe, et lui fut dist que le roy Richart estoit à Gisors à tout grant gent, et ardoit et roboit [47] toute la terre d'entour Biauvois. Et quant le roy entendi tels parolles si fut trop courouché, et manda le conte de Chartres, le conte de Vendosme, le conte Dennevers [48], le conte d'Ausserre, le conte de Sancerre qui preudomme estoit, et le vidame de Chasteaudun, et monseigneur Alain de Roucy, et moult d'autres preudommes qui ne sont mie ci nommés, et leur conta le desroi [49] du roy Richart qui son homme debvoit estre, et leur en requist conseil comment il en ouvreroit [50]. — Sire, se dist le conte de Sanceurre, s'il vous plaist, nous qui sommes ci nous trairons celle part [51] et irons à Biauvois, et verrons que ce pourra estre, et se Dieu plaist, les Anglois ne nous deshériteront mie.

Lors commanda le roy qu'ils s'apparellassent au plus tost qu'ils porroient, et leur fist baillier deniers à charetées, et quant ils furent apparellez d'armes et de chevaux si s'en allèrent à Biauvais, et là s'atendirent et firent avant garde et arrière garde, et chevauchèrent vers Gisors, et ceux de Gisors revindrent contre eux et béhourdèrent [52] assez les ungs contre les autres, et assez y eust perdu et gaignié, et s'en partirent atant, fors et chacun jour faisoient ainsi. Et advint que le roy Richart manda au conte de Sanceurre et au Barrois qu'ils mengoient le pain du roy pour noient [53]. Mais s'ils estoient si hardis qu'ils osassent venir jusques à l'ourme de Gisors, il les tendroit pour preux et hardis.

Et les roiaux lui mandèrent qu'ils y seroient lendemain devant tierce, et le coupperoient en despit de lui. Quant le roy Richart entendi qu'ils vendroient l'ourme coupper, si fist ferrer le tronc de l'ourme de bendes de fer entour, qui avoit bien vj toises de gros, et lendemain par matin s'armèrent les royaux, et firent v eschielles [54] de leurs gens, dont le conte de Sanceurre conduit l'une, le conte de Chartres l'autre, et le conte de Vendosme la tierce, le conte Dennevers la quarte, et monseigneur Guillaume Des Barres et monseigneur Allain de Roucy la quinte; et chevauchèrent jusques à l'ourme de Gisors, les arbalestriers et les charpentiers devant, à bonnes haches et à bons marteaux et picquois, pour arracher les bendes à forche, et couppèrent l'ourme coi qu'il en pesast [55]. Mais le roy Richart ne dormoit mie endementiers [56], ains avoit fait v eschielles aussi, et se feri entre eux vassaument [57], comme chevaliers hardi qu'il estoit, et il fut recheu des royaux bien et hardiement, et brisèrent leurs lances, et moult y en eust d'abatus, et de navrés, et traîrent [58] les espées et s'entremeslèrent les ungs aux aultres, et moult y en eust d'abatus d'une part et d'aultre, et merveilles y faisoit le roy Richart de belle chevalerie, et abatoit chevaliers de chevaux, et arrachoit heaulmes de testes, et escus de cos [59], et faisoit tant de merveilles que tous les roiaux en estoient esbahis. Et d'autre part le Barrois se maintenoit si bien qu'il n'encontroit chevalier qu'il ne mist par terre, et tant le craignoient que nul ne l'osoit actendre, ains lui faisoient tous place, et en son bien faire le roi Richart le regarda et en eust grant envie, car il le haioit d'armes, et de piécha; si prist une grosse lance, et lui escrie: Barrois, Barrois, trop avez chevauchié! Quant le Barrois l'entendit si le congnust, et prist une grosse lance et roide et forte, en main d'un escuier, et fiert cheval des esperons contre le roy, et le roy contre lui, et s'entremainent si très durement de pis [60] et de chevaux qu'ils faisoient toute la terre bondir; et se fièrent sur les blasons [61] si roidement qu'ils rompirent poitraux et cengles, et se portèrent à terre par dessus les croupes des chevaux, leur selle entre leurs cuisses; et saillent sus [62], et traient les epées des fourreaux, et se courrent sus, et fièrent de grands coups parmi les heaulmes et sus les escus; et ne pussent pas demourer, se la bataille durast longuement, que le quel qui soit n'y perdist. Atant saillent chevaliers d'une part et d'aultre, et remontent chacun le sien et se départirent à tant, et allèrent chacun dans son repaire, car la nuit approchoit.

Ainssi demoura decy à lendemain que le roy Richart eust ouy messe; ès vous [63] un messagier batant aux esperons qui descendi aux degrés de la salle, et monta à mont et demanda le roy et on lui enseigne, et il va celle part et le salue et lui dist: Sire, le conte de Glocestre à qui vous avés baillé Engleterre à garder est mort, et sont ceur de vostre terre moult esbahis, car le roy d'Escosse et le sire d'Irlande et le prinche de Galles sont entrez en vostre terre et vous y font moult grand dommaige; et pour Dieu! sire, si y mectez conseil tel comme vous debvez, comme sire et roi que vous en estes. Quant le roy entendi le messagier, a poi [64] qu'il ne fut tout esragé, et appella de son conseil et de ses barons les plus vaillans et les plus saiges, et requist conseil, et ils respondirent qu'il n'y avoit aultre conseil fors qu'il s'en allast hastivement en Engleterre, et amenast avec lui de ses barons, lesquieux [65] que il vouldroit, et qui plus lui seroient prouffitables, et le remenant de vostre gent demorera, et garderont le chastel hardiement aux franchois [66] et leur feront despendre les deniers du roy. — Par ma foi! dist le roy, vous dictes bien. Atant se départi le roy du conseil, et fist lendemain appareiller son erre [67], et eslut des meilleurs des ses barons, et s'en alla en Engleterre, et trouva le pays moult troublé et les gens esbahis, ainssi comme gens qui estoient sans seigneur.

Ici lairons ester du roy Richart [68] et dirons du roy Philippe qui avoit eu lettres du conte de Sanceurre qui estoit chevetain [69] de l'ost, [70] que le roy Richart s'en estoit allez en Engleterre avec les meilleurs de ses barons. Si pensa le roy que ore estoit à point [71]. Si feist escrire les briefz et les fist envoier à ses féaulx, et leur manda qu'ils fussent tous prestz à Bianvaiz dedans ung mois, à armes [72] si comme ils doibvent; et si firent-ils, dedans le mois, que nul ne se atarga, et trouvèrent le roy qui jà estoit venuz; et fist avant-garde et arrière-garde de chevaliers preud'hommes et de arbalestriers pour l'ost conduire, et vindrent à ung matin devant Gisors et tendirent leurs trefz [73] et leurs pavillons entour du chastel, au giet d'une arbaleistre à coue [74] et ceux de dedans issirent hors et les destourboient à leur povoir [75]. Maiz riens ne leur valoit, car trop estoient poi contre les roiaux et et celui n'y estoit pas qui leur confort estoit. Ainssi y furent roiaux logiez, et lendemain au matin commanda le roy que les engins fussent dréchez, et fist-on gecter et trébucher perrières et mangonnaur efforciement [76], et si fist-on; et furent si destreins ceux de dedans en poi d'eure et par nuit et par jour, qu'il ne sçavoient que devenir ne que faire, car on avoit tant ochis de eux que la tierce portie n'en estoit mie demourée en saine vie ne haitiez [77]. Et quant le chévetain de Gisors vist que tous alloient à la mort, si manda au roy Philippe, par le conseil de sa gent, qu'il lui rendroit le chastel dedans ung mois s'il n'avoit conseil dedans ce terme. Le roy octroya maiz qu'il eust en ostage le filz du chastelain. Atant fist le roy ses engins cesser à geter et de assaillir; et le chastelain envoia en Angleterre au roy Richart qu'il le venist secourre [78], car ils estoient si oppressés que poi de gent avoient de remenant [79], et convenoit le chastel rendre par estouvoir [80] dedans ung mois. Quant le roy Richart entendi le mandement du chastelain si eust au cuer grant ire, et fist escripre unes lettres, et mandoit au chastelain que à ce jour ne povoit-il estre, mais pour Dieu se tint bien et fist le mieux qu'il porroit, et qu'il le secorroit au plus tost qu'il porroit.

Endementiers que le terme demoura [81] le roy Philippe envoya devant Niort, un chastel fort et bien séant qui estoit au roy Richart, une partie de sa gent, et vindrent là si coyement [82] que ceux de dedans le chastel furent si surprins que les roiaux se ferirent tout à ung fars dedans le chastel; et fut prins la garnison et retindrent et mirent en prison. Et quant le roy Philippe le sceust si en eust telle joie que nul homme ne pourroit penser. En ces entrevans [83] les messaigiers que le chastelain de Gisors avoit envoyés en Angleterre [84], si vist bien qu'il n'avoit mie le secours de son seigneur le roy Richart, si rendi le chastel de Gisors au roy Philippe, qui tant est bel et fort, et le roi le fist bien garnir de toute bonne gent et leur fist donner qanque mestier leur fut [85]. A tant se départi le roy Philippe d'illec, et alla par le pays de Normandie et faisoit assés de ce qu'il vouloit dehors forteresses, et tant [86] que le roy Richart eust achevé sa guerre à ses ennemis et fut à eux appaisiez; et s'en vint au plus tost qu'il peust en Normandie, et au plus efforciement, et arriva à Dieppe à ung avesprement [87] et lendemain ains jour [88] fist armer sa gent et aller celle part là où le roy Philippe estoit. Adonc chevauchoit le roy Philippe à privée mesgnie, et ne cuidoit avoir garde, car il cuidoit que le roy Richart fust encore en Angleterre, et adonc n'estoit mie le Barrois avec lui; mais Allain de Roussi y estoit qui mout haioit le Barrois et le Barrois lui; et regarda messire

Allain devant lui, et voit à moins de deux lieues grant foison de bannières espesses à val la terre, à destre et à sénestre, et vint au roy et lui dist : Sire, je voi là grant foison de bannières, si nous armerious se vous m'en croiés, car le roy Richart est trop chevalereux et moult sçait de guerre. — Par la lance St. Jasque, dist le roy, oncques mais ne te vi couard fors ore [89]. — Par mon chief! dist messire Allain, je suy celui qui se taist à tant. Adonc regarda le roy devant lui et vist que les bannières lui approuchoient et le pais peuploit de gens, et si appelle monseigneur Allain et lui dist: Allain se tu le loes [90], il est bon que notre gent soit armée. Et respondit messire Allain: A belle heure veaux tondre [91]. Sire, sachés de voir [92] que c'est le roy Richart sans faille [93]; et vous di pour voir [94] que nous serons tous prins, faictes lei [95] bien monter sur le plus courant destrier que vous aiés, et vous en allez à Gisors qui est près d'ici ; et vous mectez à garnison, et je demourerai cy et vestirai vos armes et ferons le mieux que nous pourrons. Adonc monta le roy sur un destrier fort et isnel [96] et s'en va droit vers Gisors grant aleure [97], et fut apperchen de l'avant garde, et coururent après lui plus de deux cents; ils estoient armés et si estoit mieux monté de eux tous, et s'en alla par effort de cheval jusques à Gisors, et là fust rechen hastivement, et monseigneur Allain de Roussi demoura et print les armes du roy, et fist deux eschielles de tant de gent comme il avoit et les mit en corroi [98].

A tant ès vous [99] le roy Richart et sa gent, et si fièrent entre eux; et les roiaux les rechurent vigureusement, à tant de gent comme ils estoient, et se deffendirent à merveille bien. Mais leur bien fait [100] riens ne leur valut, car trop poi estoient contre les Anglois; car le roy Richart estoit trop bon chevalier de sa main. En la parfin furent desconfis les roiaux, et en prist le roy Richart des quieux [101] qu'il voulut; et fut messire Allain pris armé des armes du roy. Quant le roy Richart le vist si lui escrie: Eu non Dieu! Roy, or vous tien-ge. — Certes, dist messire Allain, non faictes; ainchois tenez Allain de Rouci, ung pauvre vavasseur. Qu'est-ce, diables! dist le roy; es-tu ce Alain; je cuidoie tenir, par saint Thomas! le corps du roy. Hée Dieux! dist le roy Richart, puisque nous avons failli au roy, nous airons le Barrois. — Certes, dist messire Alain, nennil; car il n'est pas ici. Sachez de voir que se il eust esté ici, vous eussés esté prins ou mort. Et ceste parole fut portée au Barrois qui durement le haioit [102]; et par ceste parole fut faicte l'accordance entre eux deux.

A tant se parti le roy Richart d'illec, à tout ses prisonniers, et alla à Vernon, ung sien chastel qu'il avoit, qui moult estoit bel et bon, et bien séant sur Saine; et fist départir ses prisonniers par ses chastiaux, et monseigneur Alain retint avec lui, et le mena avec lui à Rouen; et là séjourna une grant pièche.

Or vous dirons du roy Philippe qui estoit à Gisors et manda sa gent, et la ralia ensemble, et s'en revint en France, et là séjourna une pièche; et le roy Richart qui estoit à Rouen fut trop dolent de Gisors et de Niort qu'il avoit perdus. Si print une partie de sa gent, si les envoia ès marches pour rober [103] et pour destruire le pays, et l'autre partie envoia à ung chastel du roy Philippe, qui estoit ès marches, et l'assist [104] et fut devant grande pièche [105], ainchois qu'il le prist, et fist si bien les chemins gueitier que nulz messagiers ne povoient issir du chastel; et tant fut devant le chastel qu'il le prit par force, et fist à chacun des arbaleistriers l'un des poings couper, et aux sergens à chacun ung oeil crever; et les chevaliers fist rendre et ranchonner, et les laissa aller parmi tant. Et quant le roy Philippe le sut, si lui ennuia moult; mais il ne le peust amender à cette fois [106], car une grande maladie le prist, qui bien le tint an et demi, par quoi il n'y peust mectre conseil.

Or revendrons au roy Richart qui faisoit ses ours tumber [107] et n'estoit qui le contraingnist; et faisoit quanque il vouloit dehors forteresses, et prenoit proie et paysans, et tribouloit si le pays que l'on n'y semoit, ne avoit, ne faisoit len nul gaignage, tant comme la terre de la marche duroit, et encore oultre. Mais les forteresses au roy franchoiz estoient garnies de bonnes gens, et de vins et de viandes, et de quanque mestier leur estoit, qu'ils n'avoient garde du roy Richart, et néanmains il les tenoit si cours qu'ils n'avoient povoir de mouvoir chacun de son lieu.

Or advint chose que on lui dist que le roy Ferrand [108] d'Espaigne avoit assise la Riolle [109] et le Vaugirart, deux bonnes villes siennes. Et quant il entendi ces nouvelles si croula la teste et dist que, par l'ame son père! que bel lui estoit qu'il ne demouroit pas, que ore avoit le roy d'Espaigne esveillié le chat qui dormoit, et [110] l'en dist au proverbe : Tant gratte chièvre que mal gist. Adonc fist le roy Richart semondre ses gieux et assembla ung grant ost; et monta sur mer et tant nagèrent qu'ilz arrivèrent à Baionne, une sienne cité qui siet en Gascoigne seur mer, et là furent viii jours; et au ixe commanda le roy Englois l'ost à errer, et au plus tost qu'il pourroit à entrer en la terre du roy d'Espaigne, et mist tout le pays en feu et en flanbe; et blefz et vignes et jardins destruisoient quanque ils ateignoient; et coururent ainssi xiiii jours ainchois que le roi d'Espaigne le sceust.

Atant se départist de l'ost du roy Richart ung espie et s'en vint à la Riole où le roy d'Espaigne estoit, et lui dist: Sire, le roy Richart a art et destruit vostre terre, et prent proie. Quant le roy d'Espaigne ouit ces nouvelles, si ne lui furent pas belles; et pensa qu'il iroit encontre, car il savoit bien que le roy Richart estoit hardiz et courageur, ne riens ne lairoit du sien. Mais il cuidoit que le roy Philippe lui eust tant livré à faire qu'il n'eust povoir de là aller, maiz on sceust dire que quanque le fol pense n'est pas vroi[111]. Le roy d'Espaigne par son conseil si fist semondre tous ses sieur à ung certain jour, et assembla grant host de ses fiefs, et ils vindrent au jour qui leur fut mis. Le roy Richart leur approucha de iiii lieues, et manda au roy Ferrand bataille au tiers jour. Et le roy Ferrand lui manda que il le verroit voulentiers. A icelui jour, ils allèrent ensemble en bataille, et chacun des rois fist faire x eschielles à tourner et ranger illec, et moult[112] de chevaliers abattus et de chevaux mors, que nulz ne vous en sauroit compter le nombre.

A tant ès vous le roy Richart lance sur faultre[13] et va escriant: Le roy Ferrand d'Espaigne, où estes vous allé? veés ci[114] le roy Richart qui vous vient deffendre la Riole et le Vaugirart, et toute la terre de Gascoigne, où vous n'avez droit, et vous en estes prouvé comme mauvais homme, traistre et desloyal, mais vous cuidiez que le roy Franchois me eust tant donné à entendre que je ne peusse ci venir. Certes, dist-il, je livrerai assés bataille à vous et à lui, tant comme je vivrai. Hée Dieu! il cuidoit assés plus vivre qu'il ne vesqui! Quant le roy d'Espaigne se ouit nommer traistre, si lui pesa, et fiert cheval des esperons, et s'en va celle part où le roy Richart estoit, et joint l'escu au col, qui estoit paint de sinople, de trois chasteaux d'or, et tint la lance, et besse et vient au roy Richart, et le roy Richart à lui, qui estoit armé d'unes armes vermeilles à trois liépards d'or. Et vient au roy Ferrand et s'entresfièrent d'une si grande vertu que ceugles et poitraux ne leur peuvent aidier, que chacun de eux ne chéissent à terre, et saillirent sus au plus tost qu'ils peurent; et traient épées nues et s'entredonnèrent grans collées, et ne peust mie estre longuement, s'il feussent ainsi, li quel qui soit ne fut mort [115]. Mais la gent de chacune partie secourut à son seigneur, et furent remontés par une force, et dura l'estour jusques à basse nonne [116]. Mais les Espaignols en eurent du pire, car ils estoient mal armés et ne sçavoient mie tant d'armes ne de guerre comme les Anglois faisoient. Au desrenier [117], s'enfouirent les Espaignols et dura le champ jusques à la nuit, et les Anglois entrèrent en mer baulz et joieux, et errèrent par mer xi jours, et arrivèrent à Dovre [118] ung sien chastel.

Quant le roy eust souppé si se alla coucher, et ne peust dormir; et lui souvint de Gisors et de niors qu'il avoit perdus; [119] qu'il iroit assiéger Gisors et le prendroit par force, car il sçavoit bien que le roy Philippe estoit malade. Lendemain il commanda et fist son navire appareiller, et entra en mer et arriva à Dieppe ung sien port de normandie, et vint à Rouen qu'il aimoit moult, et prist ce que mestier lui fu là [120], et fit errer son ost jusques à un chastel qui estoit au roy Philippe, que l'en appelle Loche, qui moult estoit fort et bien garni, et qui moult estoit en sa grevance; et se traist celle part, et jura que jamais ne se mouveroit devant ce qu'il l'eust prins par force [121]. Et l'assist et le fist assaillir jour et nuit; mais ceux dedens se deffendirent vigueureusement, car ils estoient assés gent et bien garni. Et advint ung jour que le roy Richart alloit remirant le chastel, une targe devant lui, et fut apperchu d'un arbaleistrier qui estoit en unes tourelles d'angles, qui sailloit plus avant que les autres tourelles. Si mist quarrel en coche [122] et traist au roy, et le fiert à descouvert, en la destre espaulle, et le navra durement. Et quant il se senti navré si vint à son tref, et furent les médecins appareillez qui lui tirèrent le quarrel hors de l'espaulle tout entier, et lui cerchèrent la plaie, et lui dirent qu'il n'avoit garde, se il se vouloit garder. Mais le roy, qui estoit de grand cueur, ne prisa riens la plaie ne le conseil des mires. Si but et menga tant que il lui pleust, et jut [123] avec fame, et sa plaie commencha à sourlever, et le feu y fiert, et en poi de eure fut tout entrepris le corps de lui. Et quand il vist qu'il ardroit tout et que mourir lui convenait, si se commencha à plaindre lui mesmes et regreter, en disant : Haa ! roy Richart tu mourras, qui largesse et franchise toute ta vie as tenues, et qui le tien as donné aux chevaliers tout à leur voulonté, et touts jours as poursuivi. Que devendra desoremais franchise, largesse, gentillesse et chevalerie ? Si comme il se deguermetoit ainssi, si commencha moult à enflanbier et traire devers sa fin. Lors commanda que son cueur fut enfoui à Rouen, pour l'amour qu'il y avoit, et son corps fust enfoui à Londres en la mère église. Adonc trépassa et rendi son esprit; et adonc commencèrent sa gent à faire grand deul. Et départi l'ost d'illec, et s'en allèrent à Rouen, et y fut enfoui le cueur du roy Richart. Et le corps de lui fut porté à Londres où l'on fist le gregneur [124] deul qui onc fut fait pour homme. Et fut enfoui en la grant église à grant honneur roial; et lui fut faite tombe belle et riche, comme il affiert à roy.

Fin.

NOTES.

1 Tourna vers.
2 Parfait.
3 Frappe.
4 Tombe.
5 Peu.
6 Pâmé.
7 Appréhendait.
8 S'efforça.
9 Empoisonné
10 Tourna vers.
11 Comment.
12 Mérité.
13 Promptement.
14 Tué.
15 Comte.
16 Sans bruit.
17 Tout ce qui était nécessaire.
18 Enterré dans l'église.
19 Avec une suite peu nombreuse.
20 *Sous-entendu :* par l'entremise.
21 Soufflet.
22 Monde.
23 Que la force leur resta.
24 *Sous-entendu :* afin ou tellement.
25 Marcha tant à l'aventure.
26 Chez.
27 Depuis quatre ans au moins.
28 De cet endroit.
29 Meurtrière.
30 200,000 marcs.
31 Promit et convint.
32 Calices.
33 Bois.
34 Jusqu'à ce qu'il s'en fut vengé.
35 Sur ces entrefaites, le jour vint.
36 Lesquels.
37 Pour défier.
38 Avec.
39 Fit ses préparatifs.
40 Citadelles.
41 Redoutait.
42 Audace.
43 Bon voyage.
44 Se mit en marche.
45 Poules.
46 Troublait.
47 Brûlait et saccageait.
48 De Nevers.
49 Le désastre causé par.
50 Ce qu'il devait faire.
52 Combattirent.
53 Néant.
54 Cinq escadrons.
55 L'orme de Gisors est célèbre dans l'histoire des démêlés entre les Français et les Anglo-Normands, à la fin du XIIe siècle; situé sur la frontière des deux pays rivaux, c'est sous son ombre immense que les parties contendantes se donnaient rendez-vous pour traiter de paix, de trèves ou de rencontres d'armes. Guillaume-le-Breton l'a célébré dans sa Philippide, et rapporte sa chute à une époque différente de celle qu'assigne notre Chronique, conforme, sur ce point, à celles *de Normandie.*
56 Pendant ce temps.
57 Courageusement.
58 Tirèrent.
59 Écus du col.
60 Poitrine.
61 Sur les écus.
62 Et se relèvent.
63 Voici.
64 Peu s'en fallut.
65 Ceux.
66 Contre les français.
67 Faire ses préparatifs de voyage.
68 Nous cesserons de parler du roi Richard.
69 Capitaine.
70 *Sous-entendu :* annonçant que.
71 Le roi pensa que cela venait à propos.
72 Avec armes.
73 Tentes.
74 A queue.
75 Et leur faisaient autant de mal qu'ils pouvaient.
76 Et qu'on fit jouer, à force, pierriers et mangonneaux.
77 Ni en santé.
78 Pour qu'il le vint secourir.

79 De survivans.
80 Par nécessité.
81 Cependant lorsque le terme arriva.
82 Si subtilement.
83 Sur ces entrefaites.
84 *Sous-entendu* : étant de retour.
85 Tout ce dont ils avaient besoin.
86 Jusqu'à tant.
87 Un soir.
88 Avant le jour.
89 Je ne te vis jamais lâche, si ce n'est en cet instant.
90 Si tu es de cet avis.
91 *La Chronique de Normandie porte* : à belle heure mal tondre ; *ce dicton est aussi difficile à interpréter que celui de notre texte.*
92 En vérité.
93 Sans faute.
94 Pour vérité.
95 Lei, *sans doute par erreur pour* vous.

96 Rapide.
97 Avec grande vitesse.
98 En bataille.
99 Cependant voici.
100 Mais leur vaillance.
101 Tous ceux.
102 Qui le haïssait fortement.
103 Et les envoya aux frontières pour piller.
104 Qui estoit sur la frontière et l'assiégea.
105 Long-temps.
106 Il ne put réparer ce dommage pour cette fois.
107 *Nous ignorons le sens de ce dicton.*
108 Ferdinand.
109 Avait assiégé la Réolle.
110 *Sous-entendu:* comme.
111 Que tout ce que le fol pense n'est pas vérité.
112 *Sous-entendu:* y eut.
113 *Lance sur faultre :* c'est-à-dire lance en arrêt. Le *faultre* ou *faulcre* (fulcrum) était une espèce de crochet, fixé sur le côté droit antérieur de la cuirasse, et sur lequel reposait la lance tenue en arrêt.
114 Voici.
115 Et le combat n'eût pu durer long-temps ainsi, sans que l'un ou l'autre ne fût mort.
116 Et le combat dura jusqu'au soir.
117 En dernier lieu.
118 Douvre.
119 *Sous-entendu :* il résolut.
120 Et prit là, tout ce dont il avait besoin.
121 Et jura qu'il ne se retirerait pas avant qu'il ne l'eût pris par force.
122 Il mit un carreau, *c'est-à-dire une flèche*, sur la coche de l'arbalète.
123 Coucha.
124 Plus grand.

SUR LA CHRONIQUE

DU ROI RICHARD.

Ce fragment est extrait d'une volumineuse histoire universelle, compilée par un religieux de Saint-Wandrille, nommé Jehan Raveneau, d'après l'ordre de Jehan de Brametot, son abbé, ainsi que cela est constaté par une souscription qui se lit au dernier feuillet du volume :

Cest livre a fait faire et escripre Domp Jehan de Brametot, abbé de Sainct-Wandrille, par frère Jehan Raveneau, religieux de ladite abbaye et prieur de Marcoussis, l'an M iiij^{cc} lxvij (1467).

Souscription que le pauvre moine, accablé du faix de son gigantesque travail, accompagna de cette supplique, adressée sans doute à l'abbé qui lui avait imposé cette rude tâche :

Explicit hoc totum, pro pœnâ da michi potum.

Quoi qu'il en soit, cette histoire universelle est loin de présenter un ensemble complet et bien ordonné ; on doit plutôt la considérer comme un composé de lambeaux de chronologies, de fragmens de chroniques, copiés ou traduits de divers historiens, modifiés peut-être d'après les sentimens ou les passions du compilateur, et, dans tous les cas, fort difficiles à rapporter à leur véritable origine. C'est, du moins, l'opinion qu'on peut s'en former à la lecture du fragment que nous publions aujourd'hui; ce n'est, ni un lambeau des *Grandes Chroniques de France*, ni un extrait littéral des *Chroniques de Normandie*, quoique, à la vérité, il existe des analogies frappantes entre notre texte et celui de ce dernier ouvrage, surtout dans ce qui constitue l'ordre des faits et le choix des détails ; mais l'esprit, la tendance, la *couleur politique* de l'historien, si l'on peut s'exprimer ainsi, diffèrent totalement. Ainsi, il est évident pour quiconque a étudié les *Chroniques de Normandie*, qu'elles ont été rédigées dans le pays, par un Normand de race, admirateur zélé de ses anciens ducs, et qui, en toute occasion, leur donne l'avantage de la loyauté, du courage, des succès, sur leurs éternels rivaux, les rois de France. Dans le fragment de chronique de Jehan Raveneau, au contraire, c'est un partisan des monarques français qui parle, et qui n'épargne ni suggestions ni calomnies, à l'occasion, pour rabaisser le vassal normand.

Ainsi, pour n'en citer qu'un exemple, le rédacteur des Chroniques de Normandie se serait bien gardé d'accuser Richard Cœur-de-Lion d'avoir tenté, à Acre, d'empoisonner Philippe; pour Jehan Raveneau, il n'hésite pas à charger la mémoire du duc de ce problématique forfait.

Quant aux faits indifférens, il est juste de dire que la relation de Raveneau est à peu près calquée, à l'expression près, sur celle du chroniqueur normand; mais les différences de rédaction, quelque légères qu'elles soient, peuvent être encore d'un grand intérêt pour l'intelligence de nos célèbres et parfois très obscures chroniques ; et nous avons remarqué, dans Raveneau, plus d'une phrase qui peut fournir le sens long-temps cherché de tel ou tel passage inintelligible des *Chroniques de Normandie*. Enfin, comme variante singulière, mais cependant sans grande valeur, nous citerons celle d'après laquelle le chroniqueur fait mourir Richard au siége du château de Loches, contradictoirement avec tous les historiens qui font périr l'Achille normand devant Chalus.

A. P.

II

CHRONIQUE RIMÉE

DES 13ᵉ ET 14ᵉ SIÈCLES

Chronique Rimée

Relatant

Divers Événemens

de l'Histoire de France

Arrivés

pendant le xiiie et le xive Siècle.

Publié pour la première fois,

d'après un manuscrit de la Bibliothèque de Rouen,

Par André Pottier,

Conservateur.

✤

Rouen,

E. Le Grand, Libraire-Éditeur,

Rue Ganterie, 26.

1837.

Publication
de la Revue de Rouen
et de la Normandie.

Imprimé chez Nicétas Periaux,
Rue de la Vicomté, 55,
Rouen.

Chronique Rimée
Relatant divers Événemens,

Arrivés

pendant le xiiie et le xive siècle.

Pour ce qu'il m'est advis que on aime beaulx ditz,
En vueil un recorder pardevant mes amis;
Car en mainte manière règne li ennemiz [1],
De affoler tout le monde s'est en grant peine miz.

Pour un petit de temps, c'est bien chose seure,
Est advenue en terre mainte laide aventure;
Onques puiz que Jhésus souffri en croix laidure [2],
Il n'avint en pou d'eure [3] si grant desconfiture.

Il pert [4] bien que la loy et la croyance fault;
Le royaulme des Frans souloit estre au plus hault,
Maiz il déchiet forment [5]; Conradin et Arnault [6]
Sont renemiz; au monde flaterie moult vault.

En l'an Nostre Seigneur mil CC dix et quatre,
Se cuidèrent Flamens [7] des fleurs de liz abbatre,
Que le comte Ferrand vint aux Françoiz combatre;
Mais le doulx Jhésu-Christ fist son orgueil abbatre.

Le Roy des Francs le prist et le mist en prison;
Oncques n'en voult avoir ne deniers, ne rançon.
Mourir le fist [8] au Louvre, soubs la chape de plom,
Puiz advint-il en Flandres moult mortel traïson [9],

Et moult grant destourbier [10] ravint en ce païs,
Car le conte d'Artoiz [11] fu en Flandres occis.
Oncques puiz que Roulant [12] et Regnault fu trahis
Ne mourut en un jour tant de barons de pris [13].

Puiz advint-il au monde moult grant signifiance,
Car madame Jehenne [14], mère du Roy de France,
Trespassa de cest sècle; en cel an, sans doubtance,
Furent priz les Templiers et menés à grief danse [15].

Mil CC xvii [16] sachiez bien que en ce temps
Furent priz les Templiers qui moult furent puissans,
Vilment [17] furent menez auques les plus vaillans [18];
Je croy bien que ce fu par l'art des soudoyans [19].

Je ne scay se Templiers faisoient telz exploiz,
Mais en leurs draps portoient une vermeille croix.
Puis vit-on en ce temps que un denier valoit troiz;
Au déchié des monnoies furent les gens destroiz [20],

Car il fallu les ventes paier à deniers fors,
S'en out [21] par le païs plus de mil hommes mors;
Trente soulz ne valoient que dix au temps de lors,
Par ce revint en Flandres derechief li descors [22].

Pour la guerre de Flandres [23] fu la taille levée,
Maiz ains que la monnoie fust à droit revelée
Vit-on que marchandise fu forment reculée;
Maint bon marchant perdirent du leur en celle année.

Quant loyal marchand pert c'est dommage et pité;
Maiz orgueil et envie le monde ont sourmonté;
Pou [24] de gens tiennent maiz ne foy ne loyaulté;
Pour ce a esté long-temps marchandise en vilté [25].

En l'an Mil CC iiii^{xx} et seize ans,
Furent par les contrées les eaulx si très grans
Que les pons de Paris fondirent, et les gens
Trébuchèrent en l'eve [26] et les petiz enfans.

Lors flottoient ès berseaulx les enfans, ce scet-on;
Les pons furent de pierre en icelle saison;
A Paris n'ont puiz [27] pons de si belle façon.
Après ceste merveille une autre vous diron:

En l'an Mil et CCC et trèze, n'en doubte mie [28],
Phélipe le bon Roy mande sa baronie [29],
A Paris s'assembla gent de mainte partie;
Le Roy anglois y fu à belle compaignie.

Et sachiez que ce fu à une Penthecouste
Que le Roy adouba ses trois enfans sans doubte,
Au tiers jour prist la croix et des barons grant route [30];
Il n'aura jamez feste à Paris qui tant couste.

L'avoir qu'elle cousta raconter ne saroie;
Le Roy et les royaulx démenèrent grant joie,
Mais le faulx ennemi, qui moult de gens desvoie,
Vint jouer à la feste du jeu Boute-en-courroie.

Chascun scet bien pourquoy France fu si troublée,
Je n'en parleray plus. Aprez, à l'autre année,
Le Roy Phélipe bel, cui [31] l'ame soit sauvée,
Out bien sur les Flamens sa vertu esprouvée.

Ce fu à Mons en Peur [32], que le bon Roy vaillant
Occist moult de Flamens, et en abbatit tant
Que ceulx qui là estoient jurèrent loyalment
Que plus belle prouesce ne fist oncques Roullant.

Il s'en revint en France, guaires ny demoura
Que le Roy que je dy du siècle trespassa;
Lors son filz ainsné [33] la couronne porta,
Qui moult petit de temps la terre gouverna.

Mil CCC et quinze, de ce soiez tous fiz [34],
Avant que couronnez fust de France Loys
Prist-il cruel vengance du hault baron de priz [35]
Qu'il ne remaint plus sage [36] en trestout le païs.

En cel an que Loys fu couronné de France,
Cuida bien des Flamens prendre cruel vengance,
Sur eulx mena grant host, maiz moult out de grevance.³⁷
Car tout le jour plouvoit par moult grant abondance.

Quant le roy s'en parti au cuer en out grant ire,
Car à ce coup estoient Flamens à desconfire
S'il eust fait lors beau temps; mais pour voir ³⁸ le puiz dire,
Que puiz advint au monde moult douloureux martire.

Vrai Dieu! de ce martire nous doit bien souvenir;
En pou de temps vit-on le sel si enchérir
Que qui en voulsist donc un chaperon emplir
Il cousta bien vingt soulz, ce sachiez sans faillir.

Puiz vit-on grant merveille, car la terre trembla
Oncques homme ne femme pour ce ne s'amenda;
Mais le doulx Jhésucrist bien de nous se venga,
Car le bled si failli, ne nous en souvient jà.

Bien en deust souvenir, car le temps estoit tielx ³⁹
Que le père laissoit mourir de faim le fieulx;
Pluseurs gens en vendirent mesnage et hostielx
Qui oncques puiz n'osèrent retourner en leurs lieux.

Vray Dieu, père des cieulx! que pluseurs gens mengoient
Les herbes, les racines, et sans sel les cuisoient;
Vains ⁴⁰ et enflez de faim par les rues aloient,
On ne se donnoit garde que ès fumiers mourroient.

On disoit en ce temps : vray père souverain,
Verrons-nous jà le temps que soions saoulz de pain?
Mais quand le doulx Jhésu voult eslargir sa main,
Puiz ne nous en souvint, ne au soir ne au main ⁴¹.

Dieu peut donner et touldre ⁴², fol est qui ne le craint;
Quant un petit d'orage ou de tempeste vient
Nous croions bien en Dieu, tant comme le temps tient,
Mais si tost comme il passe il ne nous en souvient.

Mil CCC et xviii quand le chier temps passa,
Dam Giles l'Augustin, [43] qui à ce temps régna,
Par le conseil des sages la Feste Dieu trouva;
Dieu gart qui en estat tousjours la maintendra.

Du chier temps vous leray [44], Jhésuscrist nous en gart;
Puiz vit-on que la mort, qui toute gent départ,
Prist cinq des Roys de France [45], en pou d'eure, à sa part;
Dieu, par son sainct plaisir, le royaulme nous gart.

Tant plus meurt des royaulx mains [46] est France seure;
Puiz vit-on avenir, c'est bien vérité pure,
Les Pastoureaulx [47] aler, qui grief mort et obscure
Reçeurent par les juifs à qui Dieu doint laidure.

Moult de jeunes enfans en laissèrent leur païs
Qui onsques puiz ne virent ne parens ne amis,
Mors furent et destruiz par les félons juifs;
Ce fu en l'an de grace Mil CCC xiii et six.

En l'an Nostre Seigneur Mil CCC vingt et un
Furent ars les meseaulx [48], ce sache bien chascun;
Mais ce fut grant merveille que trestout en commun
Furent priz en un jour, nul n'en remaint enfrun [49].

On doit le Roy françoiz [50] sur tous princes prisier,
Bien scet les orgueilleux bas mettre et justicier;
Un prévost de Paris fist forment courroucier,
En France maint prudomme si en out grief louyer.

Le prévost à Paris fist moult d'encombrement,
Car à une pucelle, qui fu de haulte gent,
Tollit son pucellage et grant planté [51] d'argent,
Puis fist pendre son père quant out fait son talent [52].

Puiz fu en Gastinoiz laide chose trouvée,
Prez de Chasteau-Landon, ou fons [53] d'une vallée;
Car ceulx par qui la loy devoit estre gardée
Baptisèrent un chat, c'est vérité prouvée.

En l'an Mil et CCC et dix et sept et six,
Un baron de Gascoigne [54] fu mandez à Paris;
Moult estoit redoubtez de ceulx de son païs,
Car on dist que par lui fut maint prudomme occis.

Et sachiez que ce fu à une Ascension
Que Jourdain [55] fu en France repriz de traïson;
Si en fu cruelment prise la vengoison [56];
Qui mauvaiz seigneur sert a mauvaiz guerredon [57].

En l'autre enné après alla Charles li Roiz [58]
Visiter la Gascoigne, à moult riches conrroiz [59],
Et la gentil royne, qui le cuer out courtoiz;
Mais au retour qu'ilz firent ourent les cuers destroiz [60],

Car la gentil royne, qui le cuer out vaillant,
Accoucha en Berry d'un gracieux enfant;
Mais elle en trespassa, dont ce fu pitié grant;
Dieux ait l'ame de luic [61] par son digne commant [62].

Puiz prist Charles li Roiz la fille au quens [63] d'Evreux,
La Royne Jehenne dont il out enfans deux,
Mais ce furent deux filles, dont pitié fu et deulx [64],
Que [65] d'oir masle remaint [66] le royaulme tous seulx [67].

Mil CCC et xviii [68], à une chandelleur,
Trespassa le Roy Charles; de France la teneur
Reçeut le Roy Phélipe de Valoiz et l'onneur;
Un peu de temps en fu régent et gouverneur.

En l'an Nostre Seigneur mil CCC xx et huit,
Esmeurent les Flamens de guerre moult grant bruit,
Mais nostre Roy sur eulx tant de gens a conduit
Que le Mont de Cassel en fut ars et destruit.

La veille d'un apostre qu'on dit Barthelemieu,
Joua nostre bon Roy aux Flamens d'un tel jeu
Que ix^m et viic en mourut en un lieu,
Dont nos françois adonc regracièrent [69] Dieu.

Et puiz fu-il à Rems comme Roy couronné.
Tantost le Roy angloiz [70] à Amiens fu mandé,
Là furent les deux Roys noblement assemblé,
Maint baron de leur terre y ourent amené.

Là fist le Roy angloiz au Roy de France hommage,
Dont les Anglois receurent grant deul en leur courage,
Tel que moult en haïrent la France et le lignage,
Dont puiz, par mal conseil, nous ont fait grant dommage.

En l'an Mil et CCC trente deux, n'en doubt mie,
Fu ou grant Pré-aux-Clers faicte la croiserie [71];
A Paris assembla gent de mainte partie,
Dont chrestienté fu en maint lieu resjouie.

Mais le voyage fu par Angloiz destourbé,
Qui de venir en France avoient empensé [72];
Se nostre Roy adonc fust oultre mer passé
Le Roy angloiz eust tout le royaulme gasté.

En l'an Mil et CCC, droit et trente et cinq ans,
La duchié de Guyenne trembla si de tous sens,
Pluseurs clochiers chéirent et les hostels; des gens
Issirent hors des liz ainsi com hors du sens.

Droit le jour Saint Thomas qui est après Nouel,
Par toute la Guyenne fut le tremblement tel;
Ce fu signifiance de la guerre mortel
Dont crestiens receurent moult douloureux sembel [73].

Voir oncques puiz ne fu crestienté sans guerre;
Pluseurs gens allia Edouart d'Angleterre
Alemans, Brébençons, Hénuyers d'aval terre [74],
Et autres qui cuidèrent toute France conquerre.

En l'an Mil et CCC avec quarante troiz,
Fist nostre Roy venir quinze deniers à troiz;
Et en cel an mesmes se venga le bon Roiz
De ceulx qui le cuidoient livrer [75] au Roy angloiz.

Pas ne les nommeray, mais atant [76] m'en vueil taire;
Oncques homs ne pensa envers France contraire
Qui n'en eust à la fin, selon droit, son salaire;
Dieu doint à nostre Roy courage de bien faire.

En l'an Mil et CCC et quarante cinq ans,
La veille de my-aoust, ce scevent pluseurs gens,
Leva un tel orage de tonnoirre et de vents
Que maint abre en chéi et maintes croix plaisans.

Tant fu le temps hydeur, entre vespres et nonne,
Qu'appeine cogneust-on une femme d'un homme;
Bien en doit souvenir toute bonne personne.
Dieu, par son sainct plaisir, noz péchiez nous pardonne.

En l'an quarante six, pour vérité le dy,
Le noble Roy Phélipe, cui Dieux face mercy,
Contre le Roy angloiz combati à Crécy,
Et li uns et li autres moult de gent y perdi.

Ceulx qui en la bataille furent celle journée,
Dient se nostre gent eust esté attournée,
Que jà le Roy angloiz, qui ont la mer passée,
Ne s'en fut retourné arrière en sa contrée.

En l'autre ennée avint si grant mortalité
Qu'il mourut bien le tiers de la crestienté [77];
N'y avoit homme en France ne en autre royauté
Qui ne fust de la mort au cuer espouvanté.

Après le mortuaire fu le temps si très chier
Que povres gens n'avoient pas granment [78] à maugier;
On vendoit bien x livres de bled plain un septier,
Le chier temps fist le peuple moult forment esmayer [79].

Puiz refu si bon temps, en l'an cinquante et troiz,
Qu'on avoit une pinte de vin pour deux tournoiz,
Et un minot de bled pour deux soulz ou pour troiz,
Par la vertu de Dieu, qui dessus tous est roiz.

En l'an Mil et CCC avec cinquante six,
Se retourna fortune contre les fleurs de liz,
A deuz leues de Poictiers où le Roy Jehan fut priz ;
Quatre ans et quatre moiz fu hors de son païz.

Quant il fu priz la terre trembla par une nuit ;
En l'an Mil et CCC avec cinquante et huit
Esmeut Jaques Bonhomme de guerre si grant bruit
Qu'a pou [80] que Beauvoisin n'en fu ars et destruit.

Mil CCC et soixante et trèze, ce scet-on,
Furent eaulx si grans, en mainte région,
Qu'à Paris monta Saine juque à la Croix-Hémon ;
En France et en Hollande péri mainte maison.

Mil CCC iiii^{xx} advint, ou assez prez,
Sire Hugues Aubriot qui fu juge parfaiz,
Et prévost de Paris redoubté loing et prez,
Par l'Université fu tenu de si prez

Qu'il fu miz en prison avec tous ses procez ;
L'un dist que c'estoit bien, l'autre qu'il n'en pout maiz,
Puiz en fu il délivre par force des maillez
Que lui mesmes fist faire pour tuer les Angloiz.

En l'an Mil et CCC et quatre-vingts et un,
Ne furent pas d'accord le Roy et le commun
Pour l'imposition qui despleut à plus d'un,
L'ennemi s'en mesla qui aux bons est enfrun.

Il esmeut à Paris une tele tençon [81],
Le premier jour de mars, pour un pou de cresson [82],
Maint homme en fu saisy et bouté en prison ;
Dieu face aux trespassez de leurs peschiez pardon.

Le Roy ala en Flandres après cette aventure ;
Lors receurent Flamens une bataille dure,
Ou champ de Rozebeq fut la desconfiture,
Flamens xxvi^m mouru, c'est chose pure.

Le Roy vint à Paris après celle bataille
Les chaynnes fist oster [83] [de chacune muraille.]
Pour la guerre de Flandres fist lever si grant taille
Que tel avoit bon lit qui en jeut [84] à la paille.

Mil CCC iiii[xx] et douze, en vérité,
A une Feste-Dieu, quant le Roy out soupé,
Lui fust son connestable aprez saint Pol navré [85];
Tel compera [86] le fait qui pas n'y out esté.

Aprez celle aventure ala le Roy au Mans [87],
Ceulx qui lui conseillèrent faillirent à leurs sens,
Car tous ceulx qui amèrent le royaulme des Frans
Furent de ce voyage courouciez et dolens.

Mais le Roy revint puiz en très bonne santé;
A sainct Denis donna, quant il fut retourné,
Une chasse qui fu de fin or esmeré [88],
Où le corps sainct Loys fu mis et translaté.

Aprez celle aventure, et en ce mesmes temps,
Fist le Roy unes noces à Paris tout dedans,
En l'ostel de sainct Pol où moult avoit de gens,
Là joua l'ennemi de ses enchantemens.

L'ennemi [89] ès estoupes mist le feu de ses mains,
Dont telz quatre moururent qui forment furent plains;
Pas ne les nommeray, maiz Dieu li souverains
Vueille mettre leurs âmes là suz avec les sains.

Puis advint à Paris choses moult merveillables :
Mort receurent deux hommes [90] ès hales, n'est pas fables,
Pour cause qu'ils ouvroient par les ars des dyables,
Et pour le Roy guérir furent entremettables.

En l'an Nostre-Seigneur CCCC, ce scet-on,
Vit-on luire une estoile qui jetoit grant brandon,
Ne say que fu à dire, maiz en moult grant friçon
En furent pluseurs gens pour celle vision.

En l'an Mil CCCC et cinq, en vérité,
Emmy le moiz de juin, qui est ou temps d'esté,
Fu le soleil éclipse et perdi sa clarté,
De quoi maint homme fu en son cuer espouvanté.

Ce fu endroit sept heures [91], d'vant prime sonnant,
Que le soleil troubla, maiz pou ala durant;
Maiz si noir fist à l'eure qu'on ne cogneust un blanc
Adonc d'un parisy; ce fu merveille grant.

En l'an Mil CCCC et sept, je vous pleuviz [92],
Advint très grant merveille ès [faurbourgs de] Paris,
En la rue aux Rosiers, de ce soit chacun fiz,
Oncques mesmes n'avint tel merveille com je diz.

Ce fu bien grant fortune qui se vout si tourner
A l'encontre Loys qui out à gouverner
La duchié d'Orléans; mais à un avesprer [93]
Le fist à un seul tour fortune trébuchier.

Dieu face au noble duc et mercy et pardon!
Droit la nuit sainct Clément trespassa [94], ce scet-on;
Dieux! qu'il fist grant hyver en icelle saison,
Il a plus de cent ans que pareil ne vit-on.

Douze sepmaines fu la grant gelée durans,
Tous les pons de Paris n'y ourent nulz garans,
Ne de boiz ne de pierre; tous furent trébuchans;
Ce fut au desgeler tant fu la douleur grans.

Ce fu par les glaçons que fu le grant dommage,
Qui aval l'eaue vindrent, par si très grant oultrage,
Que ce qu'ilz atteignoient trébuchoit à hontage [95];
Moult de gens y perdirent et meuble et héritage.

L'an CCCC et viii furent deux clers penduz,
Et si ne furent mie à l'évesque renduz;
Au provost qui ce fist fu chièrement venduz,
Car il avoit les clers grièvement offenduz [96].

Son office en perdi, et si les fist despendre,
Ou parviz Nostre-Dame lui convint aler rendre [97];
Et puiz furent portez, sans longuement attendre,
Droit à Sainct-Mathurin, pour sépulture prendre.

En celle mesmes ennée fu le duc de Bourgoigne
Au Liége, et mena gent qui bien firent besoigne,
Ce fu pour leur évesque à qui firent vergoigne;
Liégoiz xxviii^m. moururent sans mencoigne [98].

Mil CCCC et neuf, eusmes pape en l'église,
Trente ans avoit et plus qu'elle estoit en divise;
Dieu sa grace entendit au grant conseil, à Pise,
Pape y fu ordonné par moult notable guise.

Il out nom Alexandre Quint, et fu né de Grèce,
Mais Pierre de Candie avoit eu nom grant pièce [99].
Or lui doint Dieu tel grace de tenir sa promesse
Que la papalité jamez ne se dépièce [100].

En celle mesmes ennée, Jehan de Montagu [101]
Maistre d'hostel du Roy ont bien xx ans vescu,
Mais par le moiz d'octobre, la végile [102] sainct Luc,
En l'eschaufault, ès hales, ont le chief abbatu.

Toutes les aventures dont j'ay icy parlé,
Puiz ii^c ans en France ont trestoutes esté;
Je les ay dit pour bien et par humilité,
Et affin qu'il souviegne du temps qui est passé.

En la grant gloire-Dieu, en pardurable vie,
Où Jhésus est assiz et sa mère Marie,
Soit assiz à la dextre et en la compaignie
Qui ces moz ont ouiz; chascun Amen en die.

Explicit.

NOTES.

1 Satan, l'ennemi du genre humain.
2 Chose *laide*, mauvaise.
3 Peu de temps.
4 Il appert, il est constant.
5 Fortement, beaucoup.
6 L'auteur réunit ici deux ennemis des papes, qui vécurent à plus d'un siècle de distance. Arnaud de Brescia fut brûlé en 1155; et Conradin décapité en 1268.
7 Bataille de Bouvines gagnée en 1214 par Philippe-Auguste sur Othon IV, empereur d'Allemagne, et Ferrand, comte de Flandre.
8 Le fait est inexact. Blanche de Castille rendit la liberté à Ferrand en 1227.
9 Le poète saute brusquement de la bataille de Bouvines (1214) aux troubles de Flandre sous Philippe-le-Bel. (1300).
10 Trouble.
11 Fut tué à la bataille de Courtrai (1302).
12 Rolland tué à Roncevaux.
13 De prix.
14 Jeanne, mère de Philippe-le-Bel et reine de Navarre.
15 Au supplice.
16 Erreur. Le supplice des Templiers est de 1307.
17 Vilainement.
18 Aussi, même les plus vaillans.
19 Des corrupteurs.
20 Détruits.
21 Il y eut.
22 Les discords, a discorde.
23 Philippe-le-Bel continua la guerre contre les Flamands pour venger le désastre de Courtrai.
24 Peu.
25 Vil prix.
26 L'eau.
27 Il n'y eut pas depuis.
28 Qu'on n'en doute pas.
29 Première convocation des Etats-Généraux par Philippe-le-Bel. Il y a erreur de date, lisez: 1303.
30 Grande compagnie.
31 A qui. C'est le mot latin *cui*.
32 Bataille de Mons-en-Puelle. (1304.)
33 Louis-le-Hutin. (1314—1316.)
34 Soyez tous assurés.
35 Enguerrand de Marigny.
36 Qu'il n'en resta pas de plus sage.
37 De contrariétés.
38 Pour vrai.
39 Tel.
40 Vides.
41 Ni au matin, de *manè*.
42 Oter, *tollere*.
43 Le moine Augustinus Triumphus, un des plus ardens soutiens de la papauté au XIVe siècle.
44 Je cesserai de parler.
45 Philippe-le-Bel; Louis X le Hutin; Jean qui ne vécut que quelques jours; Philippe V le Long; Charles IV le Bel.
46 Moins.
47 Insurrection des pay-

sans désignés sous le nom de Pastoureaux. (1320.)

⁴⁸ Lépreux. Insurrection des lépreux, la même année.

⁴⁹ Désagréable.

⁵⁰ Philippe V.

⁵¹ Grande quantité.

⁵² Quand il eut satisfait son désir, sa volonté.

⁵³ Au fond.

⁵⁴ Amaury, vicomte de Narbonne, qui avait fait mettre à mort deux de ses vassaux, coupables d'en avoir appelé au roi.

⁵⁵ Jourdain, sire de Casaubon, fut pendu pour ses méfaits.

⁵⁶ Vengeance.

⁵⁷ Mauvaise récompense.

⁵⁸ Charles IV le Bel, (1322—1328.)

⁵⁹ Compagnie.

⁶⁰ Affligés.

⁶¹ *Luie*, féminin de lui; — d'elle.

⁶² Recommandation.

⁶³ Comte.

⁶⁴ Deuil.

⁶⁵ Car.

⁶⁶ Resta.

⁶⁷ Privé.

⁶⁸ Erreur du copiste, la date exacte est 1328.

⁶⁹ Remercièrent.

⁷⁰ Edouard III.

⁷¹ Projet de Croisade.

⁷² Projeté.

⁷³ Faute du copiste. Il fallait écrire *cembel*, danse, combat.

⁷⁴ Des Pays-Bas.

⁷⁵ Il s'agit du supplice des Bretons (1343).

⁷⁶ A présent.

⁷⁷ La peste noire enleva, dit Froissard, la tierce partie du monde.

⁷⁸ Grandement.

⁷⁹ *Esmoyer*, mettre en émoi.

⁸⁰ Qu'il s'en est peu fallu.

⁸¹ Querelle.

⁸² Révolte des maillotins (1381). Elle fut commencée par un marchand d'herbes, qui refusait de payer la taxe.

⁸³ Les chaînes que les bourgeois tendaient aux extrémités de chaque rue pour s'y barricader.

⁸⁴ Coucha sur la paille.—*Jacuit*.

⁸⁵ Tentative de meurtre en 1392, sur le connétable Olivier de Clisson.

⁸⁶ Ordonna.

⁸⁷ Ce fut dans cette expédition que Charles VI éprouva le premier accès de frénésie.

⁸⁸ Richement travaillé.

⁸⁹ Ce ne fut pas l'ennemi (le diable) qui mit le feu aux étoupes, mais le duc d'Orléans, qui, voulant reconnaître les personnages déguisés en sauvages, approcha un flambeau, dont la flamme se communiqua aux étoupes.

⁹⁰ C'étaient deux moines du Languedoc qui se donnaient pour sorciers.

⁹¹ A sept heures précises.

⁹² Je vous le garantis.

⁹³ Un soir.

⁹⁴ Louis d'Orléans, frère de Charles VI, fut assassiné en 1407 par des gens du duc de Bourgogne, Jean-sans-Peur.

⁹⁵ Honteusement.

⁹⁶ Offensés.

⁹⁷ En 1407, Guillaume de Tignonville, prevôt de Paris, avait fait pendre deux écoliers. Il fut forcé d'aller les dépendre lui-même, de les baiser sur la bouche, et de demander pardon à genoux.

⁹⁸ Mensonge.

⁹⁹ Long-temps.

¹⁰⁰ Bien loin de terminer le schisme, le concile de Pise donna trois papes, au lieu de deux.

¹⁰¹ Jean de Montagu poursuivi par la haine du duc de Bourgogne, Jean-sans-Peur, fut livré au supplice en 1409.

¹⁰² La veille.

CHRONIQUE RIMÉE

RELATANT

DIVERS ÉVÉNEMENS DE L'HISTOIRE DE FRANCE

Pendant les XIIIe et XIVe siècles

L'exactitude n'est pas le mérite de ce petit poème chronologique et historique ; tout y est bouleversé ; mais il a l'intérêt qui s'attache à toute œuvre contemporaine. Il peint naïvement les terreurs superstitieuses du quatorzième siècle, les présages funestes qu'on tirait de tous les phénomènes naturels. Il insiste sur certains détails que néglige trop souvent l'histoire générale, tels que les famines, les variations du numéraire, les crises commerciales, toutes choses qui nous font pénétrer plus profondément dans la vie intime d'un peuple que le récit des batailles ou la succession chronologique des rois. Quant au mérite littéraire, il consiste dans une grande naïveté et une certaine correction de style et de versification, qui manquent souvent aux compositions de ce genre et de cette époque.

III

SIÉGE DE ROUEN
PAR CHARLES VII

Siége de Rouen
PAR LE ROI CHARLES VII
EN 1449.

PRÉLIMINAIRES DE LA CAPITULATION
ENTRE LE DUC DE SOMMERSET,
Gouverneur de la ville,
ET LE ROI DE FRANCE.

✤

PUBLIÉ POUR LA PREMIÈRE FOIS,
D'après un Ms. de la Bibliothèque de Rouen ;
PAR ANDRÉ POTTIER,
Conservateur.

✤

ROUEN,
NICÉTAS PERIAUX, ÉDITEUR,
RUE DE LA VICOMTÉ, 55.
—
1841.

PUBLICATION
DE LA REVUE DE ROUEN
ET DE LA NORMANDIE.

IMPRIMÉ CHEZ NICÉTAS PERIAUX,
RUE DE LA VICOMTÉ, 55.

Réduction de la ville de Rouen,

en 1449;

dont le Mémoire a été communiqué

par le sieur Pelhestre,

Bibliothécaire de la Cathédrale de Rouen [1].

———o———

Le vingt-trois octobre 1449, vint devant le roy, à Sainte-Catherine-du-Mont de Rouen, Emond, duc de Sommerset, et, en sa compagnie, Me Ros [2], Me Ormond [3], Me Thomas de Sainte-Barbe, le trésorier dudit duc de Sommerset ; estant le Roy en une chambre basse

---

[1] C'est le titre que porte le manuscrit.
[2] Sir Robert de Ros.
Le comte d'Ormont, d'Irlande.

du lieu de Sainte-Catherine, avec luy le roy de Sicille, et Messires de Maine, de Nevers, de Clermont, d'Eu, de Lomeigne [1], de Lamarche, de Saint-Paul, de Tancarville, de Dunois, son lieutenant, de Culant, grand maistre d'hostel, de Lafayette, et de Jaleignes [2], maréchaux de France, de Blainville, M⁰ des albalestriers, de la Varenne [3], de Bretigny, le bailly de Lyon, le bailly de Berry, le bailly de Rouen, Jacques Lecœur [4], et le chancelier.

Et dit le duc de Sommerset au Roy comment M. de Dunois avoit fait offrir à ses gens, samedy passé, à Port-Saint-Ouen, que sy, dans lundy dix heures, il vouloit deslivrer, ès mains du Roy, les chastel et palais de Rouen [5], il auroit saouf-conduit pour s'en aller, luy, sa femme et enfants, et tous ceux qui estoient dedans; et que, dès dimanche après midy, il avoit notifié à mondit sieur de Dunois qu'il estoit content de deslivrer, dedans ledit temps, lesdites places; et aussy que, dans le lundy, à ladite heure avant midy, il avoit envoyé, vers le roy, ses gens, pour luy exposer et notifier qu'il estoit content de délivrer lesdites places, en luy suppliant qu'il luy pleut entretenir la dite promesse faite par M⁰ de Dunois. Sur quoy, après que ledit duc de Sommerset eut dit tout ce que bon luy sembla, fut répondu par le Roy, qu'à son regard il ne luy avoit fait aucune promesse, et ne sçait sy le comte de Dunois luy avoit promis aucune chose; et que, non pas pour Rouen et pour le duché de Normandie, mais pour tout un royaume, il ne voudroit faire chose qui fût à déshonneur; et sy aucune chose lui avoit esté promise, par luy, ou par d'autres ayant pouvoir de luy, pour rien du monde ne luy voudroit enfreindre, mais de tout point entretenir. Et pour ce qu'il avoit entendu que le duc de

---

[1] Ce seigneur est appelé, dans Matthieu de Coucy, de Limaigne, et même de Limanche.

[2] De Jalongnes, selon Mathieu de Coucy.

[3] Pierre de Brézé, seigneur de la Varenne, sénéchal du Poitou.

[4] Le fameux Jacques Cœur.

[5] Il faut toujours entendre, dans le cours de cette relation, par *Chastel* et *Palais* de Rouen, la forteresse du vieux château, dit de Philippe-Auguste, située entre la porte Cauchoise et la porte Beauvoisine, et celle du vieux palais, située sur le terrain de la place qui a porté long-temps ce nom.

Sommerset vouloit maintenir que, au Port-Saint-Ouen, avoit esté fait aucunes offres pour rendre ledit palais et chastel, chargea et recommanda expressément à son chancelier de s'informer, avec l'archevesque de Rouen, l'évesque de Coutance, l'abbé de Jumiéges, l'abbé du Bec, M. Olivier et Pierre de la Hasardie, M. Jean de Saux, chevalier, Jannequin Danson[1], M⁰ Jean Faur et Jean Dumesnil, Robert du Vallendricq, Louis de Cormeilles, Jeuffin du Bosguillaume, Daniel-Jean Leroux, Jean Duquesnay, Roger Gouel, Guillaume Gombault et Martin des Essarts, qui avoient esté envoyés de par la ville de Rouen au dit Port-Saint-Ouen, de ce qui avoit esté dit et proposé par ledit archevesque et autres de ceux de Rouen, et respondu par mondit sieur de Dunois, et des offres qui y avoient esté faites; afin que l'on ne pût notter aucune faveur à ceux qui y avoient esté envoyés; et commanda à sondit chancelier que illec il exposât et dît ce qu'il avoit trouvé, par information, avec l'aide des susdits.

Et lors ledit chancelier relata tout au long tout ce qui avoit été dit, proposé et répondu, au Port-Saint-Ouen, tant par ledit archevesque, [et] son official, que aussy respondu par mondit sieur de Dunois, et pareillement de la relacion qui, le dimanche ensuivant, avoit esté faite au palais, devant ledit duc de Sommerset, et de la response par luy faite, selon la teneur et contenu au procès [verbal] sur ce fait par M⁰ Jean Compagnon et Antoine Disome, notaires apostoliques, par lequel appert que, par ledit duc, ne fut aucune chose requis, ny à luy aucune chose offerte, mais seulement à ceux de la ville de Rouen.

Mais bien fut dit aux dits de la ville que, sy ledit Duc vouloit bailler au Roy et luy délivrer la ville, pont, chastel et palais, le Roy luy bailleroit saouf-conduit pour s'en aller en Angleterre ou autre part, où bon luy sembleroit; que s'il ne se hastoit, jamais n'en auroit sy bon marché; et que sy, d'avanture, on avoit la ville par autre manière, on ne se soucioit guères d'avoir les forts et sa personne, et qu'il payeroit la guerre de cette année. Et qui plus est, le dimanche matin, viron sept heures, ensuivant, en luy faisant la relacion, par la bouche de l'official, des demandes et offres qui avoient esté faites, tant pour la ville, que pour les pont, chastel et palais, il répondit que la chose estoit bien

---

[1] Tanson.

dure, et qu'il aimeroit mieux mourir; en disant : « *De quoy avez-vous peur ? vos murs sont tout entiers, vos ennemis déconfits, et avez encore les forts.* » Et, en adressant sa parole audit official : « *Et ne fussent point revenus vos ennemis sy vous ne les fussiés allez quérir.* »

Et après requit ledit duc de Sommerset que ledit seigneur de Dunois parlast, et qu'il dist les offres qu'il avoit faites; à quoy le seigneur de Dunois respondit qu'il avoit offert en la manière que dessus est dit, et après le Roy dit audit duc de Sommerset que la matière estoit grosse [1], et que sur ce il auroit advis; et qu'il attendist en la chambre basse, et qu'il s'y retirast, dans une heure il luy feroit response. Et après le Roy se retira à part, et appela les dessusdits de sondit conseil; et, pour ce que l'heure estoit tarde, n'y put pas conclure, et s'en retourna en bas, et fit réponse audit duc de Sommerset qu'il auroit [2] bien ouy ce qu'il luy avoit dit, et que la matière estoit grosse, et qu'en sy peu de temps n'avoit pas peu avoir l'advis de ses conseillers; mais toutes fois [qu'] il pouvoit bien voir, par ce qui avoit esté dit, que bonnement on ne pouvoit maintenir que aucune chose luy eust esté promise par monseigneur de Dunois. Toutes fois, [qu']il vouloit toujours procéder en douceur, et estoit content de commettre trois ou quatre de ceux de son conseil pour conférer avec luy, pour adviser sy aucun bon appointement et honorable se pouvoit trouver, laquelle chose ledit duc de Sommerset accepta, et après se despartit, et s'en retourna, lui et ceux qui l'accompagnoient, au palais.

Et le 24º dudit mois, vindrent en l'hostel de ville, auquel estoient M¹ le chancelier, M¹ le patriarche [3], Mons. [4]...... eux, Mons. d'Alete, M¹ de Nevers, M¹ˢ de Dunois, d'Orval, M¹ de Culant, de Jaloignes, de Q......, de la Varenne, de Blainville, Desp....., Delor, le bailly de Lyon, M¹ Jean de Bar, le bailly de Rouen, Jacques....... Mᵉ Jean Barton, Monseigneur l'archevesque de Rouen, M¹ de Coutance, M¹ l'abbé de S.-Wandrille, M¹ l'abbé du Bec, M¹ l'abbé de S.-Georges,

[1] *C'est-à-dire grave.*

[2] Qu'il avoit.

[3] Jean Chartier l'appelle le Patriarche d'Antioche.

[4] Ces noms omis ou incomplets sont restés en blanc dans le manuscrit.

Mr l'official de Rouen, Mr Pierre de la Hasardière [1], Mrs de Saux, chevalier, Guillaume de la Fontaine, Rogier Mustel, Michel de Tout.....
Messire Daniel Geuffin Dubosq [2], Guillaume Ango, Jean le Roux, Guillaume Gombault, Colin le Fevre, Guillaume Leleu, Richard Goullé, Nicolas Magnerie, Jean Surreau, Jean Duquesnay, Michel du Touc les ....., Louis de Cormeilles, Rogier Gouel, Guillaume Bombault de S.-Laurent, Me Jean Faur, Robert de Villenefve, et Martin des Essarts, procureur de la ville, tant de par le Roy que de ceux de la ville; Mre Thomas Ho, Mre Jean de Honnefort, Jeanequin Tanson, trésorier du duc de Sommerset. Lequel Me Thomas, après qu'il luy eut esté demandé par ledit Monseigneur de Dunois qu'il vouloit dire, dit : qu'il ne sçavoit guère de cette matière, et qu'on donnast lieu à Me Jean Dumesnil de parler pour M. de Sommerset; laquelle chose luy fut accordée. Et après se retirèrent à part, et eurent conférence ensemble, puis retournèrent, et firent dire, par la bouche du sieur Dumesnil, les offres qui avoient esté faites par Monseigneur de Dunois, audit Port-Saint-Ouen. Dit qu'il avoit esté offert qu'en cas que ledit seigneur de Sommerset voudroit bailler les palais, chastel et pont de Rouen, qu'il jouiroit du droit de la ville, et s'en iroit et ceux de sa compagnie sécurement; requérant que icelles offres on luy interrinât [3] et qu'il fust comprins avec ceux de la ville. Et il luy fut répondu, par la bouche du chancelier, que on ne pouvoit sçavoir ce qui avoit esté dit, au Port-St.-Ouen, par les notables gens qui estoient présents, tant de la part du Roy, que de ceux qui estoient envoyés par la cité de Rouen; et peuvent ignorer [4] lesdits Mr de Sommerset que onques il n'a requis ne fait requérir le Roy, ni Mr de Dunois, d'aucun apointement. Et sy aucunes offres avoient esté faites à ceux de la dite ville de Rouen, pour donner seureté à mondit sieur de Sommerset, et autres estant

---

[1] C'est sans doute le même que l'écrivain a appelé plus haut de la Hazardie

[2] L'écrivain a cité plus haut Jeuffin du Bosguillaume; il est évident que c'est le même individu, dont le nom est peut-être ici abrégé, ou doit être confondu avec le nom suivant.

[3] Entérinât ; c'est-à-dire qu'on en prit acte.

[4] L'écrivain s'est mépris, et a sans doute voulu dire : Et peuvent affirmer lesdits à M. de Sommerset...

dedans les palais et chastel de Rouen, ç'auroit esté en baillant les ville, chastel, palais et pont; laquelle chose n'a pas esté faite de sa part; et sy n'a esté de luy, ny de par luy, baillé la ville ny le pont. Et, pour ce, pouvoient penser que le Roy, Mr de Dunois et tous autres de son conseil, connoissoient clairement, et eux aussy, que aucune chose ne leur avoit esté promise, par le Roy et par Mr de Dunois; et, pour ce, n'estoit plus mestier d'insister en cette matière. Mais [qu']ils sçavoient les offres qui leur avoient esté faites, mercredy dernier passé, lesquelles leur furent baillées par estat, en leur disant qu'ils eussent advis ensemble, et qu'ils en fissent response, dans deux heures après midy; et, cependant, on estoit en surséance de guerre; desquelles offres la teneur ensuit :

« Ce sont les offres que font, de par le Roy, monseigneur le comte de Dunois, son lieutenant-général, et autres de son conseil, à monseigneur le duc de Sommerset, et comte de Chesaubery [1], et aucuns gens du roi d'Angleterre, estant ès palais et chastel de Rouen.

« C'est à savoir : que sy lesdits duc de Sommerset, et comte de Chesaubery, et autres, estant ès palais et chastel de Rouen, veulent rendre et mettre pleinement en puissance du Roy lesdits chastel et palais, et lesdits duc de Sommerset, et comte de Chesaubery, et autres, jusques au nombre de vingt, tels qu'ils seront choisis par le Roy, se veulent rendre prisonniers du Roy, il sera content que le reste des anglois, estant ès chastel et palais, s'en aille en Angleterre, tirant droit de Calais, sans séjourner au pays de Normandye, ne ailleurs de son royaulme, plus d'une nuit en un lieu, sinon ainsy qu'il seroit adjugé par ceux qui leur seront baillés, de par le Roy, pour les conduire; en faisant serment de ne retourner en France, et en payant les dettes par eux deus à ceux de cette ville et autres de l'obéissance du Roy; et en rendant tous prisonniers quittes et deslivrés, et sans payer aucune chose que lesdits prisonniers soient tenus par eux ou de par eux; en rendant ainsy (aussi) tous scellés [2] qu'ils auroient de ceux de cette obéissance, pour quelque cause que ce soit,

---

[1] Le fameux Talbot, comte de Shrewsbury.
[2] *C'est-à-dire* : toutes obligations scellées.

et toutes lettres et autres biens quelconques, appartenant au Roy et à ceux de son obéissance ; et aussy en laissant toute l'artillerie estant ès dites places ; et en ce faisant leur sera baillé, de par le Roy, saouf-conduit et gens pour les conduire. Et en outre sy les dessusdits duc de Sommerset et comte de Chesaubery vouloient dire que, au Port-Saint-Ouen, aucune chose eut esté dite ou offerte, le Roy, pour toujours mettant Dieu de sa part, et monstrer que en cette matière il veut procéder par douceur, sera content qu'on dépêche jusques au nombre de huit ou dix chevaliers notables du royaume de France, et autant du royaume d'Angleterre, et qu'à Paris, appelés aucuns notables clercs de la cour de parlement, soit apointé et ordonné ainsy qu'il sera trouvé par raison, toutes faveurs rejetées. Et s'ils n'estoient de ce contens, leur fait offrir, jaçoit qu'il n'ait point de souverain, qu'il soit envoyé hors son royaume, pour estre décidé, par protestacion que ce ne lui puisse préjudicier à sa souveraineté, pour montrer le bon vouloir qu'il a de faire et accomplir tout ce que raison donnera en cette partie, qu'à cette fin choisir et députer jusques au nombre de onze notables gens, chevaliers et clercs, des pays de l'empire d'Allemagne, non sujets du royaume de France, ne du royaume d'Angleterre, qui, appelés les dessusdits, en puissent apointer et ordonner dans un an, ainsy qu'ils verront estre à faire par raison.

« Item, et en cas qu'ils ne voudroient prendre ledit apointement, le Roy sera content qu'en rendant pleinement en son obéissance lesdits palais et chastel de Rouen, dès à présent, et les villes et chasteaux et forteresses de Honnefleur, Harfleur, avec Caudebec, Monstiervillier et Tancarville, dans quinze jours, sans faire domage aux habitants d'iceux, en corps ne en biens, lesdits duc de Sommerset et comte de Chesaubery s'en aillent en Angleterre, tirant par Calais, tout ainsy, en la forme et manière que dessus est dit, et sans retenir lesdits vingt prisonniers ; et en payant, avant toutes œuvres, les dettes par eux deus à ceux de cette ville et autres à l'obéissance du Roy ; et en rendant tous prisonniers quittes, sans payer aucune chose pourquoy lesdits prisonniers soient tenus par eux ou de par eux ; en rendant aussy tous scellés qu'ils auroient de ceux de cette obéissance, pour quelque cause que ce soit, et toutes lettres et autres biens quelconques appartenant au Roy et à ceux de son obéissance ; et aussy en laissant l'artillerie estant auxdites places, et en faisant le serment de ne retourner en France d'icy à deux ans, comme dit est.

« Item, le Roy donne terme et espace aux dessusdits, jusques à deux heures après midy, d'accepter les offres dessus déclarées, ou de rendre response au Roy ou à sondit lieutenant-général s'ils les acceptent ou non ; pendant ce temps toute guerre surseoira, tant d'un costé que d'autre. Par protestacion toutes fois que sy, par les dessusdits, icelles offres ne sont, dans lesdites deux heures après midy, acceptées, elles ne tourneront à aucun préjudice au Roy.

« Fait à Rouen, en l'hostel de la ville, le xxiiij^e octobre, l'an 1449, à onze heures avant midy, par le commandement de M. le lieutenant-général du Roy et autres de son grand Conseil. »

Et laquelle abstinence [de guerre] fut depuis continuée par tout le jour ; et le samedy matin, xxve dudit mois, fut envoyé, par ledit Sommerset, certaine offre, en une cédulle, en la forme qui suit :

« Messieurs les commissaires qui ont veu les offres à eux faites par M. le comte de Dunois et aucuns du conseil de très haut et très excellent et très puissant prince l'oncle du Roy nostre souverain seigneur[1], sont contens que, par deslivrant[2] franchement très haut et très puissant prince M. le duc de Sommerset, gouverneur, et madame sa femme, messieurs ses enfants, le comte de Chesaubery (Talbot), M. le chancelier, et autres seigneurs et chevaliers et escuyers, dames et damoiselles, et généralement tous autres gens de leur compagnie ou adhérants, de quelque condition qu'ils soient, avec tous leurs biens, joyaux, et basgues, à eux appartenant, ou dont ils estoient saisis à l'heure que le retrait fut par eux fait, ès places du palais et chastel de Rouen, quelque part que lesdits biens soient ou aient esté transportés, et qu'ils et un chacun d'eux s'en puissent aller sûrement hors desdites places, en Angleterre, ou ailleurs en Normandye, où bon leur semblera, de desli-

---

[1] C'était par cette espèce de subterfuge que les Anglais éludaient de donner à Charles VII le titre de Roi de France, en faisant allusion à sa qualité d'oncle de Henri VI.

[2] *C'est-à-dire :* en délivrant.

vrer et bailler, dans trois sepmaines, ès mains dudit prince ou de ses commissaires, les places et forteresses du palais et chastel de Rouen, les villes et places de Caudebec, Honnefleur, Arques et Tanquarville, sans cependant faire ou porter aucuns dommages aux habitants d'icelles places ; et, par ce moyen, ledit prince oncle sera tenu, pour ce faire, leur deslivrer et bailler saouf-conduits en nombre convenable, durant trois mois, et conduite suffisante pour leur seureté, sy besoin en ont, et requis en est, avec navire et charroy à leur despens, à prix raisonnable, pour emporter leurs dits biens ; pour lesquels recouvrer et pourchasser, il sera loisible à chacun de ladite compagnie aller et venir, séjourner en ladite ville de Rouen et ès faubourgs d'icelle, sans encourir aucune reprise, ny estre empeschés pour ladite cause. Pourveu[1] que, pendant ledit temps, sy aucunes desdites places ou lesdits habitants d'icelles estoient prinses ou saisies par ledit prince oncle ou aucuns de son party, iceux ainsy prins, et ceux qui seroient demeurés èsdites places, auront, jouiront et seront entendus estre de cette présente composition ; et sy prins estoient ou détenus, seront deslivrés franchement, sans aucune chose payer, avec tous leurs biens, et leur seront pareillement deslivrés saouf-conduits valables ; et aussy pourront emporter tous les dessusdits, tant partant desdites places de Rouen, Arques, Caudebec, Tancarville, que Honnefleur, toutes manières de couleuvrines, arbalestres, et artillerie portatives qui estoient en toutes les places dessusdites, pour être mises et appliquées au profit du Roy nostre souverain seigneur ; ainsy que par les commissaires sera ordonné, et pareillement de la part du Roy. Tous prisonniers sujets du prince oncle, prins et saisis, depuis sa venue devant cette ville de Rouen, qui fut le vendredy 10 octobre, seront deslivrés franchement, sans aucune chose payer de rançon, et semblablement Emond, albalestrier, prisonnier dudit seigneur prince oncle, et, pour cette composition, suffira auxdits commissaires prendre et emporter, au nom du Roy nostre seigneur, *tous les comptes, lettres et escritures estant en la maison où estoit la chambre des comptes du Roy nostre souverain seigneur, à Rouen.* Pour la seureté desquelles choses accomplir seront baillés scellés suffisans, ainsy que sera advisé, pourveu que, pareillement en

---

[1] *C'est-à-dire :* il est prévu que.

soit fait, de la part dudit prince oncle, pour accomplir ce qu'il doit faire en cette partie. »

Laquelle [cédule] fut apportée par Valois, le hérault, environ neuf heures du matin, et par les dessusdits à luy baillé par Mre Thomas Ho; et parce que icelle response sembloit estre hors tous termes de raison, furent envoyés M. le mareschal de la Fayette et Jean Havard parler audit Mre Thomas Ho, et autres, pour leur dire que telle response n'estoit pas recevable, et qu'ils n'en parleroient point au Roy, et, pour ce, qu'ils advisoient (avisassent) d'en faire une autre qui fust recevable. Sur quoy ledit Mre Thomas Ho, pour ledit duc de Sommerset et autres dessusdits respondit que, dedans le lendemain du dimenche, huit heures, leur feroit autre response, après qu'il auroit parlé audit duc de Sommerset et autres estant dans ledit palais; et pour icelle attendre, fut continué ladite surséance de guerre jusques au 26e ensuivant, à midy, à laquelle heure de midy fut envoyé par lesdits Anglois une autre cédulle, apportée par Havard, contenant la forme qui ensuit :

« La cédulle envoyée le dimanche 26 octobre 1449.

« Nosseig^{rs} les commissaires qui ont veu les offres à eux faites par M. le comte de Dunois, lieutenant général, et aucuns du conseil de très haut, très excellent, très puissant prince l'oncle du Roy nostre souverain seigneur, sont contens qu'en deslivrant franchement M. le duc de Sommerset, gouverneur, madame sa femme, messeigneurs ses enfans, M. le comte de Chesaubery (Talbot), M. le chancelier, et autres seigneurs et escuyers, dames et damoiselles, et généralement tous autres gens de leur compagnie ou adhérens, de quelque estats qu'ils soient, avec tous leurs biens quelconques, estant ès places du palais et chastel de Rouen et ailleurs, quelque part qu'ils soient ou ayent esté transportés, et qu'ils et chacun d'eux s'en puisse aller seurement, sainement, en Angleterre, de deslivrer, dans trois semaines prochaines, ès mains dudit prince oncle ou de ses commissaires, les places et forteresses du palais et chastel de Rouen, les villes et places de Caudebec, Honnefleur, Arques et Tancarville, sans cependant faire ou porter aucuns dommages aux habitans d'icelles; et, par ce moyen, ledit prince oncle sera tenu, pour ce faire,

---

[1] Les mémoires de J. du Clerq appellent ce personnage Thomas Hos.

bailler bons saouf-conduits, en nombre convenable, durant trois mois, et conduite suffisante pour leur seureté, avec navire et charroy, à leurs despens, à prix raisonnable, pour emporter leurs dits biens.

« Item, que s'il advenoit que pendant ledit temps, aucunes desdites villes et places fussent prises par ledit prince oncle ou aucuns de son party, ycelles villes et places et mesme les habitants d'ycelles, de quelque nation ou condition qu'ils soient, auront, jouiront, et seront entendus estre de cette présente composition, et sy prins estoient, seront deslivrés franchement, sans aucune chose payer, avec leurs biens, pour lesquels recouvrer, il sera loisible à chacun de ladite compagnie, aller, venir et séjourner en ladite ville de Rouen et aux fauxbourgs d'ycelle, et ailleurs, durant le temps de leur saouf-conduit, sans encourir aucune reprise, ni estre empeschés pour ladite cause, et leur seront pareillement deslivrés saouf-conduits valables.

« Item, que sy aucuns habitants, esdite ville de Rouen, le palais et chastel, Caudebec, Arques, Tancarville, vouloit demeurer au party dudit prince oncle, auront plaine abolition de tous cas et crimes par eux faits, avec restitution et plaine saisine de leurs bénéfices, offices, biens, meubles et héritages; et ceux qui n'y voudront point demeurer, mais s'en voudront aller, faire le pourront, comme dit est, et partir surement et sainement, avec tous leurs biens, en la manière qu'ils soient trouvez ou enfardelez [1].

« Item, que tous prisonniers prins, tant d'un party que d'autre, depuis sa venue devant cette ville de Rouen, qui fut le vendredy, x^e de ce présent mois d'octobre, seront deslivrés franchement, sans aucune chose payer de rançon; et semblablement Emond, arquebalestrier, prisonnier dudit prince oncle ou de ses gens, [sera] deslivré franchement. Pour la sureté desquelles choses tenir, faire et accomplir, seront baillés scellés suffisans, ainsy qu'il sera advisé; et convenu que pareillement en sera fait de la partye dudit prince oncle, pour faire et accomplir ce qu'il sera tenu faire de sa partye. »

Et tint le Roy en son conseil pour sçavoir ce qui seroit à faire, tant

---

[1] *C'est-à-dire*: empaquetés; en d'autres termes, ils stipulaient qu'on n'ouvrirait point leurs malles.

sur les offres que le Roy avoit faites faire audit duc de Sommerset, que sur la response qu'ils avoient baillée, pour apointer avec les dessusdits Sommerset, et aucuns jurés, nommés et ordonnés de par le Roy : les sieurs de Lafayette, mareschal de France, de la Varenne, séneschal de Poitou, de Culant, grand maistre d'hostel, et Jacques Cueur; lesquels, après plusieurs parlements et assemblées qu'ils ont eus, avec ledit duc de Sommerset et autres, tant aux Jacobins de cette ville de Rouen, que au palais, a esté prolongée l'abstinence de guerre jusques au mercredy ensuivant, et apointé en la forme qui ensuit :

(Ici se termine le Manuscrit.)

SUR LE SIÉGE DE ROUEN EN 1449.

Les principaux historiens et chroniqueurs du règne de Charles VII, Jean Chartier, Matthieu de Coucy, Jacques du Clerq, et Berry le roi d'armes, ont parlé, avec des détails plus ou moins circonstanciés, du siége que Charles VII vint mettre devant Rouen, vers le milieu d'octobre 1449; tous ont parfaitement rendu compte de cette terreur profonde qui parut paralyser les Anglais, attaqués ainsi au cœur même d'une province que leurs hardis adversaires conquéraient en quelque sorte au pas de course, et voyant, d'ailleurs, l'esprit national se réveiller de toutes parts et s'élever contre eux. Aussi les Anglais n'essayèrent de se défendre que pour obtenir de moins honteuses capitulations; leurs tergiversations, leurs attermoiemens de toute espèce, pour gagner du temps, ont été signalés par tous les historiens dont nous venons de parler, et qui s'accordent à dire que les pourparlers préliminaires durèrent près de quinze jours, alors que déjà la ville avait fait sa soumission à son légitime monarque, et que les Anglais, chassés sans combat du fort Sainte-Catherine, et successivement du petit Château du Pont, étaient acculés dans les deux forteresses du Vieux-Palais et du Vieux-Château, dit de Philippe-Auguste. Cependant, aucun des chroniqueurs n'avait cité textuellement les conventions de cette capitulation. Farin seul, parmi les historiens modernes, avait cité, d'après les registres de l'hôtel-de-ville, les termes de la capitulation accordée aux bourgeois, et à laquelle les Anglais refusèrent d'abord d'accéder, quoiqu'ils en vinrent à réclamer plus tard le bénéfice d'y être compris. Un manuscrit de la Bibliothèque de Rouen, contenant des extraits des registres de l'hôtel-de-ville, mais dans lequel on a inséré quelques pièces importantes empruntées à d'autres collections, nous a fourni le texte des propositions successives faites par les Anglais, et qui constituent les préliminaires de la capitulation qu'ils obtinrent plus tard; malheureusement le copiste s'est arrêté au premier mot de cette capitulation, dont le texte est resté en blanc. Nous espérions la retrouver ailleurs, et la publier comme complément nécessaire des délibérations préliminaires que nous publions aujourd'hui, mais nos recherches ont été vaines. Bien des traits de cette relation, un peu obscure et tronquée, auraient besoin, pour être éclaircis, d'une discussion plus étendue que celle à laquelle nous pouvons nous livrer ici. Il était, par exemple, assez difficile de deviner, sous le nom de Chesaubery ou Schesaubury, le fameux Talbot, beaucoup plus connu sous ce dernier nom, qu'il a illustré, que sous celui de comte de Shrewsbury; ensuite, il paraît étonnant, au premier abord, de ne voir relater nulle part, dans ces protocoles de capitulation, ni le nom, ni le titre du roi de France, mais *bien toujours celui du prince oncle*; il faut savoir que, par cette désignation bizarre, les Anglais éludaient de reconnaître la souveraineté qu'ils déniaient à Charles VII, en se bornant à faire allusion à sa parenté avec Henri VI, qui était, en effet, son neveu; Catherine de France, sœur de Charles VII, ayant épousé Henri V d'Angleterre.

A. P.

IV

CHRONIQUE

DE SAINT-WANDRILLE

Briefve Chronique
de l'Abbaye
de Saint-Wandrille;

Et aussi d'aucunes punissions données, par la justice
divine, aux molesteurs des moignes de cest monastère,
et semblablement aux malfaicteurs, robeurs,
pilleurs et détenteurs des biens et choses
du dit monastère, et de
ses membres et
deppendances.

✤

PUBLIÉ POUR LA PREMIÈRE FOIS

D'après le Cartulaire de Saint-Wandrille de Marcoussis,
Ms. du XVIe siècle de la Bibliothèque de Rouen;

PAR ANDRÉ POTTIER,
Conservateur.

✤

ROUEN,

E. LE GRAND, ÉDITEUR,
RUE GANTERIE, 26.

—

1837.

PUBLICATION
DE LA REVUE DE ROUEN
ET DE LA NORMANDIE

IMPRIMÉ PAR NICÉTAS PERIAUX,
RUE DE LA VICOMTE, N° 55

Briefve Chronique

de l'Abbaye

de Saint-Wandrille.

Ensuit partie des fais Sainct Wandrille.

AINCT WANDRILLE, procréé de la lignée des roys de France, en l'an de l'incarnacion notre Seigneur V^{cc} lxx, ançois que le monastère ou abbaie de la Fontenelle fut édifié, chemina par plusieurs et diverses régions, querant lieu convenable ouquel (*auquel*), en lessant les pompes, gloire et honneurs de ce siècle caduque, soubz habit de religion, peust servir à Dieu tout puissant, Roy des Roys et Seigneur des Seigneurs. Et en la fin, par la providence, vint audit lieu de la Fontenelle, qui pour lors estoit désert par les guerres, là où trouva ung ruissel et fontaine de merveilleuse beauté, décourant par le meilieu de la vallée dudit lieu ; lequel ruissel trouvé, iceluy sainct Wandrille, rempli de grant joye, et rendant grans grâces à Dieu, affin de parfaire humblement sa dévotion, sus tous aultres lieux, impétra du roy Clovis, fils du roy Dagobert, ledit lieu. Et, moiennant l'aide dudit roy, par plusieurs ouvriés que mena avecques soy, feit uni[r] et applanier ledit lieu, et les arbres et buissons couper, et du tout aracher. Et lors, par ledit Clovis, [fut], oudit lieu, le monastère de la Fontenelle doné de plusieurs possessions, libertez et franchises, confermées par priviléges royaulx. Et après le decès et trespas dudit roy Clovis, Clotaire, filz dudit Clovis, amplia moult et acreut les possessions et priviléges dudit monastère. En quel temps duquel roy Clotaire, l'église de sainct *Amator* fut édifiée, en lieu nomé Gotuille, où convenoient sainct Ouen, sainct Wandrille et sainct Philibert, et l'esglise de sainct Saturnin, en la montagne, devers septentrion. És quieulx deulx lieux, sainct Wandrille institua moignes, pour y célébrer le service divin, de nuit et de jour. Et, après le trespas de sainct Wandrille, furent édifiez plusieurs églises, dedens les mètes (*limites*) de ladite abbaie : comme l'esglise de Sainct-Michel archange, et l'esglise de Saint-Estienne, premier martir, par sainct Wlfran, à xxx passes de l'esglise de Sainct-Paul, laquelle a esté destruicte par les paiens, et depuis n'a point esté réédifiée.

Après que l'esglise et les officines dudit monastère furent édifiées par ledit roy Clovis, sainct Wandrille alla à Rome, ou temps du tréssaint pape Martin premier; lequel sainct Martin confirma, de l'auttorité apostolique, audit sainct Wandrille, ledit monastère, avecques toutes ses appartenances, possessions et biens que avoit acquestés, et que pourroit, au temps avenir, acquester; en lui donnant et octroyant, en signe de franchise et liberté de saincte esglise, certaines reliques précieuses des appostres sainct Pierre et sainct Paul, et de plusieurs martirs. Et, avecques ce, donna et octroia ledit sainct Martin pape, par bulle papale, bénéiçon apostolique et plein pardon et indulgence à tousjours mais, à tous vrais repentans et confez qui, és solennités de la Nativité, Résurrection, Ascension de Nostre Seigneur Jhu-Crist, de Penthecouste, et par les octaves desdictes solennitez, és festes de la très glorieuse Vierge Marie, et és festes doubles quelconques de tout l'an, visiteront dévotement, et pour cause de pélerinage, ladicte esglise. Et, affin que les possessions, drois, franchises, libertés, biens et choses dudit monastère de la Fontenelle, et de ses deppendances et appartenances, ne fussent, ou (*au*) temps avenir, perdues, aliénez, corrompues, ou destruictes, par les malices, molestations et perturbacions des maulvais hommes, iceluy très sainct pape Martin, en l'an de l'incarnacion Notre-Seigneur six cens quarante cincq, és kalendes de febvrier, la indicion iije, et de son pontificat l'an vije, donna, contre les malfaicteurs, molestateurs et perturbateurs de ladite abbaie, de ses membres et deppendences, et contre ceulx qui retendront, recèleront, prendront, alièneront ou occuperont malicieusement lesdites possessions, drois, biens et choses quelxconques dudit monastère et deppendences, et mesmes contre les mauvais juges, iniques et pervers, qui, par faveur, hayne, ou aultrement, seroient cause des choses dessusdites, item (*telle*) et semblable malediction quelle sainct Silvestre pape, et autres xxxij papes, prédécesseurs dudit pape sainct Martin, donnèrent et composèrent en leurs temps, contre les persécuteurs de saincte esglise, et contre les mauvais juges qui sont cause de la spoliacion et destruction de saincte esglise. Et laquelle malédiction, ledit sainct Wandrille et ses successeurs pourroient mettre à exécucion, en quelxconques lieux, et par tant de fois que nécessité seroit; et contre tous les malfaicteurs, s'ils n'avoient intencion et propos de eulx amender, et que de fait ilz se amendassent. Et a esté, depuis, icelle malédiction confirmée par sainct Ouen et sainct Ansbert, archevesques de Rouen, et Wlfran, archevesque de Sens, et autres xxviij archevesques, par xix évesques, et par vj abbés. Doncques, ledit lieu et monastère de sainct Wandrille, et chascun de ses membres doit estre moult craint et aussy aymé et honoré, et de toute personne, par cause de dévotion fréquente. Ouquel monastère eust, en sa fondation, quatre nobles églises : l'une dedens en l'honneur de sainct Pierre, et l'autre en l'honneur de sainct Paul; lesquelles sont encore en estat. La tierce en l'honneur de sainct Laurent martir, et la quarte de sainct Pancras; lesquelles deulx esglises n'ont point esté restaurées depuis que elles furent destruictes des païens, en l'an viij^c lxij. En laquelle abbaie, par espace de temps, sainct Wandrille assembla trois cens moignes, pour faire, nuit et jour, le service de Dieu, secund (*selon*) la régle sainct Benoit. Duquel nombre, par les mérites d'icelluy sainct Wandrille, resplendirent, par saincteté de vie, avec luy, saint Lambert arcevesque de Lion, saint Ansbert arcevesque de Rouen, saint Wlfran arcevesque de Sens, saint Landon arcevesque de Rains, saint Erembert évesque de Toulouse, saint Bain évesque de Tarouenne (*Thérouanne*), sainct Erblanc abbé, saint Conde moigne de ceste abbaie, et saint Gaon (*Godon*) nepveu de saint Wandrille, et plusieurs aultres. Si que, par la merveilleuse saincteté d'eulx, ils furent esleuz et menez par diverses parties du monde, à gouverner et enseigner le peuple de Dieu. Depuis l'institution de ce dit monastère de la Fontenelle, plusieurs corps de moignes dévots et sains y ont esté enterrés et reposent, qui, audit monastère, leur temps durant, ont Dieu servi dignement et sainctement, et de ce siècle se sont départis béneurement (*bienheureusement*), et allés, avec les sains, à félicité, aux joies de paradis ; desquelles joies, par leurs mérites [et] prières, après le cours de ce présent monde, nous tous puissons estre participans, et, à la miséricorde de Notre Seigneur Jhu-Christ, joieusement parvenir.

Pour advertir et adviser les malfaicteurs de ceste dicte abbaie et de ses membres et deppendances, de eulx amender et corriger ceu (*ce*) en quoy ilz ont défailly, et qu'ilz n'auront (*n'aient*) pas cause de persévérer en leur malice, par excusation d'ignorance, est icy après en bref la teneur de la malédiction dont dessus est faicte mention, et aussy aucunes punisions données, par la justice divine, aux molesteurs des moignes de cest monastère, et semblablement aux malfaicteurs, robeurs, pilleurs, et détenteurs des biens et choses dudit monastère, et de ses membres et deppendences.

S'ensuit la teneur de la Malédiction dessusdicte.

De l'autorité de Dieu tout puissant, Pierre, prince des apostres, auquel fust baillée, par notre Seigneur, la puissance de lier et deslier sur terre ; soit faicte vengeance manifeste des malfaicteurs, troubleurs, persécuteurs, molesteurs, larrons et pilleurs des possessions et choses quelconques, des droitz et libertez du monastère saint Wandrille de la Fontenelle, et de tous les membres deppendans, et congregation dicelluy, se lesdicts malfaicteurs, de leur malvestié ne se retournent, par effect, en amendement. Et se ainsy est que iceulx malfaicteurs veullent amender ce en quoy ilz auront délinqué et commis, la bénédiction de Dieu tout puissant et la rétribution des bonnes œuvres vienne sur eulx. Mais se les ceurs desdits malfaicteurs estoient endurcis en leur malice et malvestié, et qu'ilz ne voulsissent rendre et restituer les possessions et aultres choses quelconques dudit monastère, que ilz auroient soustrais et ostés, et ne voulsissent promettre de retourner en estat deu, et dirférassent malicieusement eulx amender par pénitance, toutes les malédictions viennent sur eulx, desquelles Dieu tout puissant maldit ceulx qui dirent à Dieu notre Seigneur : — Dépars toy de nous, nous ne voullons point la voie de tes sciences ; — et qui dirent : — Possédons à héritaige le sainctuaire et temple de Dieu. — Et soit leur part et héritaige le tourment du feu perpétuel, avec Chora, Dathan et

Abiron, qui tous vifz descendirent en enfer; et avec Judas et Pilate, Cayphe et Anne, Symon l'enchanteur et Néron, avec lesquelz, par tourmens perpetuelz, soient sans fin tourmentez; tellement que jamais n'aient compaignie ou (*au*) repos du ciel, avec Jhu-Crist et ses sains; mais aient leur compagnie avec le diable Lucifer et ses complices et compaignons, députés ès tourmens d'enfer, et ainsy périssent pardurablement. »

S'ensuit aucunes Punitions.

Premièrement du Verdier ou Garde de la forest du Roy qui voulut occire saint Wandrille.

En l'an de l'incarnation notre Seigneur Jhu-Christ vj^c xlviij, qui estoit le iiij^e an que saint Wandrille avoit esté institué premier abbé de ce monastère de la Fontenelle; iceluy saint Wandrille, avec aucuns de ses religieux, estoit allé pour extirper et nectoier de espines et arbres inutiles le lieu de la fontaine de Caillouville, dont procède la rivière passant par dedans l'enclos de la dicte abbaie; mais ung homme nommé Becto, verdier des foretz appartenantz au roy, par espécial ou pais de Caux, et de la forest nommée anciennement Jumiéges, et de présent ladite forest du Traict et de Malevrier, meu d'envie du diable, pource que ladite forest de Jumiéges, par ledit roy Clovis, avoit esté donnée, pour la fondacion et dotation de ceste abbaie, avec plusieurs aultres droictz, libertés et possessions, vint courir sus audit saint Wandrille, en le voulant trespercher d'une lance. Mais Dieu tantost venga l'injure, car la dextre main, qu'il avoit levée contre ledit saint, lui défaillit, et chust la lance fichée en terre, devant ses piés; puis tumba et chaït soudainemeut à la reverse, et fust démoniaque. Saint Wandrille, congnoissant la vengance divine, tint avec soy, tout ledit jour et la nuyt ensuivant, iceluy Becto, comme demy vif. Lendemain ledit saint Wandrille voiant ledit Becto en telle nécessité, fist à Dieu son oraison, en luy requérant qu'il luy pardonnast son malfait et péchié, et tantost fust restitué à santé. En mémore duquel miracle saint Wandrille édifia, en l'an dessus dit, audit lieu, une église moult magnifique et dévote, en l'onneur et révérence de la glorieuse Vierge Marie; où plusieurs miracles ont esté depuis fais, par les mérites et prières de ladite Vierge glorieuse.

D'ung fondeur de cloches qui avoit emblé partie du métal d'unne cloche de l'église Saint-Michiel.

Après l'an de l'incarnation vij^c xxxiiij, estant en gouvernement et administration de ladite abbaie Teutsindus vij abbé, fust édifié, dedans les mettes (*limites*) et fins dudit lieu, une église en l'onneur de saint Michiel archange, où de présent est l'église parrochiale. L'église parfaicte, on bailla à ung ouvrier fondeur de cloches certain métal à faire une cloche, pour mettre en la tour de ladicte église. Mais quant ladicte cloche fut faicte, elle ne fut pas de si bon son que l'en cuidoit, parce que ledit ouvrier avoit retenu partie du métal. Dont ledit ouvrier fut horriblement pugni, car, toutes et quantes fois que on sonnoit ladicte cloche, ledit fondeur, qui avoit prins et retenu le métal, perdoit son sens, et si disoit paroles irraisonnables, et, avec ce, ulloit en la manière d'ung chien, en quelque lieu qu'il fust.

De Thierry qui occupoit et détenoit la terre de Rivecourt.

L'an de l'incarnation viij^c lxij, en temps de Louys, xxiiij abbé de ceste abbaie, fust ladicte abbaie arse et destruicte par les incrédules, et demoura en destruction près de viij ans, pendant lequel temps plusieurs nobles personnes décepvoient et occupoient, en divers lieux, les possessions et appartenances de ceste dite abbaie. Entre les aultres, ung homme noble et très puissant, nommé Thierry, détenoit une des dictes possessions, nommé[e] Rivecourt [1], près Compiègne, en diocèse de Beauvès. Certain temps après icelle destruction passée, et lesdits incrédules convertis en la foy christiane, l'abbé du monastère de Gand, nommé Girard, en l'an ix^cxlv ou environ, raporta de sa dite abbaie le corps saint Wandrille, et aultres plusieurs reliquaires, jusques audit lieu de Rivecourt, pour les restituer à ceste abbaie; confiant soy en ce que le premier Richard, adonc duc de Normendie, rendroit et restitûroit les possessions et appartenances de ceste dite abbaie, oc-

---

[1] Selon Baillet, Vies des SS., ce lieu se nomme Reuricourt.

cupez par luy et par plusieurs de ses comtes, barons et chevaliers, affin de restaurer ceste dicte abbaie de la Fontenelle. [C'est] pourquoy ledit abbé feit signifier audit Thierry, par le maire de Rivecourt, quil rendit et restituast ladite terre et seigneurerie de Rivecourt, quil tenoit et occupoit injustement. De quoy ledit Thierry fut très desplaisans, et frappa ledit maire d'un baston qu'il tenoit, et si le bouta hors deshonnestement et à grant injure. Mais la nuyt ensuyvant, saint Wandrille, en [h]abit de moigne, tenant ung baston pastoral, se apparut en vision audit Thierry, en dormant en son lit, et le reprint très durement de ce qu'il avoit bastu son serviteur, puis le férit de la pointe de sa dicte croce; et lors ledit Thierry se esveilla, et si horriblement s'escria, que tous les gens de sa maison s'esveillairent et vindrent sçavoir [ce] qui luy estoit advenu. En icelle heure, ledit Thierry, souffrant torsions et trenchoisons de ventre, alla aux latrines, où mourut soudainement et deshonnestement, car toutes ses entrailles entièrement luy saillirent par le bas, et churent dedans lesdites latrines, en la forme et manière qu'il estoit advenu à Arrian hérétique, soustenant que Jhu-Christ n'estoit pas Dieu, mais créature.

Du Religieux qui avoit aliéné partie du doy (*doigt*) saint Estienne.

En temps de l'abbé Robert premier, xxviiij^e abbé de ceste abbaie, ung religieux nommé Benoit, segrestain de ceste dicte église, natif de Fontenay, du diocèse de Baïeux (auquel Fontenay est édifiée une abbaie, en l'onneur et révérence de saint Etienne, premier martir, laquelle abbaie avoit esté premièrement ung prieuré de ceste dicte abbaie [1]) bailla et donna aulx religieux de la dicte abbaie de Fontenay, et à leur requeste, partie du doy saint Estienne, premier martir. Et le faisoit ledit segrestain, tant pource que lesditz religieux n'avoient point reliquaire de saint Estienne, que aussy [parce] qu'il estoit natif dudit Fontenay, et, semblablement, pour ce que ladite abbaie avoit premier esté de ceste dicte abbaie (*de St-Wandrille*), comme dit est. Mais, pour ledit forfait, ledit segrestain fut pugny très horriblement, car il fut moult griefment

---

[1] C'est-à-dire de l'abbaye de Saint-Wandrille.

malade, jusques à ce qu'il eust dit et déclairé audit abbé Robbert, où et à qui il avoit ledit reliquaire baillé, et que restitution en fust faicte.

Du Clerc qui avoit prins et retenu le dextre bras saint Wandrille.

En icelluy temps, advint que, par fortune, le feu print en l'abbaie de Gand, où avoient esté portées les reliquaires de ceste abbaie (*de St-Wandrille*), durant le temps qu'elle estoit destruicte; et, audit feu estaindre, estoit ung homme clerc, nommé Raoul, lequel print et emporta le dextre bras de saint Wandrillle, en sa maison et habitacion de saint Josse, qui est ès parties de Boulongne, sur la mer. Mais tantost après ledit clerc fut très griefment malade; [c'est] pourquoy envoya devers l'abbé Robert et les religieux de ceste abbaie (*de St-Wandrille*), leur supplier humblement qu'ilz priassent Dieu pour sa santé, et qu'ilz envoiassent querir ledit reliquaire. Et tantost ledit abbé, avec aucuns de ses religieux, alla querir ledit reliquaire, et amena ledit clerc, qui estoit ja en convalescence; lequel fut après moigne en ceste dicte abbaie. Adonc, partout le pays de Caux, avoit si très grand sequeresse que les herbes, arbres, blés, estoient comme péris et perdus; maiz, en l'advenement dudit bras saint Wandrille, la terre fut incontinent arrousée, et plut suffisamment, tant que les biens de terre fructifiairent. En mémore duquel et d'aultres miracles, est sollennité faicte de saint Wandrille, chascun an, le xvj jour de Juing, qui est le jour que ledit bras destre saint Wandrille fut rapporté et restitué à ceste dicte abbaie.

Du seigneur de Marly qui présuma tailler les hommes d'Aupec,[1] et si qu'il print deulx gras pourceaulx, en l'ostel et manoir du dit Aupec, appartenant à ceste abbaie devant dicte.

En temps de l'abbé Gubert[2], xxixe abbé de ceste abbaie, advint que

---

[1] Le Pec, au pied de la colline de Saint-Germain-en-Laye, près Paris.

[2] Rien de plus variable que les catalogues d'abbés, surtout quant à la détermination de l'ordre numérique de chacun d'eux. Cependant, notre manuscrit contient un catalogue de ceux de Saint-Wandrille, auquel, tant à cause de sa date ancienne, que des notes chronologiques qui l'accompagnent, nous croyons devoir accorder toute confiance; or, d'après ce document, l'abbé Gubert ne peut être autre que Girbert, xxxe abbé de Fontenelle, mort en 1089.

ung chevalier, puissant homme en armes, nommé Ernault, seigneur de
Marly près d'Aupec, présuma, devant la feste de Nouël, tailler les
hommes de la terre de saint Wandrille d'Aupec, au diocèse de Paris ;
et, avec ce, en l'ostel et manoir de ceste dicte église, print, un pou
devant la Tiphaine (*l'Epiphanie*), deulx gras pourceaux, que deux
religieux résidens audit manoir, pour faire labourer les vignes de
ceste dite abbaie, et aucuns aultres affaires, avoient nourris pour leur
provision, et les fit saller en son hostel de Marly, oultre la volenté
desdits religieux. Mais tantost après ladite solennité, saint Wandrille,
en habit de moigne, tenant ung baston pastoral, s'apparut audit Ernault,
dormant en son lit, en la nuit ensuivant qu'il avoit le soir mengié desdits
pourceaulx, en son souper, et le reprint très apprement de ce qu'il
avoit prins argent de ses hommes d'Aupec, et, par espécial, de ce que
avoit osté et prins la nourriture ou provision de ses religieux ; puis le
frappa de la pointe de son dit baston pastoral. Et soubdainement ledit
Ernault s'esveilla, et tellement s'escria, que tous les gens de sa maison
accoururent sçavoir qui luy estoit advenu. Ledit Ernault ainsy effraié,
racontant la vision, tantost après rendit son esperit, sans faire satisfaction des choses dessus dictes.

D'un homme, nommé Jehan Justice, lequel, avec ses six enfans, faisoit plusieurs molestes aux religieux de ceste abbaie.

En temps de l'abbé Guiffroy IIIe,[1] cinquante ie abbé de ceste abbaie,
ung homme riche et puissant, nommé Jehan Justice, lequel, avec six
enfans qu'il avoit, tous résidens en la paroisse de saint Wandrille, persécutoient tant qu'ilz povoient les religieux de ceste église, et si occirent
le prieur de ceste église, dedans les clouaistres ; et n'osoient lesditz
religieux aller hors de ceste abbaie, et, par espécial, passer par
devant l'ostel dudit Justice. Souvent ledit Justice juroit, par la Passion
de Dieu, qu'il mettroit ceste abbaie en telle indigence qu'il feroit
descouvrir l'église et la tour, qui sont couvertes de plomb, et couvrir
de genestes (*branches de genêt*). Mais Dieu qui, en temps deu, venge
les lédenges (*injures*) de ses serviteurs, aultrement ordonna, car toutes

---

[1] Selon le catalogue d'abbés contenu dans notre Ms., Guiffroy ou Godefroy IIII
était le 52e abbé.

les possessions dudit Justice, qui estoient du tenement de ceste abbaie, ont esté confisquées à ceste dicte église, par sentence diffinitive; et sa maison, qui estoit assés magnifique pour ung duc ou pour un conte, a esté du tout démollie, et les pierres, mesrain (*bois de charpente*), et aultres choses, converties à réparer ceste dicte abbaie; et n'y a audit lieu, pour le présent, que ronses, espines, et chardons, et ung pou de murailles, en mémore dudict malfaict. Et lesdits enfans ont esté dispers, et privés de toute la succession de leur père; et ledit Jehan Justice vint en icelle indigence, qu'il venoit, avec les povres, querir l'aumosne en ceste abbaie.

Du procureur de l'Evesque de Bayeux, qui soubz ombre de la despouille du Prieur de Rony, print tous les biens et bénéfices du prieuré dudit Roy.

En l'an de l'incarnation notre Seigneur M. iiij c et viij ou environ, l'abbé de ceste abbaie nommé Jehan [1], estant référendaire du pape, trespassa en court de Romme; et bailla le pape à l'évesque de Baïeux ceste dicte abbaie en commande, à la requeste dudit évesque. Mais ledit évesque n'y vint oncques, ne eut l'administration et gouvernement d'icelle, pour cause qu'il ne vouloit point estre soubz l'obédience des Anglois, lesquels avoient ja conquitz Rouen. En iceluy temps, le prieur de Rony, près Mante, du diocèse de Chartres, membre deppendant de ceste dicte abbaie (*de saint Wandrille*) trespassa; et envoya ledit évesque ung de ses clercs et procureurs audit Rony, pour prendre et lever la despouille dudit prieur trespassé, comme à luy appartenant, et combien que, selon les constitutions du pape Bénédic xij, les abbés et aultres prélas des moignes noirs, ne puissent ou doivent emporter des prieurés à eux subjectes, quant les prieurs sont trespassés, quelconques vesseaux, vestemens ou ornemens, ordenés au service de Dieu, ne aultres vesseaux, utensilles ou biens, nécessaires au[x] diz prieurs, mais tanseulement les vaisseaux d'or et d'argent, se le prieur trespassé aucuns en avoit acquitz; et encore desquelz ilz seroient tenuz, d'en

---

[1] Jean II, de Rochois, était en effet, à cette époque, abbé de Saint-Wandrille; mais les historiens de cette abbaye l'y font mourir. Comment concilier ce fait avec l'assertion de notre chroniqueur?

mettre la quarte partie en réparation et augmentation des ornemens
de leurs églises ou abbaies. Touteffois ledit procureur print et fist mettre
en batiaux, le vin et le grain en jarbe, et tous les aultres biens et utensilles dudit prieuré, pour mener à Paris, à son maistre. Lesquelz biens
et utensilles estoient et devoient estre pour la provision dudit prieuré,
et pour la nécessité du prieur futur et de ses frères religieux; affin
qu'ilz peussent servir à Dieu audit prieuré, selon leur vocation et religion, [et] comme dit est utiles et nécessaires audit prieur, et défendues
à lever et prendre, par lesdites constitutions du pape Bénédic. Et, pour
ce que ledit procureur, follement et sans enquerir ce qui devoit appartenir à son dit maistre, emporta les biens dudit prieuré, sans ce que
aucune chose desditz biens fut convertie à la réparation et augmentation des ornemens de ceste dicte église, advint que le feu print
audit grain en jarbe, ançois que lesdits bateaux peussent venir à Paris;
et, avec ce, ledit procureur fut trouvé mort au batel où il s'estoit mis,
pour conduire lesdits biens jusques à Paris; et ne povoit l'en mettre son
corps hors du batel; pourquoy povoit donner à entendre qu'il estoit desplaisant à Dieu d'avoir destitué ledit prieuré de tous ses biens et utensilles.

De la Croisie de l'église et prieuré de Rony préservée de ardre, et du malfaicteur pugny.

Durant la guerre entre Charles vij^e, roy de France très chrestien,
et Henry roy d'Angleterre, après que le pays de Normendie avec la cité
de Paris et plusieurs aultres villes de France, furent conquises par ledit
Henry, les capitaine et anglois de la garde de Mante [re]doubtant
les François leurs adversaires, proposèrent démolir le chastel de Rony,
où avoient esté jadis les maisons, grange, et aultres édifices du prieuré
de Rony, mais depuis prinses à droit sens (*cens*) par ung seigneur temporel qui avoit volenté d'y faire sa résidence. Auquel lieu fut après
édifié ung chastel, et l'église dudit prieuré enclose. Lequel chastel
démoli par lesdits Anglois, fut le feu mis par l'un desdits Anglois qui
se disoit seigneur de Flacourt, en la nef de la dicte église, et combien
que ladite nef fust adoncques plaine de foing, toutefois le feu n'y peut
prendre, par iiij ou v fois, et à grant paine y fut mis. Après fut mis
en la partie de la croisie de devers ledit chastel, et quant ledit Anglois
voulut mettre le feu en l'autre partie de la croisie, le peuple de Rony,

qui là estoit convenu, voiant la destruction de la dicte église où repose et est honoré le chief saint Quirin, moult s'escria à haute voix, en disant : *Saint Quirin, deffend ta maison et ton église !* Et incontinent le feu cessa, et n'y fist depuis quelque mal, sinon comme ung trou de cheminée ; combien que ledit Anglois s'efforça par iij fois ardre du tout ladicte croisie et toute l'église ; nonobstant qu'il povoit assez congnoistre que c'estoit église, et mesmement par la voix du peuple qui là estoit. De laquelle offence ledit Anglois fut très horriblement pugny, car tantost après advint qu'il fut ars et brulé, dedens une maison en laquelle s'estoit receulli, avec ses compaignons, pour soy préserver et défendre contre ses adversaires.

Comment l'église et prieuré de Rony fut préservée d'estre démollie et abattue.

En l'an mil iiij^c xxxvj, la cité de Paris et plusieurs aultres villes réduictes en l'obéissance du roy de France, les Anglois résidens en la ville de Mante lors par eulx occupée, doubtans que les Francois leurs énemis estans à Meulenc ne rapassassent et fortifiassent le chastel de Rony, par eulx démoli, comme dit est, contraignirent et par force menèrent, le vij jour de décembre, qui estoit vigille de la conception de la Vierge glorieuse, plusieurs machons, pionniers et laboureurs affin de démollir et abbatre du tout l'église du prieuré de Rony, joingnant audit chastel, affin que ne fust cause de leur fortification. Mais quant lesdits machons et ouvriers eurent abbatu le porchal de la dicte église, et qu'ilz voulurent et midrent (*mirent*) les mains à démolir totalement la nef, [la] croisie et le cœur d'icelle église, soudainement sur eulx se leva une tempeste grande et merveilleuse, en ung véhément et tesrible vent, [qui] tellement esmouvoit et eslevoit contre eulx la poudre et aultres ordures de terre, que l'un n'eust peu ne sceu voir l'autre. Et, avec ce, vint en eux une paour et crainte que à paine oncques n'avoient souffert si grant ; et ainsy effraiés et espourés s'en retournairent hastivement à Mante. Ainsi Dieu, par sa divine bonté, sans aultre pugnition donnée, a voulu préserver la dicte église de Rony, fondée et dédiée en l'onneur et révérence de la glorieuse Vierge Marie, mère de Jhu-Christ nostre rédempteur.

De ung noble homme, nommé Lestard, lequel détenoit les terres du prieuré de Marcoussis.

En l'an de l'incarnation nostre Seigneur mil ij^c et ung, en temps de Odo évesque de Paris, ung seigneur temporel de Marcoussis, nommé Lestard, détenoit et occupoit plusieurs des terres, possessions, franchises, libertés et droictures du prieuré de Saint-Wandrille de Marcoussis, en diocèse de Paris, membre deppendent de l'abbaie et monastère de la Fontenelle, à présent dicte Saint-Wandrille; lequel fut plusieurs fois requis et admonesté, par le prieur dudit lieu, qu'il veullit rendre et restituer lesdites terres, franchises et coetera, qu'il détenoit et occupoit injustement; dont ledit Lestard fut très desplaisant, et renvoia ledit prieur deshonnestement de sa maison. Maiz, la nuyt ensuivant, saint Wandrille, en habit de moigne, tenant ung baston pastoral, s'apparut en vision audit Lestard, dormant en son lit, et le reprint très durement de ce qu'il avoit contempné et deshonestement renvoyé son religieux, mesmes de ce qu'il détenoit les terres, possessions, franchises, libertés et droictures de son église; puis le férit de la pointe de son baston pastoral, en le menassant, s'il ne les restituet incontinent, qu'il dépriroit (*prieroit*) le redempteur du monde qu'il en feit la pugnition telle qu'il appartiendroit. Et lors ledit Lestard s'esveilla, et si horriblement s'escria, que tous les gens de sa maison saillirent et vindrent à luy, sçavoir qui luy estoit advenu. Et, en icelle heure, ledit Lestard fut si très griefment malade que c'estoit grant horreur de le voir; pourquoy envoya incontinent devers ledit prieur luy supplier qu'il voullit déprier Dieu et monseigneur saint Wandrille pour sa santé; qu'il rendroit toutes les terres, possessions, franchises, libertés et droictures qu'il détenoit de ladite prieuré, et si augmenteroit ledit prieuré de son propre revenu; et, avec ce, qu'il iroit visiter le saint sépulchre de notre Seigneur en Jhérusalem. Et, icelle promesse faicte, tantost sa santé luy fut restituée; puis donna à Dieu et à saint Wandrille les cens et presseurage de deulx pièces de vigne, assises au val nommé Héroart, avec toutes les rentes et revenues appartenant à icelles; et oultre, rendit et restitua à ladite prieuré toutes les terres, possessions, franchises, libertés et droictures, tant ès bois que autres, appartenant audit prieuré, et les feit confermer par ledit Odo évesque de Paris, au devant qu'il partit pour acomplir son dit voiage de Jhérusalem.

Plusieurs aultres pugnitions horribles ont esté faictes contre les malfaicteurs de ceste abbaie, et de ses membres et deppendances lesquelles ne sont pas ey récitées, pour cause de briefveté, et aussy qu'il peut assez suffire des punitions dessus dictes, pour advertir les malfaicteurs de ceste dicte abbaie et de ses deppendances eulx corriger et faire satisfaction, affin qu'ils puissent obtenir pardon et grace de Jhuchrist, chief de l'église, auquel soit honneur et gloire, avec le Père et le Saint Esperit. Amen.

(A la fin du volume on lit :)

Domp Guillaume La Vieille, religieux de l'abbaie de Sainct Wandrille de la Fontenelle, prieur de Sainct Wandrille de Marcoussis, et curé de Sainct Wandrille de Milleboz, près Gamaches, a escript ce livre.

Priez Dieu pour luy.

PATER NOSTER. AVE MARIA.

SUR LA CHRONIQUE DE SAINT-WANDRILLE.

Le curieux recueil de légendes miraculeuses que nous annexons à cette Revue Rétrospective, est extrait d'un manuscrit de la Bibliothèque de Rouen, intitulé : *Registre des Chartres et Escriptures du prieuré de Marcoussis, fait par Domp Guillaume-la-Vieille, prieur dudit lieu, l'an mil V^{cc}. et cinq.* Ce volume est, à proprement parler, un cartulaire qui, parmi beaucoup de titres et de pièces diverses, au nombre de cent-vingt à cent-trente, renferme beaucoup de détails sur l'abbaye de Saint-Wandrille, dont Guillaume La Vieille devint enfin prieur, après avoir occupé successivement quelques autres fonctions pastorales, comme il le témoigne lui-même dans ce *memento* qu'il a inscrit au bas d'une des pages de son recueil, f° xviij :

« L'an de grâce mil cinq cens vingt et huit, Domp Guille. La Vieille religieux « de St-Wandrille, jadis prieur de St-Wandrille de Marcoussis, et à présent « curé de St-Wandrille de Millebos, de St-Michiel de Hennoville, et chappelain « de St-Jeh. Lortie du Mesnil de Sainct-George, fut prieur claustral de ladite « abbaye de St-Wandrille de la Fontenelle. »

Dom Guillaume La Vieille est-il l'auteur de la chronique que nous publions, ou n'en est-il que le simple transcripteur ? C'est une question que nous n'oserions décider. A certains traits qui trahissent l'incertitude et les hésitations d'un copiste, nous croirions volontiers qu'il n'en est que le transcripteur. Mais, au reste, un fait évident, c'est qu'après avoir fini sa transcription, et l'avoir couronnée par la conclusion comminatoire qui la termine, il a biffé cette conclusion, pour ajouter la dernière légende relative à un certain Lestard, injuste détenteur du prieuré de Marcoussis. Or, comme La Vieille était prieur de Marcoussis lorsqu'il transcrivait son recueil et probablement aussi sa chronique, on serait porté à croire que cette dernière tradition était un fait à sa connaissance personnelle, qu'il aura jugé à propos d'introduire à la suite d'une collection de faits analogues, pour en corroborer l'énergique conclusion.

Dans un autre endroit de son volume, D. Guill. La Vieille revient sur le sujet de la conversion de Lestard, qu'il paraît affectionner particulièrement, et, se proposant sans doute de le faire peindre, il en dresse un programme à l'usage du peintre, où il n'oublie pas : « Comme Lestard s'éveille criant et plou- « rant que ung abbé ancien l'avoit très griefvement féru de son baston pastoral,

« et menassé qu'il rendit les terres de son église. » Peut-être même cette peinture fut-elle exécutée à Marcoussis, car Guillaume La Vieille était amateur passionné de l'embellissement des lieux qu'il régentait. Peut-être extrairons-nous quelque jour de son précieux recueil la notice des travaux qu'il fit faire à Saint-Wandrille et dans d'autres lieux. Contentons-nous de dire aujourd'hui que c'est lui qui fit exécuter, dans le cloître de Saint-Wandrille, une grande peinture à fresque représentant, en forme d'arbre généalogique, la succession de tous les saints de ce monastère. Le savant auteur de l'*Essai sur Saint-Wandrille* a attribué cette peinture à Jacques Hommet, abbé; mais nous ne croyons pas que cette assertion puisse résister à l'évidence de ce document, extrait du mémorial de Guillaume La Vieille, et écrit de sa main : [1]

« L'an de grâce mil cinq cens et trois, fut commanché l'arbre des corps
« sainctz de céans et achevé l'an mil V^{ce} et quatre, au bout du cloestre de
« Sainct-Wandrille, et le fit faire Domp Guillaume La Vieille adonc trésorier du
« couvent du dit lieu ; là où sont tous les sainctz religieux de céans canonisés
« à l'église, et a chacun son dit : qui est une chose singulière ; priés Dieu
« pour luy ; et cousta xxx l. »

Les vers joints à cette peinture, au nombre de quelques centaines, étaient aussi de Guillaume La Vieille. Au reste, on n'apprendra pas sans intérêt que vers et peinture ne sont point détruits sans retour, comme on le croit généralement. Les vers subsistent en un recueil à la Bibliothèque de Rouen, qui conserve, en même temps, un très grand dessin, du temps, de la peinture originale.

---

[1] Cette erreur d'attribution, dans laquelle Dom Bréard, historien de Saint-Wandrille, est lui-même tombé, est facile à expliquer : Jacques Hommet était alors, en effet, abbé du monastère, mais il n'en exerçait point les fonctions, par suite de difficultés élevées sur sa nomination, et qu'il serait inutile de raconter. Le Parlement de Normandie commit Guillaume La Vieille pour le suppléer, et c'est pendant cet *intérim* que fut exécutée la peinture que nous venons de citer.

A. P.

V

HISTOIRE
DU PRÉCIEUX SANG

HISTOIRE

DU PRÉCIEUX SANG

DE

Notre Seigneur Jésus-Christ,

CONSERVÉ EN L'ABBAYE DE LA SAINTE-TRINITÉ

DE FÉCAMP.

LÉGENDE NORMANDE.

✤

PUBLIÉ, POUR LA PREMIÈRE FOIS,

D'après un Ms. de la Bibliothèque de Rouen ;

PAR ANDRÉ POTTIER,

Conservateur.

✤

ROUEN.

E. LE GRAND, LIBRAIRE-ÉDITEUR,

RUE GANTERIE, 26.

—

1838.

PUBLICATION
DE LA REVUE DE ROUEN
ET DE LA NORMANDIE.

IMPRIMÉ CHEZ NICÉTAS PERIAUX
RUE DE LA VICOMTÉ, N° 55.

HISTOIRE

DU PRÉCIEUX SANG

de Notre Seigneur Jésus-Christ

CONSERVÉ EN L'ABBAYE DE LA SAINTE-TRINITÉ

DE FÉCAMP.

—

Le duc Guillaume dit Longue-Épée, fils de Raoul, duc de Normandie, étant décédé, laissa son fils Richard, qui, ayant surmonté ses ennemis et se voyant redouté et estimé de tous ses voisins, et paisible dans le gouvernement de son duché, porté d'un grand zèle, se délibéra de voir l'Église de Fécamp, qui avoit été bâtie et fondée par son père. Y étant donc arrivé, il appela son chapelain, nommé Harrager[1], et luy parla de la sorte : « Il y a déjà longtemps que le duc Guillaume mon père est mort; j'appréhende que, comme j'ay souffert plusieurs pertes et persécutions, cette église, qui a été par luy fondée, n'aye enduré beaucoup d'incommodités et dommages, faute de bonne conduite; c'est pourquoy je désire que l'on fasse venir messire Robert, qui a été chapelain de mon père

---

[1] Un ms. latin, cité par le *Neustria pia*, le nomme *Harogerius*.

en cette même église, et Richard trésorier, son frère, qu'il m'apporte aussitôt toutes les pièces d'écriture des donations faites en cette ditte église par mon père le duc Guillaume et par ses barons, avec tous les mémoires de toutes les reliques, afin que je considère si tous les biens d'ycelle église n'ont point été diminués en quelques choses depuis sa mort. » Aussytôt, on fit ce que le duc avoit commandé, et on apporta un grand nombre d'écritures de tous cotéz, entre lesquelles, lorsqu'on en fesoit la lecture, on trouva un rouleau d'écritures qui contenoit ce qui suit :

Dans l'enclos de cette église de Fécamp est le prix de la rédemption du monde, sous quelqu'un des autels, lequel précieux trésor est sans doute venu des pays de Jérusalem jusqu'à nous, en cette contrée, comme l'écrit suivant le fera connoître. Joseph d'Arimathie, ainsy que l'église catholique le reconnoît, fut trouver Pilate, et luy demanda le corps de Jésus-Christ, ce qu'il obtint facilement ; et, ayant pris avec luy Nicodéme, pour le mettre au tombeau, en laquelle déposition Nicodéme, qui étoit celuy qui étoit venu trouver Jésus pendant la nuit, selon l'évangile de saint Jean, porté d'une très sainte piété et amitié, enleva, par le moyen de son couteau, le sang de ce vray prophète Jésus, qui étoit figé autour des playes de ses pieds et de ses mains et de son côté, et le mit dans son gant, et cacha ledit gant remply de ce sang précieux dans son coffre, fort secrètement, et le conserva avec grand respect, pendant toute sa vie, l'aimant et chérissant grandement. N'ayant point d'enfants pour héritiers, déclara son secret à son neveu Isaac, luy donna son gant avec le thrésor incomparable qui étoit dedans, et luy dit : « Voilà le sang de ce vray prophète Jésus que nos anciens pères ont fait injustement crucifier ; gardez-le avec respect, et sçachez que tant que vous rendrez à ce divin thrésor le culte et l'honneur qu'il mérite, vous ne pourrez jamais manquer de rien et vous aurez des biens en abondance. »

Isaac reçut donc, avec de grandes reconnoissances, le présent précieux de la main de son oncle, et n'oublia jamais l'avis qu'il luy avoit donné ; le serrant soigneusement dans une armoire, et, tous les jours, ne manquoit pas de luy rendre, avec grand soin, les honneurs et les mesmes adorations que luy avoit rendu son oncle Nicodème. Il arriva donc que luy, qui par le passé avoit été dans la disette et dans la pauvreté, devint subitement riche, très considérable et de grande autorité ; mais sa femme, admirant une si grande abondance de richesses, curieuse d'en sçavoir la cause, interrogea son mary en ces termes : « Faites connoître d'où vous est venue une si grande abondance de biens en si peu de temps. » A quoy il répondit : « C'est par un bienfait de Dieu, comme je le crois. » Laquelle réponse l'irrita, parce qu'elle craingnoit que son mary ne fît quelque chose contraire à la loy Judaïque.

Un jour donc, Isaac étant à genoux prosterné, faisant son oraison devant son armoire où étoit enfermé ce précieux trésor, fut surpris par sa femme en cette posture, et aussitôt elle fut l'accuser en la présence de tous les Juifs, disant qu'elle l'avoit surpris adorant une idole. Cette accusation étant faite, il fut mandé devant le consistoire, pour être condamné des autres Juifs, étant convaincu d'avoir péché contre la loy.

Mais cette accusation luy ayant été objectée devant tous, il nia d'être coupable d'un tel crime, et comme il étoit homme de grande autorité, et n'ayant jamais été soupçonné de la moindre transgression de la loy, on ne voulut pas le condamner par l'accusation d'une seule femme ; mais, quelle merveille ! il avoit pour protecteur celuy dont il honoroit le sang précieux. Enfin il sortit du consistoire, justifié du crime qu'on luy imputoit ; les Juifs, cependant, l'avertissant de ne rien faire à l'avenir qui fût contraire à la loy, et de ne point adorer d'idole.

Or, connoissant qu'on luy dressoit continuellement des embûches, et qu'il ne pourroit plus librement adorer le précieux sang s'il demeuroit plus longtemps en Jérusalem, il en sortit le plus promptement qu'il put, et alla demeurer en la ville de Sidon, en un logis qui n'étoit pas beaucoup éloigné du bord de la mer, et, en ce lieu là, sans crainte rendoit au précieux sang ses honneurs et ses adorations, comme il avoit accoutumé auparavant. Or, une nuit, étant endormy sur son lit, il luy sembla entendre une voix qui luy disoit : « Tite et Vespasien, empereurs de Rome, doivent venir en ce pays, de l'Italie, accompagnez de plusieurs légions de soldats qui détruiront tout Jérusalem et renverseront le temple. »

Isaac étant éveillé de son sommeil, et surpris de la voix qu'il avoit entendue, fut fort affligé, et fut beaucoup en peine de ce qu'il devoit faire du précieux sang, et pensa avec grand soin où il le pourroit cacher ; et de plusieurs sentiments qu'il eut pour cet effet, il choisit cet expédient, sçavoir : qu'il feroit un trou rond dans un gros figuier qui étoit en son jardin, dans lequel il renfermeroit secrètement le précieux sang ; ce qu'il exécuta comme il avoit conçu. Mais appréhendant que l'humidité du bois verd ne consommast le gant, et ensuite que le précieux sang n'en reçust quelque diminution, étant fort adroit et industrieux, il fit un petit vaisseau de plomb, long et étroit, selon la grandeur du trou qu'il avoit fait au figuier, et ayant mis le sang précieux dans le vaisseau, il le ferma et souda, et enferma aussy, dans un autre vaisseau, aussy de plomb, une petite partie d'un fer, dont on n'est pas certain si c'étoit une portion du fer de la lance de notre Seigneur, ou si c'étoit une partie de l'instrument dont peut-être il s'étoit servi pour mettre le sang précieux dans le vaisseau de plomb. Quoy qu'il en soit, on ne doute point, néanmoins, qu'ayant touché le sang précieux, il ne soit digne de grande vénération.

Isaac, ayant fait cela selon le désir de Dieu, mit les vaisseaux de plomb dans les trous qu'il avoit faits au figuier, et les boucha fort étroitement ; n'oubliant jamais qu'en ce lieu étoit caché le précieux sang, et qu'il pourroit prier secrètement en ces endroits, sans craindre d'être accusé par sa femme, ny de perdre ce précieux trésor. Mais, ayant fait ces choses, ô grande merveille ! l'escorce du figuier couvrit ces deux vaisseaux si bien, qu'il n'y resta aucune marque de l'ouverture qui y avoit été faite. Isaac, non moins surpris que réjouy par la nouveauté d'un si grand miracle, crut que ce précieux trésor n'étoit pas seulement le sang d'un homme, mais aussy d'un vray Dieu et homme. Dans la suite des temps, un jour qu'Isaac reposoit derechef sur son lit, il luy sembla entendre la voix qu'il avoit entendue par cydevant, sçavoir : de l'arrivée des Romains, de la destruction et renversement de la ville et temple de Jérusalem, et que le jour suivant il coupât, sans différer, l'arbre où il avoit enfermé le précieux sang.

Isaac, dès le grand matin du jour suivant, fit ce qui luy avoit été commandé, sçavoir : de couper l'arbre et de laisser le précieux sang dans le tronc ; et le tronc demeura en ce lieu quelque temps, sans avoir aucune marque de vie, jusqu'à ce que la terre qui étoit autour de son pied étant changée en boüe, par la fréquente inondation des eaux de la mer, luy ôta la solidité des racines et le priva de croître. Isaac, voyant donc que ce tronc ne pourroit pas longtemps demeurer en cet état, et que, pour la crainte des Juifs, il ne pourroit pas luy rendre ses vénérations ordinaires, et qu'il n'avoit aucun lieu où il le pourroit cacher secrètement, il le mit en la mer, quoyqu'avec grand regret; et, les larmes aux yeux, pria Dieu tout puissant en cette manière :

« Souverain pasteur de toutes les puissances, créateur de toutes les créatures, qui avez envoyé le vray prophète Jésus-Christ pour sauver les hommes, duquel le sang précieux est caché en ce tronc, qu'il vous plaise le regarder et le conduire en quelque lieu honneste auquel on luy puisse rendre la révérence qui luy est due. Votre divine bonté sçait que s'il m'avoit été possible de le retenir, sans blesser la loy judaïque, je ne l'aurois jamais mis en la mer. »

Isaac ayant donc achevé sa prière, demeura grandement affligé et ne put être consolé de personne, ne voulant pas faire connoître la cause de sa douleur; mais Dieu et homme qu'il avoit si ardemment aimé eut compassion de luy, luy envoyant un doux sommeil qui mit fin à sa tristesse, en cette manière : il luy apparut, pendant ce sommeil, une personne vénérable, luy parlant en ces termes : « Isaac, ne vous attristez pas pour le tronc que vous avez mis en la mer, car il sera porté en un lieu des dernières provinces de la France. » Isaac donc, consolé et remply de joye par l'assurance de cette apparition, raconta par ordre à sa femme et à ses voisins sa vision, faisant le récit de toute cette histoire.

Le bruit de ce que nous venons de rapporter se répandit tellement dans tout le territoire de Jérusalem, et la renommée s'en étendit si loin, que nous en avons souvent entendu le récit en notre pays ; et les Juifs mêmes, pour l'autorité d'Isaac et de Nicodème, voulant conserver la mémoire d'un bruit si extraordinaire, le marquèrent en lettres hébrayques dans leurs annales. Enfin le tronc, porté de côté et d'autre par les eaux de la mer, fut jetté en cette vallée[1], Dieu le permettant de la sorte, ainsy que nos pères nous ont raconté; à laquelle

---

[1] La vallée de Fécamp.

vallée il donna le nom, ainsy que l'on fera connoître au lecteur. Que si cecy n'étoit pas véritable, le nom et le récit qui nous a été fait par nos anciens, n'auroit été que trop mis en oubli, depuis une si longue antiquité; car un bruit qui est faux est aussytôt éteint, et ne continue pas si longtemps.

Or, en ce temps, la mer s'étendant beaucoup loin dans cette vallée, il arriva que le tronc fut jetté par la mer sur la terre, en un lieu de cette vallée tournoyante et remplie d'un grand nombre de bois, éloignée du bord ; et demeura fort longtemps en ce lieu, sans être connu ny révéré de personne ; et la mer étant retirée de ses propres limites plus qu'à l'ordinaire, et cette vallée demeurant sèche et presque sans être arrosée des eaux de la mer, cet arbre inconnu [resta] couvert de terre, de boüe et d'herbe verdoyante. Comme la plus grande partie du monde étoit arrêtée à la superstition des ydoles à qui ils sacrifioient, et croupissant depuis longtemps en ce misérable état, le bienheureux saint Clément, étant pour lors pape de Rome, envoya, en plusieurs lieux de la France, des personnes vénérables pour y prêcher et étendre la loy de Jésus-Christ, sçavoir : saint Denis et ses compagnons, saint Taurin et plusieurs autres, prêchant la loy chrétienne.

Nous nous dispensons de raconter quelles furent leurs prédications, car notre but est de rapporter comment le tronc, où étoit le sang précieux, fut trouvé. Un homme donc, nommé Bozo, fut envoyé du bienheureux saint Remy, pour accompagner ceux qu'il avoit envoyez pour prêcher dans le pays de Caux, dont le peuple fut converty après avoir entendu leurs prédications, et d'infidelles qu'ils étoient devinrent fidelles, n'abandonnant pas seulement le culte des ydoles, mais, les ayant abandonnées, les brisèrent toutes. Ce succez ayant été heureux, Bozo dont j'ay parlé, parcourut tout le pays de Caux, cherchant quelque lieu agréable où il pust s'arrêter et y bâtir quelque demeure ; étant venu jusqu'à ce pays, et y ayant trouvé une terre fertile, proche de la mer, au milieu de laquelle coule un agréable cours d'eau douce, voyant que ce lieu étoit environné de forêts très épaisses, remplies de toute sorte d'animaux pour la chasse, il s'y arrêta, et y bâtit quelqu'édifice, et nomma ce lieu de son nom, Bullaire Debo [1].

---

[1] Nous ne saurions proposer une interprétation plausible du sens de ces deux mots.

Etant en ce lieu arrêté, il convertit à la foy une certaine femme nommée Merca, à laquelle ensuite il se maria et en fit son épouse, et vécurent fort longtemps ensemble, bien unis, heureux, abondants en richesses, et eurent plusieurs enfants de leur mariage, fils et filles.

Un jour donc, comme les enfants de Bozo faisoient paître leurs troupeaux, en ce mesme lieu de la vallée en laquelle étoit demeuré le tronc dont nous avons parlé, d'autant que le paturage en ce lieu étoit plus fertile et plus agréable qu'en tout autre lieu, ils trouvèrent trois verges tendres, belles et verdoyantes, couvertes de feuilles, desquelles un de ces enfants en coupa une qu'il porta en sa maison. Bozo, qui de naissance étoit romain, regardant ses enfants, et considérant cette verge, leur demanda en quel lieu de la forest ils l'avoient trouvée; lesquels, remplis de crainte, luy répartirent certainement: « Mon père, ça été dans la vallée que vous sçavez être plus fertile en herbage que les autres; il y en a encore deux semblables à celle-cy, que nous n'avons pas voulu couper, parce qu'elles nous sembloient trop tendres. » Et Bozo leur répondit: « Demain j'yray avec vous, et je verray si vous dites la vérité. »

Bozo donc, dès le matin, s'en alla avec ses enfants sur le lieu, où étant arrivé, et considérant que ces verges étoient fort tendres et qu'elles étoient d'un figuier, il ne les coupa point, mais comme il sçavoit ce que c'étoit que les jardinages, puisqu'il en avoit fait le métier, il les enleva du tronc adroitement, les détacha, et les planta dans son jardin, et puis s'efforça de tirer le tronc de la terre, à coups de hoüe et autres instruments; et, quoyqu'après avoir osté la terre de côté et d'autres dudit lieu et du tronc, en sorte qu'il étoit entièrement découvert, avec tous ses efforts, il ne put cependant nullement le remuer de sa place; et les verges qu'il avoit plantées crurent et devinrent de grands arbres qui produisirent quantité de fruits, et ces arbres furent les premiers qu'on eut jamais vus de cette sorte, dans ce pays, et on assure qu'ils donnèrent aussy le nom à ce champ qu'on appelle le Champ du Figuier, qui néanmoins fut nommé depuis le Grand Champ, parce qu'il avoit une si grande abondance d'herbes, que, quelque grand nombre de bestes qu'on y pust amener au paturage, elles ne pouvoient être consommez.

Bozo ayant donc longtemps vécu, et étant fort âgé, Dieu le permettant ainsy, passa de cette vie et mourut ; et, étant décédé, sa femme qui, comme nous avons dit, s'appelloit Merca, demeura veuve avec ses enfants tout le reste de ses jours. On rapporte qu'un jour, en temps d'hyvers, un certain pèlerin, homme d'un bon port et d'un âge vénérable, vint au logis de Merca, la prier de le recevoir pour hôte. Merca, qui étoit une femme d'une grande vertu et fort charitable, reçut cet étranger en son logis, avec toute la courtoisie qu'elle put. Comme, sur le soir, cet étranger avec Merca et ses enfants étoient proches du feu, Merca, se souvenant toujours de son mary défunt qu'elle ne pouvoit oublier, dit d'une voix plaintive : « O mon mary, si vous viviez, nous aurions quelque grande pièce de bois, comme on a coutume de faire aux prochains jours de la fête de la Nativité de Notre Seigneur. » Ses enfans voyant qu'elle s'affligeoit, dirent entre eux : « Cherchons quelqu'un qui nous puisse aider, et apportons demain ce tronc qui est dans le champ du Figuier. » Merca, ayant entendu ses enfants, leur dit : « Votre père a fait ce qu'il a pu pour l'apporter, cependant par toute son industrie et avec tous ses efforts, ne l'a pu nullement remuer. Ainsi, avec tous vos soins et avec tous vos efforts, vous ne pourrez en venir à bout. »

Cet étranger, entendant la contestation de la mère et de ses enfants, leur demanda ce qui étoit de ce tronc, en quel lieu il étoit, et pourquoy on appelloit ce champ le champ du Figuier ; auquel Merca répondit : « Ce que vous demandez est merveilleux, mon amy » ; et il luy repartit : « Servante de Dieu, je vous prie de me dire quelque chose de ce tronc. » Cette femme, voulant satisfaire aux demandes de cet homme, luy raconta ce qui étoit arrivé des trois verges que ses enfants avoient trouvées sortantes de ce tronc, lorsqu'il étoit encore couvert de terre et d'herbe, et comme elles avoient cru et multiplié après avoir été plantez, et avoient produit abondance de fruits, et comme le champ où ce tronc avoit été trouvé étoit devenu fertile et abondant en herbe et paturage. Cet étranger qui, peut-être, avoit été envoyé de Dieu pour cela, ayant entendu le récit que luy en fit Merca, luy dit : « J'iray demain avec vos enfans, et ayant mis ce tronc dans le chariot, si Dieu le permet, nous l'amènerons jusqu'icy, et si nous ne pouvons pas le conduire jusqu'icy, le chariot venant à manquer ou Dieu ne le permettant pas, du moins il en sera plus proche, et le lieu en deviendra plus fertile et abondant. » Dès le matin, ayant donc préparé le chariot, le pélerin avec tous les domestiques allèrent vers le lieu où étoit ledit tronc ; où étant arrivés, cet étranger le leva et le mit sur le chariot, avec autant de facilité que s'il n'eût été aucunement pesant ; et les bœufs, venant à tirer le chariot, le roulèrent facilement jusqu'au lieu où l'église abbatiale de Fécamp a été bâtie ; où étant arrivés, Dieu le permettant ainsy, il devint tellement pesant que, non seulement il fut impossible de passer plus outre, mais aussy par sa pesanteur il brisa le chariot. Alors, le pélerin étranger, se prosternant la face en terre, pria quelque temps, et, ayant achevé son oraison, marqua le signe de la croix sur le tronc, et sur ce signe assembla un monceau de pierre, en façon d'autel, et dit à ceux qui étoient là présents : « Heureuse cette province, plus heureux ce lieu, mais aussy très heureux ceux qui auront le bonheur de voir et d'honorer le prix du monde qui est contenu en ce lieu. » Et, ayant dit ces paroles, il disparut, devant toute l'assemblée, et ne fut plus vu.

Etant donc tout surpris, les enfants de Merca retournèrent en leur logis, et luy racontèrent ce qu'ils avoient vu ; ce que Merca ayant appris, rendit grâce à Dieu de ce qu'il avoit honoré sa maison de la rétection d'un si bon hôte ; et, depuis ce jour, cette vallée devint tellement abondante en herbage, que, pour quelque quantité de bêtes qu'on y pust amener au paturage, elle ne paroissoit aucunement diminuer. Cette vallée, à cause du tronc qui y étoit, fut longtemps aimée et hantée par les habitants et peuples circonvoisins, d'autant que leurs bestiaux, étant nourris en ces paturages, devenoient plus gras et plus beaux, donnant aussy une plus grande abondance de lait ; et la forest qui en étoit proche, étoit si commode pour les chasseurs, que les principaux seigneurs du pays de Caux y venoient souvent pour le divertissement de la chasse.

Le duc Ansegise, avec plusieurs seigneurs, se disposant de descendre en cette vallée, fit disposer ce qui étoit nécessaire pour y prendre le divertissement de la chasse ; y étant arrivés, commanda de détacher les chiens, qui aussytôt coururent de côté et d'autre, fesants grand bruit, en aboyant et cherchant leur proye. Un cerf d'une étonnante grandeur se trouva devant eux, ce qu'on sçait assez par le rapport qu'en ont fait nos anciens, qui ayant été longtemps poursuivi par les vallées et buissons, arriva enfin au lieu où étoit le tronc, où étant, et ayant incliné sa tête vers ceux qui le poursuivoient, demeura immobile. Alors les chasseurs et les chiens qui couroient après, demeurèrent tellement privés de l'usage de leurs membres, Dieu le permettant de la sorte, qu'il fut impossible à aucun d'eux de s'approcher du cerf qu'ils poursuivoient.

Le duc Ansegise, surpris d'un si prodigieux miracle, se prosterna en terre, pria Dieu humblement de luy faire connoître, quoyqu'indigne de cette faveur, ce qu'il plaisoit à sa divine bonté luy marquer par le cerf, en la présence duquel ses chevaux et ses chiens étoient privez de l'usage de leurs membres ; et, continuant son oraison attentivement, le cerf marche petit à petit, et fait comme un grand tour de cercle autour du lieu où il étoit arrêté, et, son tour achevé, il disparut et ne fut plus vu.

Alors, les chasseurs et les chiens recouvrèrent le premier usage de leurs membres et l'empêchement qui leur en était fait, et furent entièrement guéris. Ansegise ayant remarqué les traces du cerf, commanda qu'on luy apportast des branches d'arbres, desquelles il composa une façon de chapelle et oratoire, autour du lieu où le cerf avoit fait le circuit par ses pas, désignant le lieu où il s'étoit arrêté, pour y placer l'autel, promettant à Dieu, par vœu, que, s'il vivoit, il feroit édifier une église en l'honneur de la sainte et individue Trinité, sur ce même lieu ; mais ayant été prévenu de la mort, il ne put accomplir son vœu.

Après la mort d'Ansegise, ce lieu ayant demeuré inconnu et inhabité, devint derechef un lieu de paturage pour les bestes qui y venoient comme avant l'apparition du cerf. Plusieurs années s'étant écoulez jusqu'au reigne de Clotaire, roi de France, le bienheureux Waninge, qui pour lors étoit conseiller et favory de ce roy, fut envoyé par les mêmes princes du pays de Caux, pour gouverneur de la province. Waninge étant donc arrivé en ce pays, avoit coutume de venir en ces quartiers de Fécamp, pour y prendre le divertissement de la chasse, à cause de la bonté des forests et de la multitude des bestes de la chasse dont elles étoient remplies ; ne reconnoissant la sainteté du lieu, et n'étant pas informé des habitants pourquoy Ansegise l'avoit tant aimé et révéré, ou quel pouvoit être le lieu, il n'eut pour luy aucune vénération, comme avoit fait Ansegise. Néanmoins, la divine providence qui vouloit faire connoître le sacré dépost qui étoit renfermé dans ce lieu, disposoit pour ce sujet le bienheureux Waninge, qui, étant homme d'une grande piété, le choisit pour édifier ce lieu vénérable ; ce qu'il luy fit entendre d'une manière extraordinaire, car il fut très longtemps travaillé de la fièvre, de sorte qu'il fut presque réduit à l'extrémité ; car ceux qui étoient là présents le tenoient pour mort. Pendant ce grand assoupissement que luy avoit rendu (*causé*) son extase, il luy sembla être conduit vers les lieux des damnés, où les pécheurs souffrent des peines cruelles dües à leurs péchez, et ensuite considérer le repos des justes, où ils sont remplis de félicité et de bonheur. Considérant ces choses, il est luy-même observé et conduit devant un juge terrible par ses regards menaçants, duquel il connut facilement qu'il avoit grandement péché, en ce qu'il n'avoit pas respecté ny honoré ce lieu saint, que le duc Ansegise eust fait édifier en l'honneur de la sainte et individue Trinité, s'il eust vécu. Comme donc il demeuroit prosterné devant ce juge formidable dont il attendoit la sentence, par les prières de la bienheureuse martyre Eulalie, le juste juge luy fut favorable, le guérissant de la fièvre, et luy prolongea sa vie de vingt ans, et le commit sous la garde et le soin de cette sainte martyre, afin qu'elle l'instruisist de quelle manière il devoit faire bâtir un temple de sainteté. Celle-ci luy ordonna de jetter les fondements d'une église en l'honneur de la Trinité sur ce lieu, et il y édifia une abbaye, et fit venir la sainte fille Childemarche, qui étoit pour lors à Bordeaux, pour en être la première Abbesse.

Waninge étant donc revenu à soy de son extase, raconta à ceux qui étoient présents proche de luy cette vision surprenante qu'il avoit eue ; et sa santé étant parfaitement rétablie, après avoir pris avis de saint Oüen, pour lors archevêque de Roüen, et de saint Wandrille, abbé et fondateur de l'abbaye de Fontenelle, fut trouver le roy Clotaire, auquel il fit récit de ce qui luy étoit arrivé, et l'ordre qu'il avoit reçu de bâtir une abbaye. Le roy, l'ayant entendu avec admiration, le renvoya, avec pouvoir de l'accomplir soigneusement. Et Waninge étant de retour, s'informa soigneusement du lieu où le cerf avoit été vu par Ansegise, et, l'ayant connu par les anciens habitants du pays qui luy apprirent les merveilles qui y étoient faites, construisit une église, selon ce qui luy avoit été enjoint par sainte Eulalie ; et, lorsqu'il faisoit bâtir et construire cet édifice, plusieurs personnes anciennes luy racontèrent grand nombre de miracles qui étoient faits, dont nous avons parlé cy-dessus, du tronc, du pélerin étranger qui l'avoit transporté, et de l'apparition du cerf. Ce que Waninge ayant entendu, comme il étoit homme de grande sainteté, il rendit grâce à Dieu de l'avoir bien voulu choisir pour accomplir un ouvrage si saint ; il connut aussy que les trois verges qui sortoient du seul tronc signifioient la très sainte Trinité en une seule substance, à laquelle cette église devoit être consacrée.

Waninge ayant achevé son ouvrage, et ayant mis en ce lieu une communauté de religieuses auxquelles il donna l'ordre qu'il avoit reçu de la bienheureuse Childemarche supérieure, et les vingt années qui luy avoient été données étant accomplies, et ne pouvant aller au delà du terme, il passa de cette vie à une meilleure, et, depuis ce temps jusqu'à présent, ce lieu a toujours été appelé Fécamp.

Or, la religion chrétienne fut fort longtemps révérée et grandement étendue en ce pays, jusqu'à ce que les furieuses cruautés de quelques payens venus en ces lieux pillèrent et ravagèrent, de fond en comble, l'abbaye qui avoit été fondée en ce lieu, et firent mourir cruellement les saintes vierges servantes de Jésus-Christ qui y demeuroient, et qui, pour éviter que ces barbares payens ne violassent leur pudeur, s'étoient, avec un courage sans pareil, toutes coupé le nez et les lèvres, afin que, paroissant difformes et défigurées, ils en eussent plustôt de l'horreur que de l'envie ; et elles conservèrent, par ce moyen, le trésor de leur chasteté, mourantes par les armes de ces cruels, pour leur divin époux, à qui elles étoient consacrées et vouées.

Quelque temps après, ces désordres s'étant écoulés, et quelques autres de ces payens étant retournés avec de grandes forces, continuèrent ces cruautés dans ces pays, qui néanmoins, par un coup de Dieu, furent convertis à la foy, et s'appliquèrent d'étendre et faire révérer la religion chrétienne que par auparavant ils persécutoient. Le premier prince et chef de ces payens qui embrassa la religion chrétienne fut le premier duc de Normandie, nommé Raoul, qui, étant mort, laissa pour successeur audit duché le duc Guillaume, qui fit réédifier ce lieu qui avoit été ruiné par ses prédécesseurs, pour lors payens, et y fit bâtir une église sur les ruines de l'autre ; laquelle étant achevée, plusieurs évêques que le duc avoit mandez étant arrivés, pour en faire la dédicace, avec quantité de peuple, ecclésiastiques et laïques, alors un homme inconnu, d'un port majestueux, entra dans l'église, et porta sur l'autel, en présence de tous, une façon de couteau, sur lequel nous avons vu écrit : *In honore sanctissimæ et individuæ Trinitatis* : « En l'honneur de la très sainte et individue Trinité. » Lequel étranger inconnu nous croyons sans doute avoir été un ange de Dieu; lequel, ayant fait son offrande, retourna sans empêchement, et monta sur une pierre dure qui étoit dans une cour, proche de la porte de l'église, où, ayant imprimé la marque de ses pieds, en présence de tout le peuple, comme dans de la bouë ou de la poussière, s'éleva en l'air, et depuis ne fut plus vu d'aucun.

Et c'est icy où finit ce qui étoit écrit sur le rouleau de papiers qui fut lu en la présence du duc Richard.

Notre illustre duc Richard ayant entendu cette lecture, commanda qu'on cherchât le tronc sous les autels; et ayant pris des instruments nécessaires pour cet effet, on chercha soigneusement, de sorte qu'il fut trouvé, le duc étant présent, Dieu le permettant de la sorte, pour sa consolation, qui aussytôt luy en rendit grâce, et fit bâtir une très belle église et très grande, comme on la peut voir, et mit dans les fondements d'icelle la moitié du tronc et de la pierre dure, sur laquelle l'ange fut vu monter au ciel, ayant laissé la marque de son pied; et voulut que l'on conservât l'autre partie de cette pierre, pour rendre témoignage de ces miracles à la postérité. Mais il cacha diligemment le sang de Notre Seigneur Jésus-Christ avec l'autre partie du tronc, en quelque lieu de la muraille, en présence de peu de témoins; ce que ayant fait, il acheva l'édifice d'une auguste et magnifique façon; et, après avoir envoyé les religieuses qui y étoient à Montivilliers, il mit des chanoines auxquels il donna de grands biens et de grandes dignités, de son patrimoine.

L'an de Notre Seigneur Jésus onze cens soixante et onze, le dix-neuvième du mois de juillet, sous le reigne de Henry second, roy d'Angleterre, pendant que Henry, premier du nom, étoit cinquième abbé de Fécamp, ce tronc incomparable, sçavoir : du précieux Sang de Notre Seigneur Jésus-Christ, que le duc Richard premier avoit diligemment caché, comme les anciennes écritures de nos pères et la renommée nous l'a fait connaître, fut recouvert (*recouvré*) et trouvé enfermé dans une certaine colonne de pierre ronde, peu éloignée de l'autel de Saint-Sauveur, où est à présent le maître-autel, qui étoit industrieusement fait sur la muraille. Le devant de laquelle muraille ayant de chaque côté une semblable colonne, où plusieurs personnes, au temps qu'elles prioient de côté et d'autre, autour de cette colonne, infirmes, débiles, aveugles et boiteux, ont recouvert la santé. Diverses personnes, et de plusieurs sortes d'infirmités, y sont venues rendre grâce à Dieu; et quelques-uns presque réduits à la dernière extrémité, et ayant recouvert une parfaite et entière santé, s'en sont retournés chez eux, pleins de force, priant et remerciant Dieu.

Cette histoire est copiée sur le vrai original étant dans le chartrier de l'abbaye royale de la très sainte et individue Trinité de Fécamp, approuvé et certifié de plusieurs roys de France, abbés, prieurs, religieux, ducs de Normandie, des siècles passés, archevêques, évêques et seigneurs de différents endroits, et particulièrement de monseigneur de Villeroy, pour lors abbé de Fécamp, qui, après avoir eu communication de l'original de cette copie, et eu aussy la dévotion de visiter le saint trésor, l'attesta, le vérifia, et reconnut que cette relique est le véritable trésor du précieux Sang de Notre

Seigneur Jesus-Christ, sauveur et rédempteur de tout le genre humain.

Or, pour avoir une plus grande vénération que par le passé, il établit et ordonna une très louable et très sainte cérémonie, par une célébration de la fête du précieux Sang de Notre Seigneur Jésus-Christ. Il ordonna, pour cet effet, qu'on envoyast des mandements à toutes les paroisses de huit à dix lieues à l'entour de Fécamp, pour faire sçavoir que, le vendredy de la Passion, l'on institueroit et établiroit, pour toujours, la fête du précieux Sang, dans l'abbaye de Fécamp, et aux paroisses qui en dépendent. Il ordonna et fit deffence aussy aux bourgeois et marchands et artisans de travailler, et de tenir leurs boutiques fermées, pendant toute la journée, sous peine d'amende pécuniaire pour l'hopital de ce lieu; ce qui fut fait et exécuté, et mandements envoyez et publiez.

Le jour du jeudy de la Passion arrivé, monseigneur de Villeroy, pour lors abbé de Fécamp, assista aux premières vespres, qui furent chantées en musique, ainsy que tout le reste de l'office, d'une office propre [1], avec les ornements du premier ordre, et pareillement la sonnerie.

Le vendredy de la Passion, on commença par l'exposition de la sainte relique du précieux Sang; immédiatement avant la procession, on chanta à genoux l'antienne : *Jesum ut populum...* Ensuite on fit la procession, en chantant les litanies du précieux Sang, en musique, avec la sainte relique que Monseigneur portoit sous le daix, avec les mêmes cérémonies et encensements qui se font tous les ans ce jour-là. Il vouloit faire cette cérémonie à chausse semelée, mais le prieur et les religieux l'empêchèrent, et luy firent remarquer la rigueur du froid qu'il faisoit ce jour-là.

Au retour de la procession, on dit le verset et l'oraison; en-

---

[1] *C'est-à-dire* : spécialement composée pour la solemnité.

suite Monseigneur donna la bénédiction avec la sainte relique, après quoy il commença la messe, qui fut chantée en musique solennellement, comme au jour et fête du Saint-Sacrement, avec les mêmes cérémonies pendant toute l'office, après laquelle on fit adorer la sainte relique. Cela fait, on renferma le précieux Sang dans son lieu ordinaire, et ne parut plus de la journée.

Les secondes vespres furent dites à l'heure ordinaire. Toute l'office fut chantée en musique, et solennisée avec une très grande dévotion, et fêtée, comme je l'ai dit, comme au jour du Saint-Sacrement, avec les mêmes cérémonies, excepté que l'on ne porte ny chappes ny cierges à la procession. Monseigneur l'abbé y assista avec une grande quantité de peuple, tant des paroisses circonvoisines que d'icy. Toute l'office est propre.

On réitère tous les ans, au même jour du vendredy de la Passion, cette même office et cérémonie, sans fête. On fait la procession avec la sainte relique que le R. P. Prieur porte. On fait toute la cérémonie seulement à la procession et à la messe, qui est chantée tous les ans en musique.

Ainsi l'on continue, et l'on continuera toujours cette louable dévotion, jusqu'à la fin des siècles.

Le sacré précieux Sang a fait beaucoup de miracles, et en fait encore tous les jours ; en outre un qui a paru de nos jours en l'année mil....

Il y eut une très grande maladie contagieuse en cette année, qui dura long-temps en ces quartiers, même dans bien des endroits, et particulièrement dans le bourg d'Yvetot, où il mourut beaucoup de personnes. Ce qui donna lieu aux habitans d'avoir recours à la sainte relique du précieux Sang, et que tout le peuple d'Yvetot firent tous unanimement ensemble un vœu solemnel d'aller, tous les ans, le lundy suivant du dimanche de la sainte Trinité, en procession et pélerinage, avec la plus grande dévotion qu'il leur seroit possible, pour faire dire une messe solennelle au précieux Sang de Notre Seigneur Jésus-Christ, et y faire tous leurs dévotions, et après la messe en recevoir la bénédiction, après laquelle l'on chanteroit les litanies du précieux Sang, pour prier Dieu de leur donner soulagement.

Aussitôt que le vœu fut fait, la maladie cessa; ce qui obligea les habitants d'Yvetot d'élever et faire une société ou confrairie du précieux Sang, et de députer leur chapelain avec quelqu'un des principaux de leurs bourgeois par devers monseigneur l'Abbé, pour lui demander son agrément et son approbation, et qu'il leur accordât la signature de leurs statuts, avec les R. P. Prieurs, Sous-Prieurs et le Père Sacristain, auxquels Monseigneur ordonna qu'on donnast tous les ornements et tout ce qui seroit nécessaire pour dire la messe, en exposant la sainte relique du précieux Sang, et de leur prêter la main en cas de quelque discord de leur confrairie.

Après avoir reçu cette approbation et ce consentement, ils ne manquèrent pas d'accomplir leurs vœux, et ils augmentèrent leur confrairie de beaucoup de personnes de l'un et l'autre sexe. Ils continuent tous les ans cette dévotion et viennent en procession à Fécamp, très dévotement, le lundy d'après le dimanche de la sainte Trinité, pour renouveler leurs vœux. Ils y viennent en chantant les sept pseaumes, en bon ordre. Les hommes marchent deux à deux, la tête nue, avec un cierge à la main. Le mardi on commence la messe à sept heures. Après toutes leurs dévotions faites, un chacun se retire où bon lui semble. Ils s'en retournent en procession, en chantant les litanies des saints, dans le même ordre qu'ils sont venus.

Cette dévotion est si grande, si louable, et même si honorable, qu'il y a beaucoup de personnes de Fécamp et de différentes paroisses, qui se sont rendus de cette belle confrairie.

Il y a aussi une quantité de bonnes ames qui ne sont pas de cette confrairie, et qui ne manquent pas cependant d'assister à cette sainte cérémonie de la messe, et d'y faire aussi leurs dévotions tous les ans.

FIN.

SUR LA LÉGENDE

DU PRÉCIEUX SANG.

La relique miraculeuse du Précieux Sang de notre seigneur Jésus-Christ fut, jadis, pour le moins aussi célèbre en Normandie que l'était, chez les habitans de la Beauce, la fameuse *Sainte Larme* de Vendôme; larme versée par le Christ sur Lazare ressuscité, soigneusement recueillie par Marie, sœur de Lazare, et transmise, de main en main, jusqu'aux bons moines bénédictins de l'abbaye de Saint-Laumer de Vendôme, qui en tiraient grand honneur et profit. Je ne sais même si, en dernière analyse, en cas de contestation pour la préséance, l'avantage ne devrait pas rester au Précieux Sang, car enfin il a pour lui le bénéfice d'une tradition non contestée jusqu'à ce jour; tandis que la Sainte Larme essuya, vers le commencement du siècle dernier, une de ces rudes attaques que la polémique toujours guerroyante, quoique toujours orthodoxe, du fameux Jean-Baptiste Thiers, lançait *ab irato*, dans ses nombreux volumes, amusans comme des pamphlets, savans comme des in-folio; et, quoique l'ordre de Saint-Benoît, attaqué dans sa gloire et ses intérêts, se soit efforcé de repousser les coups du téméraire, quoique le grand Mabillon lui-même se soit levé pour prendre la défense de la Sainte Larme, toujours est-il que l'authenticité de la précieuse gouttelette en demeura fort ébranlée, et que, si on ne la vit pas immédiatement

Remonter vers le ciel qui nous l'avait donnée,

c'est qu'elle devait venir s'engloutir, obscurément et sans gloire, dans le creuset révolutionnaire, avec ses quatre reliquaires d'or, emboîtés les uns dans les autres, et ses fioles de matière précieuse qui lui formaient un triple rempart, comme pour la protéger contre les regards profanateurs. Il est vrai que notre siècle lui réservait en quelque sorte une résurrection littéraire : la Sainte Larme a eu son Klopstock dans M. Alfred de Vigny; mais l'imagination du poète a peu respecté la naïve tradition du légendaire; aussi, nous ne craignons pas de le dire, le poème d'*Eloa* court grand risque de rester éternellement au rang des apocryphes.

Plus heureux que la Sainte Larme, le Précieux Sang a survécu au grand naufrage de 93, non à la vérité avec son magnifique reliquaire en forme de custode pyramidale, présent du somptueux Antoine Bohier, 28e abbé de Fécamp, mais réduit à son enveloppe primitive, c'est-à-dire à deux minces tuyaux de plomb qui contiennent, selon les uns, le sang même qui sortit des plaies de Notre Seigneur; selon les autres, seulement de la terre qui en serait imprégnée. Ces deux précieux réceptacles furent pieusement soustraits à la destruction qui n'eût pas manqué de les atteindre, par dom Letellier, ancien religieux de l'abbaye, qui les restitua lorsque l'église fut rendue au culte. Ils sont aujourd'hui déposés dans une petite châsse en argent, que l'on fait baiser aux pèlerins que la foi attire constamment à Fécamp. Aux grandes solennités, comme aux cérémonies de la Passion et de la Sainte-Trinité, l'affluence est telle, surtout parmi les habitans d'Yvetot, en mémoire d'un vœu relaté par le document que nous publions, que l'on est obligé de placer l'un des tuyaux dans un autre reliquaire, afin de pouvoir les faire baiser à deux personnes à la fois. Au reste, la Faculté de théologie de Paris a elle-même authentiquement autorisé cette dévotion, en déclarant, le 28 mai 1448, que ce culte était très légitime : « *non repugnat pietati fidelium credere, quod aliquid de sanguine Christi effuso, tempore Passionis, remanserit in terris.* » Le père Dumonstier, dans son *Neustria pia*, page 257, pose la question de savoir si ce sang est *radical* ou *nutrimental*, « *radicalis seu nutrimentalis* »; question ardue et de conséquences fort graves, car, dans un cas, il n'aurait droit qu'à un culte de latrie *relative*, tandis que, dans l'autre, on devrait lui rendre un culte de latrie *absolue*.

Il est temps d'annoncer la curieuse relation que nous publions aujourd'hui ; la rédaction de l'*Histoire du Précieux Sang*, malgré ses archaïsmes et sa phraséologie barbare, n'est pourtant pas plus ancienne que le xviie siècle, mais elle procède incontestablement d'un original beaucoup plus ancien, dont elle n'est que la traduction. Nous avons rencontré, dans le *Neustria pia*, un court fragment de cet original ; il est inséré à la page 256, chap. xv, lig. 3, et commence par ces mots : « *Defuncto Guillelmo Rollonis filio* » etc. ; une note marginale indique que cette relation est contenue dans un manuscrit appartenant à dom De Marseilles, religieux infirmier de Fécamp ; nous ignorons si cet original latin a été conservé, ou s'il se retrouve ailleurs en duplicata. Nous insistons avec intention sur l'indication précise de ce fragment, dont notre *Histoire* est certainement la traduction, de peur qu'on ne le confonde avec une autre relation, que Dumonstier a insérée en entier pages 193 et suivantes, et dont il déclare que le manuscrit appartient également à dom De Marseilles ; peut-être Dumonstier a-t-il fait confusion entre ces deux opuscules, mais évidemment ce sont deux originaux qui diffèrent entre eux, et par le fond et par la forme.

La première partie de cette pieuse chronique, tout ce qui concerne Nicodème et Isaac, Bozo, Merca et l'histoire du pèlerin, tient absolument de la légende ; ce sont de ces traits que D. Toussaint Duplessis [1] lui-même trouvait dignes du célèbre Métaphraste, et qu'il déclarait inadmissibles *pour tout écrivain qui cherche de bonne foi la vérité*. Au reste, il nous apprend qu'il existait plus d'une variante sur ce thème merveilleux, puisque, d'après une version qu'il copie, Isaac, au lieu de confier à la mer le trésor du Précieux Sang, l'aurait lui-même apporté dans les Gaules, et déposé au pied d'un figuier, près du lieu où s'éleva depuis la ville de Fécamp. « Et voilà, dit-il, pourquoi il a fallu choisir un figuier plutôt qu'un chêne ou qu'un orme : cet arbre s'appelle en latin

---

[1] *Description géographique de la Haute-Normandie*, t. I, p. 94.

ficus ; le champ où il étoit planté devoit s'appeller *fici campus*, et de là venoit tout naturellement le nom de *Fiscampus*, d'où celui de *Fescamp* a été formé. » Amour-propre de dénicheur de curieuses inutilités à part, notre version vaut mieux que celle de Duplessis ; elle respecte plus soigneusement les convenances de localité; le figuier ne croissait pas naturellement dans les forêts du pays de Caux, à l'époque du voyage d'Isaac ; il fallait, pour l'y faire surgir, un miracle, et notre légendaire a fait intervenir le miracle à point nommé.

L'histoire d'Anségise nous fait entrer dans le domaine des légendaires historiques, si je puis m'exprimer ainsi. Trithême, Annius de Viterbe et Charron n'ont pas oublié, dans leurs interminables généalogies, ce prince auquel ils s'efforcent de rattacher la seconde race de nos rois. Il est inutile de faire remarquer l'analogie de cette histoire, telle que la raconte notre pieux écrivain, avec celles de saint Hubert, de saint Eustache, et de beaucoup d'autres, près desquels des cerfs ou des biches blanches furent les interprètes de la volonté divine. Il paraît qu'au temps passé les cerfs étaient fréquemment inspirés. Au reste, les Annales de saint Bertin, ce document ordinairement si respectable de notre histoire primitive, racontent l'histoire d'Anségise et de son cerf ; c'est la transition qui lie les légendaires aux chroniqueurs.

Avec le bienheureux saint Waninge, nous entrons dans le domaine de l'histoire, sinon incontestée, au moins positive ; des titres nombreux, des diplômes font mention de ce personnage qui fut contemporain de notre archevêque saint Ouen, par lequel il fit consacrer la nouvelle abbaye de Fécamp, en présence de Clotaire III.

Disons maintenant quelques mots du curieux document manuscrit que nous avons trouvé inscrit sur une feuille détachée de parchemin, sans désignation ni date, et qui offrait un rapport trop direct avec le sujet de notre légende, pour que nous ne fussions pas tentés d'en reproduire le *fac-simile* et d'en hasarder la traduction. D'après l'inspection de l'écriture, il est incontestable que la transcription de ce document date du XIIe siècle ; mais il se pourrait qu'il ne fût qu'une copie, et qu'il fût beaucoup plus ancien ; qu'il datât réellement, par exemple, de l'époque où le monastère de Fécamp resta, pendant près d'un siècle, enseveli sous

Fac Similé d'un Document du XII.e Siècle
concernant
la fondation de l'Abbaye de Fécamp.

Noverit omnibus circumquaq; xpianis quod homines qui sunt de villa Asturaca, sabbato ante palmas ficannū adveneront referentes nobis de loco cuiusdam monasterii, quod destructum antiquitus: novum reperis fundantis prout potant deteyerunt. Quod cum ad hoc usq; pduxissent, ut ibi divinum officium vellent celebrari, ignorantes in cuius honore antiquitus ēet dedicatum, visum est illis ut ad presens in honore sc̃e Marie & sc̃i Petri vocaretur. Interim dn̄s de pcantes ut in cuius honore antiquitus fuerit, divinitus monstraretur. Sequenti igitur nocte revelatio cuidam religiose femine apparuit, in qua dictum est illi quod vere in honore sc̃e Trinitatis fuerit, & quod Fiscamnensis locus de reliquiis ipsius loci divinitus sic consecratus. Dicit enim predicta mulier ipsa nocte sc̃am Trinitatem apparuisse, & signa evidentia de constitutione fiscannensis loci que nos sacris agnoscimus sibi ntimasse, videlicet de cultello inscripto nomine sc̃e Trinitatis & de coopturā primitive capelle, que cum constructa ēet in pago Constantino p mare divinitus sine humano adjutorio Fiscannum usq; delata est. Quod si dn̄s locum illum antiquum huic novo fiscannensi videlicet unire sociare, quod divina revelatio precipit, nulla humana audacia debet prohibere.

Lith. de N. Periaux à Rouen.

ses ruines, entre les années 842 et 915[1]; car quel peut être ce monastère dédié à la Sainte-Trinité, et dont quelques paysans s'avisent de déblayer les ruines, si ce n'est le monastère fondé par saint Waninge et ruiné par les Normands? Toutefois, nous avouons que l'interprétation de ce fragment nous a présenté d impénétrables obscurités, et nous le livrons à la curiosité des érudits, comme un de ces titres *anecdotes*, sur lesquels leur perspicacité aime à s'exercer.

Voici la transcription de ce document, avec la traduction, que nous ne hasardons que sous toutes réserves de droit :

« Notum sit omnibus circumquaque Christianis quod homines qui
« sunt de villá Asiniacá, sabbato antè Palmas, Fiscannum advenerunt,
« referentes nobis de loco cujusdam monasterii quod destructum anti-
« quitùs, noviter repertis fundamentis, prout poterant, detexerunt.
« Quod cùm ad hoc usque perduxissent ut inibi divinum officium vellent
« celebrari, ignorantes in cujus honore sancte MARIE et sancti PETRI
« vocaretur; interim Deum deprecantes ut, in cujus honore antiquitùs
« fuerit, divinitùs monstraretur. Sequenti igitur nocte, revelatio cuidam
« religiose femine apparuit, in quá dictum est illi quod verè in honore
« sancte Trinitatis fuerit, et quod Fiscannensis locus de reliquiis ipsius
« loci divinitùs sit consecratus. Dicit enim predicta mulier, ipsá nocte,
« sanctam Trinitatem apparuisse, et signa evidentia de constitutione
« Fiscannensis loci, que nos satis agnoscimus, sibi intimasse; videlicet
« de cultello inscripto nomine sancte Trinitatis, et de coopertura pri-
« mitive capelle que, cùm constructa esset in pago Constantino, per
« mare divinitùs, sine humano auxilio, Fiscannum usque delata est.
« Quod si Deus locum illum antiquum huic novo Fiscannensi videlicet
« vult sociare, quod divina revelatio precipit, nulla humana audacia
« debet prohibere. »

« Qu'il soit à la connaissance de tous les fidèles que, le samedi avant
« le jour des Rameaux, des habitans du hameau d'Anières sont venus
« à Fécamp, et nous ont rapporté que, dans l'emplacement où avait jadis

---

[1] Le *Neustria pia* est même d'avis que cet état d'abandon s'étendit jusqu'à l'année 990. Vid. p. 202.

« existé un certain monastère détruit depuis long-temps, ils avaient
« nouvellement découvert des fondations qu'ils avaient déblayées de leur
« mieux ; qu'ayant poursuivi ce travail jusqu'au point qu'ils voulaient
« faire célébrer le service divin en cet endroit, et ignorant toutefois à
« quel saint il était anciennement consacré, il leur avait paru conve-
« nable, pour le présent, de le placer sous l'invocation de sainte Marie
« et de saint Pierre ; priant Dieu cependant qu'il leur fît connaître, par
« quelque céleste témoignage, en l'honneur de qui ce lieu avait été jadis
« édifié. Or, la nuit suivante, une certaine femme, de sainte vie, eut
« une révélation dans laquelle il lui fut déclaré que, véritablement, ce
« lieu avait été jadis édifié en l'honneur de la sainte Trinité, et que
« l'emplacement de Fécamp avait été miraculeusement sanctifié avec
« des reliques provenant de cette même localité. Cette femme affirme,
« en effet, que, dans la nuit dont il s'agit, la sainte Trinité lui apparut
« et lui révéla des particularités évidentes, qui nous sont suffisamment
« connues, touchant la fondation de Fécamp, telles que celles qui con-
« cernent un couteau sur lequel est inscrit le nom de la sainte Trinité,
« et le toit de la primitive chapelle, lequel ayant été construit dans le
« pays de Coutances, fut miraculeusement transporté, par mer, sans
« aucun secours humain, jusqu'à Fécamp. Si donc Dieu veut unir cet
« emplacement antique au nouveau Fécamp, ce qu'enjoint cette révé-
« lation divine, nulle audace humaine ne doit y mettre obstacle. »

Nos lecteurs auront facilement reconnu, dans le couteau que mentionne cette espèce de monitoire, l'instrument que vint déposer sur l'autel, au moment de la consécration du temple, un personnage mystérieux. Quant à l'histoire du toit que la mer enleva à Coutances pour l'apporter à Fécamp, notre relation manuscrite s'en tait, et vraiment c'est dommage : elle méritait d'être religieusement conservée ; nous clorrons donc cette note, en la racontant sommairement, d'après le *Neustria pia*.[1]

Par les soins de Guillaume-Longue-Epée, le monastère de Fécamp s'était relevé de ses ruines. L'édification du temple était presque achevée, il ne manquait plus que le toit ; les ouvriers se disposaient à aller couper dans les forêts le bois nécessaire à sa construction, et, pendant ce

---

[1] Page 203.

temps, les intempéries de la saison menaçaient d'endommager les murs et les voûtes à découvert, quand un miracle arriva qui rendit tout travail ultérieur inutile, et préserva le temple de toute avarie. Dans le voisinage de Coutances, des ouvriers avaient préparé un toit pour une église que l'on élevait à saint Marcoul, et se disposaient à le placer, lorsque, tout-à-coup, la mer franchissant ses rivages, vient soulever ce toit, l'enlève et le porte mollement, sur ses ondes obéissantes, jusqu'aux grèves de Fécamp, où elle le dépose. Dom Toussaint Duplessis va plus loin que le légendaire lui-même; il dit que la mer ne laissa rien à faire aux ouvriers, et qu'elle plaça le toit sur son entablement [1]. Nous préférons nous conformer à la lettre de notre véridique histoire. Les ouvriers, continue celle-ci, admirent, et la mer qui se retire, et ce toit qui reste sur le rivage; ils s'en emparent, le placent sur l'édifice. O merveille! il s'y adapte aussi exactement que si on en eût mesuré toutes les pièces; rien n'y manque, pas une cheville ne fait défaut. Je me trompe, deux pièces manquaient, et c'est en vain qu'avec tout leur art les ouvriers s'efforcent d'y suppléer; le bois qu'ils taillent est toujours trop court ou trop long, ils ne peuvent réussir à dissimuler le déficit. Les ouvriers allaient se livrer au désespoir, quand un étranger releva leurs courages abattus, en leur apprenant que la mer venait de déposer, sur le rivage, ces deux morceaux, que sans doute elle avait oubliés dans la première traversée. On court à la grève, on trouve les deux pièces annoncées qui s'adaptent merveilleusement aux lacunes à combler, et l'édifice majestueux et complet brave désormais l'orage. Le pieux narrateur a oublié de dire ce que devint l'église dépossédée, et si saint Marcoul ne garda pas rancune à la sainte Trinité qui lui avait ainsi volé son toit. Mais qu'y faire? Aux cieux comme sur la terre, le plus faible doit subir la loi du plus fort et se résigner.

A. P.

[1] Tome I, page 94.

VI

RÉFORME INTRODUITE
DANS L'ABBAYE DE FÉCAMP.

INTRODUCTION DE LA RÉFORME

DE LA CONGRÉGATION DE SAINT-MAUR

DANS

L'ABBAYE DE FÉCAMP.

―

CONCORDAT PASSÉ A CE SUJET

ENTRE LES RELIGIEUX

ET HENRY DE BOURBON,

MARQUIS DE VERNEUIL,

LEUR ABBÉ.

— Extrait d'un manuscrit communiqué. —

✦

PUBLIÉ POUR LA PREMIÈRE FOIS,
PAR ANDRÉ POTTIER,
Conservateur de la Bibliothèque de Rouen.

✦

ROUEN,
E. LE GRAND, ÉDITEUR,
RUE GANTERIE, 26.

—

1839.

PUBLICATION
DE LA REVUE DE ROUEN
ET DE LA NORMANDIE.

IMPRIMÉ CHEZ NICÉTAS PERIAUX,
RUE DE LA VICOMTÉ, 55.

CONCORDAT

DE M. DE VERNEUIL

AVEC LES RELIGIEUX

DE L'ABBAYE DE FÉCAMP,

En 1649.

PARDEVANT les notaires, gardes-notes du Roy nostre Sire au Chastelet de Paris, soussignez, furent présents en leur personne : Très haut et très puissant prince monseigneur Henry de Bourbon[1], évesque de Mets, prince du Saint-Empire, marquis de Verneuil, comte de Beaugency et abbé commendataire des abbayes de la Très-Ste-Trinité de Fécamp, dioceze de Rouen, dépendante immédiatement du Saint-Siege, St-Germain-des Prez-lez-Paris, Thiron, dioceze de Chartres, toutes trois de l'ordre de St-Benoist, et autres abbayes, demeurant en son chasteau abbatial dudit St-Germain d'une part : et les Révérends-Pères Doms Benoist Brachet religieux dudit ordre de Saint-Benoist et assistant du très Révérend-Père supérieur général de la congrégation de Saint-Maur[2] en France, et

Laumer Le Grand, religieux prestre et profés desdits ordre et congrégation, et procureur de l'abbaye de Saint-Denis en France, résidants de présent en laditte abbaye de St-Germain-des-Prez; au nom et comme eux disants avoir charge et faisans et portans fort dudit Révérend-Père supérieur général de laditte congrégation, par lequel ils ont promis faire ratifier ces présentes, ensemble par le Chapitre général d'icelle congrégation, et d'en fournir acte en bonnes formes, sçavoir : dudit Révérend-Père supérieur général d'aujourd'huy en quinzaine, et celle dudit Chapitre général, un mois après la célébration d'iceluy, d'autre part.

Lesquelles parties, et spécialement mondit seigneur auroit dit que depuis le temps qu'il est pourvu de laditte abbaye de Fécamp, il auroit cherché toutes les voies possibles pour rétablir en icelle la discipline régulière et monastique, laquelle par succession de temps et les malheurs des guerres y est beaucoup déchue, quoyqu'elle fut autrefois une des plus célèbres abbayes du royaume; et désirant contribuer autant qu'il peut à son rétablissement, et même ayant égard aux très humbles prières qui luy auroient été faites par la pluspart des religieux de laditte abbaye; auroit estimé que le moyen le plus efficace pour y parvenir et y maintenir en bon état l'observance régulière, suivant son premier institut, estoit de l'unir et agréger à laditte congrégation de Saint-Maur, comme il a déja fait sesdittes abbayes de St-Germain-des-Prez et de Thiron, et la mettre sous la conduite des Chapitres généraux supérieurs et visiteurs élus en iceux, et pour cet effet auroit fait connoître ses intentions aux supérieurs de laditte congrégation, lesquels se sentant obligez de seconder ses pieux desseins et de contribuer de tout leur possible à la réformation des monastères de l'ordre de Saint-Benoist, suivant l'intention du Saint-Siége et du Roy, après avoir plusieurs fois concerté, tant avec mondit seigneur que messieurs de son conseil, des moyens de rétablir la discipline régulière dans laditte abbaye, ont convenu et accordé ce qui suit :

Premièrement mondit seigneur a consenty et par ces présentes consent, tant pour luy que pour ses successeurs, que laditte abbaye de Fécamp avec ses membres et dépendances, soit unie et incorporée, cy après comme dès à présent, à laditte congrégation de Saint Maur, sans diminution toutefois ou changement à la dignité abbatiale de laditte abbaye ny des droits qui en dépendent, lesquels demeureront en leur entier, tant en ce qui concerne et regarde la nomination du Roy que pour les droits et prérogatives, présentations et collations de bénéfices appartenant à mondit seigneur abbé et ses successeurs, fors et excepté les offices claustraux et réguliers tant en titres et sans titres, lesquels, suivant les bulles de nos Saints-Pères les papes Grégoire quinze et Urbain huitième, et conformément aux priviléges de laditte congrégation, sont unis dès à présent en faveur de la mense conventuelle[3] de laditte abbaye et demeureront cy après éteints et incorporez à laditte mense conventuelle, comme pareillement les charges de maistre d'enfans de chœur, basse-contre, secrétaire du couvent, clercs de l'église, du cloistre, du thrésor, du cellérier, de l'autelier, organiste, apotiquaire, barbier, portier, premier, second, tiers cuisiniers; seront aussy unis à laditte mense conventuelle par le décéds de ceux qui en sont à présent pourvus, si ce n'est qu'ils s'en accommodent dès à présent avec eux à l'amiable, en telle sorte que mondit seigneur n'en puisse être inquiété; jouiront néanmoins Messieurs les anciens, leur vie durante, des offices qui leur appartiennent, en acquittant les charges dont lesdits offices peuvent être tenus; mais arrivant vacation desdits offices claustraux et réguliers par quelque sorte de vacance que ce puisse estre, ils demeureront comme dit est, unis et incorporez à la mense conventuelle desdits pères, en acquittant pareillement les charges desdits offices.

Toutes les places monachales qui viendront cy après à vaquer par mort ou en toute autre façon que ce puisse estre, tourneront au profit desdits pères et seront supprimées au profit de la mense conventuelle; renonçant, pour cet effet, mondit seigneur, tant pour luy que pour ses successeurs, au droit de nommer aux places monachales de laditte abbaye, en telle sorte néantmoins que si [pourtant] lesdits pères, lorsqu'elles viendront à vaquer, seront obligez de les remplir et même les augmenter jusqu'au nombre de cinquante, quand il n'y aura plus d'anciens religieux; et mesme mondit seigneur a par ces présentes accordé auxdits pères la cotte morte[4] desdits sieurs anciens religieux, pour ce qui en proviendra de liquide estre employé en livres ou ornemens de l'église.

Tous les novices seront dorénavant reçus à l'habit et profession par lesdits pères suivant leur règle et statuts; et à l'égard de ceux qui sont à présent dans laditte abbaye, ils seront envoyez aux études dans l'abbaye de Thiron ou autres de laditte congrégation, pour y estre élevez à la vertu et aux lettres; où ils seront nourris aux despens desdits pères, et, leurs estudes finies, pourront entrer au noviciat pour y faire profession s'ils en sont jugez capables; et en cas qu'ils ne pussent ou voulussent faire profession dans laditte congrégation, leur sera payé à chacun d'eux la somme de deux cents livres tournois par chacun an, et lorsqu'ils auront atteint l'âge de vingt deux ans, leur sera payé trois cents livres par forme de pension viagère qui leur sera continuée tant et si long-temps qu'ils seront dans l'estat ecclésiastique et non autrement.

Le prieur desdits pères et ses successeurs demeureront vicaires de mondit seigneur et de ses successeurs, et auront l'entière disposition de la juridiction spirituelle de l'exemption [5] de laditte abbaye et de ses dépendances; même après le décheds de l'official [6], pénitencier [7] et autres officiers de cour d'Église [8], pourront nommer lesdits pères tels de leurs religieux qu'ils jugeront capables de faire les fonctions de l'officialité, penitencerie, et autres; comme aussy de prêcher les Avents, Carêmes et autres jours accoutumez; et pour ce, seront obligez lesdits prieurs qui seront envoyez en laditte abbaye de Fécamp, de prendre vicariat de mondit seigneur et de ses successeurs, qu'ils leur donneront, sans, néantmoins, que par ledit vicariat ils puissent s'ingérer de nommer ny conférer aucun bénéfice, s'ils n'en ont pouvoir particulier de mondit seigneur, ou ses successeurs, auxquels, comme dit est, appartiendra la disposition des bénéfices, fors des offices claustraux et des autres bénéfices cy après nommez.

Lesdits sieurs anciens religieux de laditte abbaye vivront cy après dans leur particulier, sous la conduite de celuy d'entre eux dont ils feront choix et élection, sans que lesdits pères puissent prendre aucune juridiction sur eux, ny respectivement lesdits sieurs anciens sur lesdits pères, lesquels sieurs anciens ne pourront être contraints d'entrer dans la réforme, ny obligez à une vie plus étroite que celle qu'ils ont professée; acquitteront lesdits pères les messes et offices, si aucun y a d'obligation, et feront le service divin suivant leurs usages et cérémonies, auquel lesdits sieurs religieux anciens tiendront les premières places, et autres feront l'office solennellement, auquel cas ils tiendront les places ainsy qu'il est porté dans le cérémonial monastique.

Tous les lieux qui servent à la communauté demeureront auxdits pères sçavoir : l'église, cloistre, parloirs, dortoir, grand et petit réfectoire, cuisine, bibliothèque, infirmerie, greniers, celliers, caves, buchers, jardins; et tous les autres lieux qui sont de présent occupez par lesdits sieurs anciens religieux, soit en particulier, soit en commun, retourneront auxdits pères après leur décéds; et même mondit seigneur leur accorde, tant pour luy que pour ses successeurs, l'usage de son logis abbatial, grand jardin et colombier, pour en jouir par lesdits pères, à condition néantmoins de les bien entretenir de réparations et de les laisser vides toutes fois et quantes que mondit seigneur et ses successeurs iront demeurer en laditte abbaye.

Lesdits pères auront la direction entière de la sacristie de laditte abbaye, et, à cet effet, leur seront donnez par inventaire tous les meubles, saintes reliques, calices, argenterie, ornements, linges, livres, et toutes autres choses servant à l'usage de laditte église et sacristie, sans pourtant toucher aux droits du sieur sacristain durant sa vie, lequel satisfera aux charges que peut devoir sondit office, s'il ne s'accommode à l'amiable avec lesdits pères.

La garde des chartes de laditte abbaye sera pareillement délaissée auxdits pères, qui seront mises sous trois clefs, dont mondit seigneur en aura une ou la commettra à tel autre de messieurs les anciens ou desdits pères, ou de telle autre personne qui luy plaira, qui demeurera sur les lieux; la seconde entre les mains de l'officier de laditte abbaye, et la troisième entre les mains desdits pères.

Et à l'égard de la musique, l'entière disposition en demeurera auxdits pères de la continuer ou non; et si est tant qu'ils la discontinuent, seront obligez lesdits pères d'élever et nourrir et entretenir à leurs frais et despends, sans que mondit Seigneur et ses successeurs soient obligez d'y contribuer, quinze petits gentils-hommes en la piété et aux lettres, depuis l'âge de huit à dix ans jusqu'à quinze ou seize, qui seront nommez par mondit seigneur et ses successeurs abbés.

Lesdits pères entreront en jouissance et possession de toutes les espèces, sommes, et autres choses portées et contenues en l'estat des charges. Lequel estat, reconnu desdits seigneur et pères, par devant les notaires, soussignez, est demeuré annexé à la minute des présentes ou séparément, pour en jouir jusqu'au jour de Saint-Michel mil six cens cinquante deux, qui est le temps qui reste à expirer du bail fait aux sieurs Guenet et Delafosse ; et, ledit bail fini, sont convenus et demeurez d'accord mondit seigneur et lesdits pères, tant pour eux que pour leurs successeurs, de convertir lesdittes espèces qui doivent revenir au profit desdits pères, en fonds et héritages ; lesquelles espèces ils ont evalué et trouvé se monter, par la supputation qui en a été faite, à la somme de quarante mille cinq cents cinquante livres, pour et au lieu de la quelle somme mondit seigneur a dès à présent cédé, quitté et delaissé, quitte, céde et délaisse auxdits pères, les terres, seigneuries et baronneries d'Heudebouville[10], Fontaine-le-Bourg[11], Saint-Gervais-lez-Rouen[12], du Jardin sur Dieppe[13], Argences avec la seigneurie de Questehou[14], Hennequeville[15], Aisyères[16], avec tous les lieux, appartenances, circonstances et dépendances, tant en rentes, terres labourables, prairies, bois, vignes[17], dixmes, rivières, moulins, pêcheries, prévotés, halles, tabellionnages, geaulgeages, et autres droits généralement quelconques auxdittes baronneries appartenants ; et en outre les clos de Hardan (près Vernon), dixmes de vin des paroisses de Vaulvray[18], de Menille[19], d'Heudebouville (diocèse d'Évreux et de Rouen), avec les dixmes de bled de la paroisse de Saint-Léonard[20], dépendantes de la baronnerie de Fécamp, la pêche des rivières dudit Fécamp, et celle de Paluel[21] dépendant de la baronnerie de Vittefleur[22], et même la faculté de faire moudre leurs bleds en farine aux moulins de laditte baronnerie de Fécamp, sans pour ce être obligez de rien payer aux meuniers ny autres, pour la mouture dudit bled : pour commencer la jouissance des fruits, profits et revenus desdittes seigneuries et autres choses cydessus declarées, sçavoir : pour les terres labourables, prairies et domaine non fieffé, au jour de Saint-Michel mil six cent cinquante et un, et pour les moulins, bois, dixmes, rentes seigneuriales et tous autres droits fieffez, au jour de Saint-Jean-Baptiste mil six cent cinquante deux.

De toutes lesquelles choses cydessus délaissées lesdits pères auront la pleine, libre et entière disposition et jouissance, tout ainsy que l'avoit et en jouissoit mondit seigneur et ses prédécesseurs abbés, ou la pourroient avoir; sans en rien excepter, réserver, ny retenir, non pas même les droits féodaux, censuels, présentations des cures, provisions d'offices, et autres droits honorifiques, si non la collation [23] des cures situées et assises dans lesdittes baronneries qui sont de l'exemption de laditte abbaye; lesquelles cures mondit seigneur et ses successeurs confèreront sur la présentation qui leur sera faite par le Chapitre des religieux de laditte abbaye; se réservant particulièrement mondit seigneur pour luy et sesdits successeurs, la disposition de la cure de Friel [24] et toutes autres qui ne sont de l'étendue des baronneries délaissées auxdits pères par le présent concordat. Et moyennant lesdittes remises et délaissements que mondit seigneur fait desdittes terres, seigneuries et dépendances, lesdits pères seront tenus et obligez d'acquitter mondit seigneur et ses successeurs abbés de toutes les charges contenues et portées au susdit estat, en sorte qu'il n'en puisse cy après estre troublé et inquieté, soit par lesdits sieurs anciens religieux, auxquels ils payeront leurs portions en la manière qu'ils en conviendront par ensemble, soit par les autres officiers y denommez, à la reserve toutefois des pensions, gages, droits et appointements qui peuvent appartenir au capitaine de la forteresse [25], au lieutenant, au sénéchal dudit Fécamp, à l'avocat de seigneurie dudit lieu, au portier de la forteresse, au portier de la geôle pour le louage de sa maison, et fournir de la chandelle au concierge du logis abbatial, au geôlier des prisons de laditte abbaye, au bailly de Caux, au procureur du Roy dudit lieu, au procureur de laditte abbaye à Caudebec, au maistre des bois, aux sergents desdits bois, au sergent vicontal, au voiturier de Fécamp, à monseigneur le duc de Longueville, à M. l'abbé de St-Georges [26], au chapelain d'Haugerville [27], au prieur de l'hospital, au curé de Toussaints [28], au curé de la Trinité-du-Mont [29], au curé d'Épreville [30], au curé de St-Etienne de Fécamp [31], au curé de St-Léger dudit lieu, au curé de St-Nicolas dudit lieu, au curé de St-Benoist dudit lieu, au curé de St-Fromond dudit lieu, au curé de St-Ouen dudit lieu, au curé de St-Thomas dudit lieu, au curé de Ste-Croix dudit lieu, au curé de Bordeaux [32], au curé d'Étretat [33], au curé de St-Pierre-du-Port [34], à mondit seigneur de Longueville cinq milliers de harangs sors à cause de son duché d'Estouteville, et les quarante huit muids de froment que mondit seigneur l'abbé donne aux pauvres le jour de Toussaints, Noël, Jeudy Saint, Pasque et Pentecoste.

Et en considération que mondit seigneur laisse les gages et appointements qu'il donne à ses grand-vicaire, official, pénitencier et autres officiers de leur église, même ceux de vitrier, plombier, et couvreur, lorsqu'ils viendront à décéder, lesdits pères se sont obligez, lorsqu'ils en seront en jouissance, de les employer à l'entretien des ornements et linge de l'église, et en réparations des lieux réguliers et autres qu'ils occuperont, lesquels ils entretiendront de toutes menues réparations, et aux grosses qui n'excèderont la somme de trois mille livres tournois, quand elles viendront à arriver; et lorsqu'elles excèderont ladite somme, mondit seigneur et ses successeurs demeureront obligez à l'entretien d'icelles, comme aussy au payement des deniers tant ordinaires qu'extraordinaires dont est ou pourroit être cy après chargée ladite abbaye; à la réserve, toutefois, de celles dont la mense conventuelle ou les officiers claustraux sont ou pourroient être cy après chargez, lesquelles lesdits pères seront obligez de payer, comme pareillement les taxes extraordinaires qui pourroient être imposées tant sur ladite mense conventuelle que sur lesdits offices claustraux, et consentir pour l'homologation du présent concordat partout où besoin sera, mondit seigneur et lesdits Révérends Pères Doms Benoist Brachet et Laumer Le Grand, audit nom, ont fait et constitué leur procureur irrévocable le porteur des présentes, auquel ils ont donné et donnent tout pouvoir et puissance de ce faire et tout ce qu'au cas appartiendra, sera requis et nécessaire. Car ainsy le tout a esté exprès convenu, stipulé et accordé entre mondit Seigneur et lesdits Révérends Pères, audit nom, promettant et obligeant chacun endroit soy, lesdits Révérends Pères, audit nom, renonçants. Fait et passé à Paris audit château abbatial dudit St-Germain-des-Prez-lez-Paris, l'an mil six cents quarante-neuf, le trentième et pénultième jour de juillet après midy, et a mondit Seigneur signé avec lesdits Révérends Pères et notaires; ainsi signé: Henry Ev. de Mets, Ab. de Fécamp, F. Benoist Brachet, F. Laumer Le Grand, avec Langlois et Lemoine, notaires, avec paraphes.

Ensuit la teneur dudit Estat.

Estat des charges, frais, mises et despenses, tant en aliments, nourritures et entretenements desdits religieux, enfants de chœur et officiers, familiers, pensionnaires et domestiques de l'abbaye de Fécamp, et autres personnes dénommées au présent estat et feuille, qu'en gages, pensions, aumônes et autres redevances tant accoutumées et de tout temps baillées, qu'aux y dénommez, dont le fermier et receveur général dudit Fécamp sera tenu bien et duement acquitter et décharger mondit seigneur l'abbé dudit Fécamp.

En premier lieu, sera baillé et distribué, de jour en jour, continuellement, par chacun an, auxdits prêtres de laditte abbaye, jusqu'au nombre de quarante-deux, tant prêtres que novices, c'est à sçavoir :

Aux prêtres, depuis Pasque jusqu'à la Sainte-Croix en septembre, à chacun un grand pain blanc de fleur de farine, de même blancheur et bonté qu'il a été livré par cydevant, du poids de vingt-huit onces, cuit; et un petit blanc, de quatorze onces; et aux novices deux petits pains de vingt-huit onces les deux; et depuis ledit jour de Sainte-Croix jusqu'à Pasque, à chacun desdits prêtres, par jour, un grand pain blanc, du poids de vingt-huit onces et un petit pain de neuf à dix onces, cuit; aux novices deux petits pains blancs, l'un de quatorze onces et l'autre de neuf à dix onces, cuits, excepté le dimanche, qu'ils auront autant de pain dudit poids qu'ils ont depuis Pasque jusqu'à la Sainte-Croix.

Au grand-prieur sera livré et distribué, par jour, autant de pain qu'à trois autres prêtres.

Au cellérier, grènetier, pannetier, réfectorier, pour deux religieux prêtres.

Au chantre, le double d'un religieux prêtre, aux festes de chappes et autres jours qu'il est accoutumé avoir double; tous lesquels doubles du chantre se montent au nombre de sept vingt dix pains blancs.

Au vicaire, official, frère lay[35] et maître d'école des novices, autant de pain, et à chacun d'eux, comme à un prêtre.

Au capitaine dudit lieu de Fécamp, autant de pain comme à deux autres prêtres.

Au lieutenant dudit capitaine, autant de pain qu'à un autre religieux prêtre.

Au croniquier, curé de la Madeleine[36], maistre d'école des enfants de chœur, secrétaire du couvent, pénitencier, à chacun, par jour, un grand pain blanc, du poids de vingt-huit onces, cuit.

Aux novices, pour le déjeûner, deux pains blancs par jour; et au Dimanche, Lundy et Mardy Gras, et le dimanche des Rameaux, quatre grands pains audit déjeûner des novices.

Au réfectoire, devant les deux présidents, deux pains blancs au dîner, et deux petits à souper, depuis Pasque jusqu'à la Sainte-Croix en septembre; et depuis ledit jour de Sainte-Croix en septembre jusqu'à Pasque, deux grands pains seulement à dîner, excepté les dimanches et le jour de Noël, qu'ils en auront deux grands et deux petits.

Aux enfants de chœur, trois grands pains blancs dudit poids, par jour.

Au prieur de Notre-Dame[37], un grand pain et un petit pain, par chacun jour.

Aux serviteurs dudit couvent, et cuisiniers, un grand pain blanc appelé le pain de la mitte[38], et du pain pour les saulces, quand et autant qu'il en échet de coutume, lequel pain pour les saulces sera baillé et délivré lesdits jours dessusdits, par le cellérier et cuisinier, selon qu'il est accoutumé.

Item pour les religieux qui, quelquefois, boivent une fois le matin, deux grands pains blancs par chacun jour, ainsi qu'il est accoutumé de tous les temps; et pour les chantres de musique qui se trouvent et assistent au service les jours de la Dédicace, Trinité, et Saint-Jean-Baptiste et autres jours accoutumés, quatre portions d'un religieux prêtre à chacun desdits jours.

Au jardinier, chroniquier, clercs de l'église, du cloître, du cellier, organiste, concierge de l'hôtel de Monseigneur, apotiquaire, geôlier, barbier, portier et trois cuisiniers, à sçavoir: premier, second, tiers, chacun par jour, deux grands pains bisets, du poids de vingt-huit onces, cuits.

Aux sonneurs du carillon, tous les jours qu'ils sonnent, quatre pains bisets, dudit poids.

A ceux qui portent les bannières et étendarts auxdits jours des processions, à chacun deux pains bisets, par jour, et à chacun jour desdittes processions.

A ceux qui sonnent une cloche pendant le carême, appelée la Baluze[39], chacun jour qu'elle sonne, quatre pains bisets.

A ceux qui curent la Voûte[40], quatre douzaines de pains bisets, une fois l'an.

A ceux qui portent le buis, le jour des Rameaux, deux pains, tels que par cydevant ont esté baillez.

Aux enfants de chœur, six pains bisets, par jour, dudit poids.

Aux sonneurs, le jour de Toussaints, Noël, Jeudy Saint, Pasque et Pentecoste, le pain de quarante-huit mines de froment.

A ceux qui font le cierge bénit, deux grands pains blancs.

Item pour faire monter le cierge bénit, deux grands pains blancs.

Au cirier de l'église, ez sept fêtes de Pasque, Pentecoste, Saint-Jean-Baptiste, l'Assomption de Notre-Dame, Saint-Michel, Toussaints et Noël, pour chacun desdits jours, deux grands pains blancs.

A celuy qui fait l'agneau le jour de Saint-Jean-Baptiste, quatre grands pains blancs. Les doubles de pain des prieur, cellérier, grènetier, pannetier, réfectorier, se payent en tout temps de même sorte et autant, depuis la Sainte-Croix jusqu'à Pasque, et depuis Pasque jusqu'à la Sainte-Croix.

Au jardinier, pour la bénédiction des pommes, au jour de Saint-Jacques en juillet, deux grands pains blancs.

Au jour des processions, comme au jour de Saint-Marc, au curé de Saint-Léonard, un grand pain blanc ; le lundy des Rogations, au curé de Saint-Benoist, un grand pain ; le mardy au prieur de Nostre-Dame, deux grands pains ; le mercredy, au curé de Sainte-Croix, un grand pain ; et le jeudy de l'Ascension, au curé de Saint-Vallery, un grand pain. Aux curés des dix paroisses de Fécamp, au prieur de l'hospital, et curé de la Madeleine, ez jours des Rameaux et de l'Ascension, à chacun un grand pain blanc.

A celuy qui baillé les verges blanches pour lesdites processions, à chacun jour desdittes processions, un grand pain et deux blancs.

Item, quand le sous-prieur, tiers ou quart, mènent les religieux en récréation, un double pain.

Aux jours de jeudy, vendredy et samedy de la Semaine Sainte, pour chacun desdits jours, treize grands pains blancs, pour les pauvres auxquels on lave les pieds.

Au maire et échevins de la confrairie de la Trinité, le jour de l'Ascension, six grands pains blancs.

Aux prédicateurs, le jour qu'ils arriveront en laditte abbaye, autant de jours qu'ils y seront arrêtez par le supérieur, autant de pain et portion de viande qu'à un religieux prêtre.

Aux parents desdits religieux allant en laditte abbaye, à sçavoir : aux pères, mères, frères et sœurs, sera distribué portion d'un autre Prêtre, trois fois l'an, tant en pain que vin et viande.

Aux religieux mentionnez par obédience, aux prieurs dépendants de laditte abbaye, y allant, sera distribué autant de portions qu'ils y seront arrêtez par le supérieur.

Aux religieux de l'ordre de Saint-Benoist allant visiter laditte abbaye, sera distribué portion.

Sera aussi distribué pain et vin aux prieurs et seigneurs, présidents, conseillers du Conseil souverain de laditte abbaye, et selon leurs qualitez.

Item, aux bateliers allant audit lieu, en la fête de Saint-Martin d'esté, sera distribué, par chacun ménage, une portion de religieux prêtre, tant en pain que vin et viande, avec le foin et avoine pour leurs chevaux, et selon qu'il est accoutumé.

Pour faire le gâteau des Roys, sera délivré le nombre de trois mines [41] de bled froment. Au Jeudy Absolu [42], bailler les séminaux [43], comme il est accoutumé.

Le jour du Vendredy Saint, un pain biset à chaque religieux, ainsi qu'il est accoutumé.

Le bled qui convient à faire le pain susdit sera acheté, par chacun samedy, à la halle du marché, et du meilleur de la halle; auquel achat de bled sera appelé le grènetier, ou en l'absence d'iceluy, un religieux par luy commis, comme de tout temps est accoutumé en laditte abbaye. Sera pareillement ledit grènetier ou son commis appelé à voir acheter le bled froment qui convient à faire le pain des données générales dessus mentionnées; et est entendu que, pour le regard du pain qu'il convient pour la nourriture desdits sieurs religieux, enfants de chœurs, pensionnaires, serviteurs et autres, sera, par semaine, délivré au boulanger le nombre de neuf mines de bled froment, ainsi qu'il est en cet article, sans y comprendre celuy qu'il faut pour lesdites données générales, gâteaux et séminaux.

Item, le boulanger qui sera commis et constitué à faire ledit pain, nommé par les religieux, sera sujet à la tanse [44] du prieur, de messieurs d'ordre, et même à être déposé, s'il arrive qu'il ne fasse pas le devoir qu'il appartient.

Pour le Vin.

Sera baillé, livré et distribué auxdits religieux et officiers, du vin [45] bon et loyal, lequel sera goûté et fait percer par le pannetier, suivant la coutume de la maison, afin qu'il ne soit percé qu'il ne soit prest à boire et bibile.

A chacun des religieux prêtres, par jour, un pot de vin, mesure de Fécamp [46]; aux novices chacun chopine.

Au grand-prieur trois pots.

Au cellérier et pannetier, à chacun deux pots par jour.

Au prieur de Nostre-Dame, à raison dudit prieuré, pour dire les messes audit lieu, un pot de vin par jour.

Au chantre, les jours que l'on porte chappes et aux jours qu'il est double, deux pots par jour, lesquels doubles de vin, pour ledit chantre, se montent au nombre de cent douze pots.

Le jour de la Dédicace, le jour de la Trinité et Saint-Jean-Baptiste, à chacun desdits jours, sept pots pour les chantres de Monseigneur.

Pour les pitances du vin du couvent, la vigile et le jour de Pasque et les deux féries suivantes, le dimanche de Quasimodo, à l'Ascension; la vigile et le jour de la Pentecoste, les deux féries suivantes, le jour de la Dédicace, le jour de la Trinité, le jour de l'octave de la Trinité, le jour du Saint-Sacrement, Saint-Jean-Baptiste, le jour de Saint-Pierre-Saint-Paul, Saint Benoist en juillet, la Madeleine, la Translation de Saint-Taurin [47], la vigile et le jour de l'Assomption de Nostre-Dame, les Ducs en aoust [48], la Nativité de Nostre-Dame, Sainte-Croix en septembre, Saint-Michel, la pitance du Mont, la vigile et le jour de la Toussaints, le jour des Morts, Saint-Martin en novembre, les Ducs audit mois, le premier dimanche de l'Avent, le jour de Saint-André, la Conception de Nostre-Dame, la vigile et le jour de Noël, Saint-Estienne, Saint-Jean l'évangéliste, la Circoncision, le jour des Roys, le jour des Reliques, la Purification de Nostre-Dame, le dimanche de la Septuagésime et de Lætare, les Ducs en mars, Saint-Benoist audit mois, l'Annonciation de Nostre-Dame, Pasques fleuries, le Jeudy Saint, chacun desdits jours pour la pitance outre la portion ordinaire, huit pots de vin et aux autres jours accoutumez.

Aux dix curés dudit Fécamp, au prieur de l'hospital, de la Madeleine, à chacun un pot de vin au jour des Rameaux et de l'Ascension.

Audit jour de l'Ascension, pour les maires et échevins de la confrairie de la Sainte-Trinité, six pots de vin.

Aux dix paroisses de Fécamp, le jour de Pasque, pour administrer les paroissiens, huit pots de vin.

Au curé de Saint-Léonard, pour le jour de Saint-Marc, pour la procession qui va audit lieu, un pot de vin.

Aux curés de Saint-Benoist, Sainte-Croix, Saint-Vallery, les lundy, mercredy et jeudy des Rogations, respectivement un pot de vin par chacun jour, et le mardy desdittes Rogations, deux pots de vin au prieur de Nostre-Dame.

Aux religieux qui disent la litanie les jours des Rogations, à chacun jour deux pots.

A celuy qui baille aux religieux les verges blanches pour porter aux trois processions des trois susdittes Rogations, à chacun desdits trois jours, un pot de vin.

A l'appariteur de la cour d'Église et aux sergents, les jours qu'ils assistent à la procession de l'église, à sçavoir : ez jour de Noël, des Rameaux, de Pasque, Pentecoste, l'Ascension, la Sainte-Trinité, la Dédicace, Saint-Jean-Baptiste, l'Assomption de Nostre-Dame et Toussaints, à chacun desdits jours, un pot de vin.

Au cirier de l'église, ez sept festes de Pasque, Pentecoste, Saint-Jean-Baptiste, l'Assomption de Nostre-Dame, Saint-Michel, la Trinité, la Toussaints, et Noël, chacun desdits jours deux pots de vin.

Aux religieux qui communient quinze fois l'an, à sçavoir : le jour de Noël, deux pots, le Jeudy, Vendredy et Samedy Saints et le jour de Pasque, chacun desdits jours un pot de vin, et lesdits autres jours chacun chopine.

A l'autelier, pour faire l'agneau le jour de Saint-Jean-Baptiste, deux pots de vin.

Item à luy, pour le cierge bénit, douze pots de vin et pour faire mettre le cierge deux pots.

Au jardinier, le jour de Saint-Jacques, pour la bénédiction des pommes, deux pots de vin.

Au croniquier, pour laver les corporaux[49], deux pots de vin.

Pour cuire les poires, le jour de l'O de Monseigneur[50], autant de vin qu'il est accoutumé.

Au jour de Noël, quand il échoit un autre jour qu'un dimanche, un pot de vin auxdits religieux.

Pour le déjeuner des religieux, le Dimanche, Lundy, et Mardy Gras, le dimanche des Rameaux, à chacun desdits jours, deux pots de vin, outre le vin de la recueitte [51] ordinaire.

A ceux qui portent les rameaux du buis et la tour, le dimanche des Rameaux, trois pots de vin.

A celuy qui chante la Passion, le dimanche des Rameaux, deux pots de vin.

A celuy qui chante la Passion, le mardy et mercredy, pour chacun jour, un pot.

Pour laver les autels, le Jeudy Saint, deux pots.

Aux enfants de chœur, le jeudy, vendredy et samedy de la Semaine-Sainte, à chacun un pot de vin.

Pour la veille des Roys, vingt-cinq pots de vin au couvent.

Pour les deux Cènes, le jeudy, cinq pots de vin au couvent; ledit vin desdits Roys et Cènes, sera fait delivrer par le pannetier, en la qualité susditte.

Pour la Cène des lépreux [52], quatre pots ; pour l'administrateur desdits lépreux, un pot.

Au boulanger, le jour du Jeudy Saint, pour séminaux, un pot.

Pour le partage de grain quand il y a pitance, un pot de vin ; pour faire cuire le poisson des religieux et pour des saulces, sera distribué du vin autant qu'il convient et qu'il sera dit par le cellérier.

Item, à chacune fois que les religieux iront jouer, un pot de vin.

Au refectoire, devant les deux présidents, outre les portions ordinaires, trois chopines de vin devant chacun au diner, et pour le souper un pot, comme il est accoutumé; et ce, pour distribuer aux religieux qui en ont besoin, et le surplus aux pauvres.

Pour le vin des burettes, pour chacun jour, deux pots ; et pour le vin de la suite, chopine par jour.

Au vicaire, official et frère lay, chacun un pot par jour.

Au capitaine, deux pots ; à son lieutenant, un pot.

Au croniquier pour les notes, au maistre d'école des novices, au maistre des enfants de chœur, au secrétaire du Chapitre, au curé de la Madeleine, à chacun d'eux, deux pots de vin par jour.

Au pénitencier, au concierge, à la portière, au clerc de l'église, à chacun, chopine de vin par chacun jour.

Bière.

Auxdits religieux tant prêtres que novices, à chacun chopine de bière par jour ; et aux doubles double.

Au vicaire de Monseigneur, un pot de bière.

A l'official et secrétaire, frère lay, pénitencier, maistre d'école des novices et apotiquaire, chacun chopine de bière par jour.

Au capitaine, un pot de bière ; à son lieutenant, une chopine.

A chacun ayant portion de serviteur, un pot de bière par chacun jour.

Aux religieux, à chacun jour qu'ils iront jouer, trois pots et demy de bière par chacun jour.

Aux enfants de chœur, par chacun an, dix-huit barils de bière.

Aux pauvres, le jeudy, vendredy et samedy de la Semaine-Sainte au pied lavé [53], autant qu'il est accoutumé en donner.

Aux tournebroches de la cuisine, tous les jours qu'ils sont au gras, chacun un pot de bière.

Aux sonneurs du carillon, chaque jour qu'ils sonnent, un pot de bière.

Aux sonneurs de la cloche appelée la Baluze, durant le Carême, chacun jour qu'ils sonnent, à chacun desdits sonneurs un pot de bière.

Aux cureurs de la Voûte, la bière accoutumée.

Pour la Viande.

La chair et poisson, pour la portion des religieux et autres ayant portions, sera livrée par les cellérier et cuisinier, lesquels seront jugez de la qualité et quantité due, selon que de tout temps est accoutumé en la-dite abbaye.

Le boucher constitué à bailler et fournir laditte chair, fera serment en Chapitre de garder fidelité, vérité ; sera justiciable et taxable par les prieurs et maistre d'ordre, au cas qu'il ne fasse son devoir tel qu'il appartient.

Aux religieux sera baillé et livré, pour leur portion, auxdits jours de manger chair : à chacun desdits religieux prêtres, un solain [54] de bœuf, mouton ou veau, de bonté et estimation raisonnable, comme il est accoutumé ; et à trois des novices deux solains ; au cellérier deux ; au chantre deux, aux jours qu'il est de coutume estre double.

Au grand-prieur, chacun jour, trois solains.

Plus audit prieur, depuis Pasque jusqu'à la Sainte-Croix en septembre, un solain davantage par jour.

Au cellérier un demy ; et depuis la Sainte-Croix jusqu'à Pasque, les dimanches que l'on mange chair, un solain. Audit prieur et au cellérier un demy.

Aux six enfants de chœur tous ensemble, deux solains et demy par jour.

Au vicaire, official, maistre d'école des novices, maistre des enfants de chœur, au frère lay, chacun un solain par jour.

Au capitaine, deux solains ; au lieutenant, un solain.

Au jardinier, autelier, croniquier, clerc d'église, du cloistre, du thrésor, au cellérier, organiste et barbier . . . . . apotiquaire, concierge de l'hostel de Monseigneur, le geôlier, le portier, le premier, second et tiers queux, à chacun d'eux une livre de chair telle qu'elle est accoutumée d'être baillée, qui font quatre livres.

Pour les jours que les religieux vont jouer, pour celuy qui les mène si ce n'est le prieur, pour chacune fois un solain ; ou une portion en poisson, si lesdits religieux vont jouer un jour de poisson.

Auxdits religieux, vicaire, official, frère lay, chacun une pitance.

A trois novices, deux pitances.

Au prieur trois pitances ; au cellérier deux ; au capitaine deux ; au lieutenant du capitaine une pitance. Et seront lesdittes pitances baillées tant en chair que poisson, selon les jours qu'elles échoiront, en la bonté et estimation accoutumée, ez jours dessous désignez.

La vigile et jour de Pasque, les deux féries ensuivantes, le dimanche de Quasimodo, le jour de l'Ascension, la vigile et le jour de la Pentecoste, la férie ensuivante, le jour de la Dédicace, le jour de la Trinité, l'octave et le jour de Saint-Sacrement, le jour de Saint-Jean-Baptiste, le jour de Saint-Pierre-Saint-Paul, la Madeleine, le jour de Saint-Benoist, la Translation de Saint-Taurin, la veille et le jour de l'Assomption de Nostre-Dame, les Ducs au mois d'août, la Nativité de Nostre-Dame, l'Exaltation de Sainte-Croix, Saint-Michel, la vigile et jour de Toussaints, le jour des Morts, Saint-Martin en novembre, Saint-André, le premier dimanche de l'Avent, la conception de Nostre-Dame, la vigile et jour de Noël, Saint-Étienne, Saint-Jean, la Circoncision, les Roys, la Purification de Nostre-Dame, le dimanche de la Septuagésime, le Dimanche Gras, le premier dimanche de Carême, les Ducs en mars, le dimanche de Lætare, Saint-Benoist, l'annonciation de Nostre-Dame, le dimanche des Rameaux, le Jeudy Saint, et autres jours accoutumez; outre lesdittes pitances, le chantre est double; les quatres féries de Pasque, la tierce et quarte férie de la Pentecoste et le jour de Lundy et Mardy Gras, sera baillé portion de chair comme ez autres jours.

Le Lundy et Mardy Gras, le receveur ou le boucher baille à souper aux novices.

Au cirier de l'église ez sept festes de Pasque, Pentecoste, Saint-Jean-Baptiste, Assomption de Nostre-Dame, Saint-Michel, Toussaints et Noël, chacun desdits jours, deux solains de chair ou de poisson, selon les jours que échoiront lesdittes festes.

A l'autelier, pour faire l'agneau la veille de Saint-Jean-Baptiste, deux portions de poisson.

Sera baillé pour chacun veau, tant pour larder que pour mettre au pot, trois livres de lard.

Au pénitencier sera baillé deux portions de religieux prêtres.

Sera baillé pour chacun jour de chair, depuis la Sainte-Croix jusqu'à Pasque, un pot de moutarde, et depuis Pasque jusqu'à la Sainte-Croix, ezdits jours, un pot de verjus.

Poisson.

Pour les jours de poisson seront lesdits religieux, officiers, enfants de chœur, vicaire, official, et autres qu'ils sont. . . . . traitez et livrez èsdits jours comme l'on a coutume jusqu'à présent.

Aussy leur seront fournis œufs, beurre, sel, pois et autres légumes.....
moutarde, verjus et vinaigre, comme il appartient et comme il est
accoutumé.

Auxdits jours de poisson seront baillées trois livres de beurre pour
le potage, par chacun jour.

Quand il y a montre au couvent[55], pour chacune portion, un quarteron
de beurre. Seront baillées saulces, selon le poisson qui sera apporté au
couvent, à sçavoir: blanche, rouge, verte, avec verjus et vinaigre en
certaine quantité.

Sera baillée une livre de beurre à faire les saulces, depuis le jour de
Saint-Jean jusqu'à la Madeleine, ez jours maigres; durant ledit temps,
sera baillé en lait autant qu'il est accoutumé, à sçavoir : huit pots par
jour.

Toute pitance de poisson sera faite, et baillé beurre suffisant pour
la faire.

Sera baillé le sel accoutumé, pour estre distribué comme on fait à présent.

Seront baillées, durant le Carême, noix et figues, comme il est accoutumé, à sçavoir : une douzaine de noix à chacun desdits religieux tant
prêtres que novices, et aux doubles double; et à ceux qui ont portion de
religieux prêtre, une douzaine de noix, à sçavoir : au vicaire, official,
le capitaine, son lieutenant, maistre d'école des novices, le maistre des
enfants de chœur, le religieux lay ; et aux six enfants de chœur, six
douzaines de noix par chacun jour de Carême.

Le Dimanche, Lundy et Mardy Gras, un boisseau de noix pour les
novices.

Pour les figues, durant le Carême, à chacun religieux tant prêtres que
novices et tous autres ayant portion de religieux prêtre, à chacun dimanche de Carême, un quarteron de figues, et aux doubles double, comme
dues; et aux six enfants de chœur, une livre de figues à chacun dimanche.
Plus au couvent, par chacun jour de carême, une livre de figues; aux
serviteurs du couvent demy livre ; au prieur, pour chacun jour, demy
livre; au cellérier, pour chacun jour, demy livre; au chantre un quarteron.

Pour les jours ezquels on donne des pois au couvent, par chacun jour
leur sera baillé un boisseau, et aux autres jours demy boisseau.

Le jeudy, vendredy et samedy de la Semaine Sainte, à chacun desdits jours, deux boisseaux de pois, tant pour le couvent que pour les
pauvres.

A chacun des religieux prêtres et officiers ayant portion de religieux prêtre, qui sont les officiers, le capitaine, son lieutenant, maistre d'école des novices, maistre des enfants de chœur, et religieux lay, sera baillé, par chacun jour de Carême, trois harangs sors et aux doubles double; et aux novices deux harangs chacun; et au pénitencier deux, pour le double, double du prieur et cellérier; et à cinq jours la semaine auxquels sont dus cinq harangs sors, pour chacun double et pour chacun desdits jours; à l'autelier le jour qu'il fait monter le cierge benit à la . . . . [56] sera payé un plat de poisson de la valeur d'un écu, et autant au chantre; pour le prédicateur du Carême pour sa portion, montant pour chacune portion de jour maigre, six œufs par jour; et aux enfants de chœur deux douzaines d'œufs, par jour de Carême; trois harangs blancs, par chacune portion de serviteurs; et auxdits enfants de chœur, quatorze harangs blancs par jour.

Sera baillé en l'Avent auxdits officiers, secrétaire, enfants de chœur et serviteurs, portion de chair, ainsy qu'en un autre temps, comme il est accoutumé.

Si en un même jour échet deux pitances, en sera baillé, le jour qu'elle échoira, une, et l'autre à un certain jour qui sera ordonné par les supérieurs.

Sera payé par chacun an aux religieux prêtres, pour les anciens:

La somme de vingt deux livres, et douze livres d'augmentation; et aux novices treize livres, et douze livres d'augmentation, à eux cydevant accordés par Monseigneur, en trois termes égaux: Saint-Jean, Noël et Pasque.

Aux religieux sera fourny et livré bois pour le chauffage, c'est à sçavoir: pour la cuisine du couvent six vingt buches et vingt cinq fagots, par semaine; revenant à six mille sept cents buches, et treize cents de fagots, par chacun an.

Plus, pour chacune semaine, dix buches pour le regard des pitances; lequel bois, tant buches que fagots, sera distribué au tiers queux, en présence du cellérier et cuisinier, comme il appartient et par le consentement d'iceux.

Pour le feu du dortoir, au retour des matines, après la sainte messe, jusqu'au jour de Pasque: trois cents buches, trois cents de billettes et deux cent soixante fagots; lequel bois, tant buches que fagots, sera livré et distribué au clerc de l'église.

Pour le feu du réfectoire, depuis la Saint-Michel jusqu'à Pasque, deux mille cinq cent soixante buches, et deux cents de billettes et cinq cents fagots ; lequel bois sera livré au réfectorier.

Au barbier du couvent, depuis Pasque jusqu'à la Toussaints, pour faire les couronnes et les barbes des religieux, deux buches et un fagot par semaine.

Pour chacun religieux estant malade, sorty de l'infirmerie ou quelconque lieu qu'il soit par obédience et congé du supérieur, seront délivrez, par chacun jour, trois buches et un fagot, depuis la fête de Sainte-Croix en septembre jusqu'à Pasque, et depuis Pasque jusqu'à laditte fête de Sainte-Croix, deux buches et un fagot par jour.

Aux enfants de chœur sera livré huit cents de buches, trois cents de billettes et quatre cents de fagots par an.

Auxdits enfants de chœur, vingt quatre livres de chandelle par an.

Sera livré aussy pour la cuisine, une livre de chandelle par chacune semaine, depuis la Sainte-Croix jusqu'à Pasque, et pour le cellérier autant de chandelle qu'il convient.

	#	s.
Aux lépreux sera payé et fourny, pour provision qui est portée par la composition faite avec eux à l'administrateur desdits lépreux, pour la recette des dix deniers, dix livres.	10	»
A l'infirmier pour pension, vingt deux livres, cy.	22	»
Au cellérier pour pension, vingt cinq livres.	25	»
Au cellérier pour distribuer aux pauvres auxquels on lave les pieds, le jeudy, vendredy et samedy de la Semaine Sainte.	15	15
A l'autelier, pour le bois pour faire le luminaire.	22	»
Au chapelain de Monseigneur, cent sols, cy.	5	»
Au chambrier, pour certaine composition du fief de Questehou.	10	»
Au réfectorier, pour l'entretènement du linge et vaisselle dudit couvent, et pour les gages des officiers.	132	»
Au cuisinier.	120	»
Au chantre.	32	»
Au sous-chantre.	10	»
A reporter......	403	15

	♯	s.
Report......	403	15
Au bailly religieux.	10	»
Au maistre des novices, à leur service et cloistre.	12	»
Au curé de Toussaints.	3	»
Au curé de la Trinité-du-Mont.	3	»
Au jardinier, pour les gages de son office.	61	»
Au chapelain d'Angerville.	3	»
A M^r l'Abbé de Saint-Georges.	15	»
Aux pauvres de l'hospital de Fécamp.	20	»
Au curé de Limpiville [57].	3	»
A M^r. le duc de Longueville.	1	10
Au croniquier, à cause de son office.	10	»
A luy, pour son clerc.	3	»
Plus, pour le bois à faire le pain à chanter.	12	»
Plus, à luy, un poinçon par chacun an, pour mettre les sceaux qui conviennent, pour écurer l'aigle du chœur, et autres choses.	10	»
Pour les messes des Ducs.	78	»
Au croniquier, sur la fondation de laditte chapelle.	1	»
Pour les messes des Ducs qui se disent à cinq heures.	60	»
Pour sonner lesdittes messes.	2	»
Au grand-prieur, pour la messe de semaine que Monseigneur doit.	35	»
Audit grand-prieur, pour l'état et charge de prieur.	100	»
Pour le luminaire des obits du Roy [58].	5	»
Pour la fondation des obits à la... [59] du prieur et pénitencier.	40	»
A l'autelier, pour le luminaire de l'église.	100	»
Au capitaine de la forteresse.	160	»
Pour la vitrairie et l'entreténement des grilles et ustenciles de la maison des enfants de chœur, et pour l'augmentation à eux donnée par Monseigneur.	»	»
Pour les gages de leur maistre.	45	»
Pour les gages de la chambre desdits enfants.	10	»
Au promoteur [60] de cour d'Église.	10	»
A reporter......	1,216	5

	₶	ſ.
Report......	1,216	5
A l'appariteur de laditte cour.	5	»
A l'avocat d'office de laditte cour.	3	»
Au sénéchal, pour les gages.	2	»
Et pour la moderation d'une prébende de religieux.	70	»
A l'avocat de la seigneurie.	20	»
Au procureur fiscal.	80	»
Au portier de la forteresse.	12	»
Au portier, pour le louage de sa maison.	10	»
A luy, pour fournir le chandelier qui luy convient en hyver.	5	»
Pour le concierge du logis abbatial.	10	»
Au geôlier des prisons de laditte abbaye.	10	»
Au secrétaire [61], pour l'entretenement des cordes des cloches pendantes dans le chœur.	25	»
Plus, à luy, pour faire nétoyer l'église.	9	»
Au secrétaire du couvent.	15	»
A l'organiste.	20	»
Au maistre d'école des novices.	15	»
Au clerc de l'église 12 liv. et 15 d'augmentation, à luy cy-devant accordées par Monseigneur.	27	»
Au clerc du cloistre.	10	»
Au clerc de l'autelier, pour allumer le luminaire.	10	»
Au clerc du thrésor.	10	»
A l'horlogeur de la grosse et petite horloge, et pour les entretenir.	60	»
Au barbier du couvent.	16	»
Au premier queux.	15	»
Au second queux.	8	»
Au troisième queux.	4	»
A chacun religieux allant aux ordres [62].	4	»
Au basse-contre.	10	»
A l'aide de basse-contre.	10	»
A celuy qui a la garde et distribution du boire du couvent.	4	»
Au boulanger, pour cuire et boulanger le pain dudit couvent.	160	»
A reporter......	1,875	5

	₶	s.
Report	1,875	05
A luy, par augmentation, eu égard à la cherté du bois.	80	»
Pour blanchissage du linge du couvent, ou autre somme qui suffira.	60	»
A celuy qui conduit l'eau de la Voûte.	12	»
Pour l'huile des lampes du dortoir.	8	»
Pour l'O de Monseigneur sera fourny autant qu'il est accoutumé, ou la somme de	100	»
Au bailly de Caux ou son lieutenant général.	10	»
Au procureur du Roy de Mont..... [63]	6	18
A l'avocat du Roy audit lieu.	9	»
A chacun des religieux autant en.... [64]	5	»
Au juge d'Harfleur, pourvu qu'il soit en estat.	3	»
Au procureur de laditte abbaye à Caudebec.	3	»
Au prédicateur prêchant l'Avent et Carême, 40 liv. et autres 40 liv. d'augmentation.	80	»
Au supérieur de laditte abbaye.	10	»
Audit supérieur, 40 liv. d'augmentation, et au tiers prieur 35 liv., au quart prieur 25 liv., montant le tout à la somme de 100 liv., employé en fruits attendu... de Bellencombre à... à eux cydevant accordées par monseigneur le cardinal de Joyeuse [65].	100	»
Au garde chartrier.	26	»
Plus audit garde de chartre.	12	»
Au maistre du gras [66].	»	»
A huit sergents des bois, à raison de vingt livres chacun desdits sergents.	160	»
Au procureur de Montaullan [67].	6	»
Item, sera payé au curé de Saint-Étienne de Fécamp, pour provision à luy adjugée par la Cour de Parlement, à raison qu'il ne prend aucune dixme, 80 liv. et 50 d'augmentation, à luy cydevant accordées par Monseigneur.	130	»
Item, sera payé à huit curés dudit lieu, pour leurs pensions cydevant accordées, sçavoir est :		
A reporter	2,696	03

	#	f.
Report	2,696	o3
Au curé de Saint-Leger.	25	»
Au curé de Saint-Nicolas.	25	»
Au curé de Saint-Benoist.	25	»
Au curé de Saint-Vallery.	25	»
Au curé de Saint-Fromond 25 liv. et 125 liv. d'augmentation cydevant à luy accordées, d'autant qu'il n'a aucune dixme.	150	»
Au curé de Saint-Ouen 25 liv. et 125 liv. d'augmentation, d'autant qu'il a quitté la dixme à Monseigneur.	150	»
Au curé de Saint-Thomas 25 liv. et 75 liv. d'augmentation cydevant accordées, d'autant qu'il n'a aucune dixme.	100	»
Au curé de Sainte-Croix, 25 liv. et autres 25 liv. d'augmentation à luy accordées, et depuis 30, pour la même augmentation.	80	»
Au curé de Bordeaux, 20 liv. et 80 d'augmentation qui luy sont accordées.	100	»
Au curé d'Étretat.	25	»
Item, seront payées les dixmes, tant ordinaires qu'extraordinaires, auxdits curés de Saint-Ouen et de Saint-Fromond dudit Fécamp.		
Au curé de Saint-Pierre-Saint-Paul suivant l'arrest de la Cour.	30	»
Au sergent vicomtal[68], cent sous, cy.	5	»
Au plombier, pour l'entreténement tant des plombs qui sont dans des couvertures, des gouttières, auxquels Monseigneur est obligé en laditte abbaye, 40 liv. et 30 liv. d'augmentation.	70	»
Au vitrier, pour entretenir en bonne réparation les vitres tant de l'église que dortoir, réfectoire, logis abbatial et autres bâtiments de Monseigneur, et accoutumez d'entretenir en laditte abbaye, 30 liv. et 125 liv. d'augmentation cydevant accordées, que fournir pour les vitres les verges de fer.	155	»
Au couvreur, tant de thuille qu'ardoise, pour l'entretien et		
A reporter	3,661	o3

	#	*f*.
Report	3,661	03
réparation des couvertures de laditte abbaye, que Monseigneur a coutume d'entretenir, tant pour la thuille et ardoise, que cloud et latte qu'il sera tenu fournir.	120	»
Aux enfants de chœur sortant de laditte abbaye, par permission de Monseigneur ou de ses grands vicaires, ayant fait leur temps comme il est coutume, sera payé à chacun d'eux la somme de cent liv., cy.	100	»
Au capitaine dudit Fécamp, deux milliers de fagots pour chacun an.		
A mondit Seigneur de Longueville, cinq milliers de harangs sors, à cause de son duché d'Estoutteville. Plus six milliers et demy d'autres harangs sors qu'ils payent, tant au grand prieur, prieur de Nostre-Dame, pannetier, cellérier, cuisinier, chapelain du prieur.		
Plus, pour les gages du barbier, 85 liv., cy.	85	»
Total, ...	3,966	03

Sera baillé et delivré portion aux religieux cyaprès dénommez, absents comme présents : au prieur et sous-prieur de Nostre-Dame, à l'aumônier, et au receveur qui, de tout temps, en ont ainsy joui.

A l'infirmier et au prieur de l'hospital, auxquels a été cydevant accordé.

Item, aux religieux qui estant déléguez par le Chapitre, allants de jour pour les affaires de mondit Seigneur et du couvent; et même ceux qui vont de jour pour leurs propres affaires, de leurs offices, par le congé de leur supérieur.

Item, aux religieux résidants à Paris ou autres universités, par le congé de Monseigneur ou de Messieurs les vicaires; ils jouiront de leurs portions, et il leur sera payé équivallemment à icelles.

Item, sera délégué un desdits religieux pour être présent à voir faire le vin du clos d'Hardan; fait le faire apporter au cellérier desdits sieurs, et tout aux depens des receveurs. Seront aussy toutes autres choses accoutumées qui pourroient avoir esté obmises au présent estat et cahier, baillées, fournies, et livrées comme elles ont esté par devant.

Aujourdhuy, pardevant les notaires, gardes-notes du Roy nostre Sire, au Chatelet de Paris, soussignez, très haut et très puissant prince Monseigneur Henry de Bourbon, évesque de Mets, prince du Saint-Empire, marquis de Verneuil, comte de Beaugency, abbé commendataire des abbayes de la Très-Sainte-Trinité de Fécamp, dioceze de Rouen, dépendante immédiatement du saint Siège, Saint-Germain-des-Prez, lez-Paris, Thiron dioceze de Chartres, toutes trois de l'ordre de Saint-Benoist, et autres abbayes, demeurant en son château dudit Saint-Germain-des-Prez d'une part, et les Reverends Pères Doms Benoist Brachet, religieux dudit ordre de Saint-Benoist, et assistant du tres R. C. supérieur général de la congrégation de Saint-Maur, en France, et Laumer Le Grand, prêtre religieux desdits ordre et congrégation de Saint-Maur en France, et procureur de l'abbaye de Saint-Denis en France, résidant de présent en laditte abbaye de Saint-Germain-des-Prez d'autre part;

Lesquels volontairement ont reconnu et confessé estre demeurez d'accord à l'estat cydessus fait pour parvenir et estre attaché à la minute du concordat qui sera fait ledit jour, pour raison de l'union et établissement des pères de la congrégation de Saint Maur en laditte abbaye de Fécamp. Lequel état ils promettent respectivement entretenir selon sa forme et teneur, promettant, obligeant, renonçant. Fait et passé audit château abbatial dudit Saint-Germain-des-Prez, l'an mil six cent quarante-neuf, le trente et pénultième juillet après midy, et ont signé. Ainsy signé: Henry Ev. de Mets, ab. de Fécamp, Fr. Benoist Brachet, F. Laumer Le Grand, avec Langlois et Lemoine, notaires, avec paraphes.

Ensuit la teneur de la ratification:

Aujourd'huy est comparu devant les notaires, gardes-notes du Roy nostre Sire, au Chastelet de Paris, soussignez, le très R. P. dom Jean Harel, supérieur général de laditte congrégation de Saint-Maur, ordre de Saint-Benoist, résidant en l'abbaye de Saint-Germain-des-Prez, lez-Paris,

Lequel, après que lecture luy a été présentement faite par l'un desdits notaires, l'autre présent, du concordat fait avec Monseigneur de Mets, par lesdits reverends pères Doms Benoist Brachet et Laumer Le Grand, pour raison de l'union et établissement des pères de laditte congrégation de Saint-Maur en l'abbaye de Fécamp, cy devant écrit, qu'il a dit sçavoir et entendre, a volontairement ledit concordat et tout le contenu en iceluy agréé, ratifié, confirmé et approuvé; veut, consent et accorde qu'il ait lieu et sorte son plein et entier effet, de point en point, selon sa forme et teneur; promettant, obligeant, renonçant. Fait et passé à Paris, en laditte abbaye de Saint-Germain-des-Prez, l'an mil six cents quarante-neuf, le septième août avant midy, et a signé. — Ainsy signé : Fr. Jean HAREL, avec LANGLOIS et LEMOINE, avec paraphes.

Le présent concordat est en minute chez JEANE, subrogé à la pratique de PHILIPPE LEMOINE, à Paris; et à présent chez . . . . . subrogé à la pratique de . . . . .

NOTES.

¹ *Henri de Bourbon :* fils d'Henri IV et de la marquise de Verneuil, né en 1600, marié en 1668 à la duchesse de Sully ; mort sans enfants en 1682. Il était abbé de Fécamp depuis 1641.

² *Congrégation de Saint-Maur :* La réforme de Saint-Maur, qui partagea les Bénédictins de France en deux ordres, savoir : les *anciens* ou *non réformés* et les *réformés*, fut établie en 1621 ; la réforme de Saint-Vanne fut établie en Lorraine en 1600.

³ *Mense conventuelle :* partie du revenu d'une abbaye qui appartenait aux religieux.

⁴ *Cotte morte :* héritage des hardes et du mobilier des religieux défunts.

⁵ *Exemption :* lieux sur lesquels l'abbaye exerçait des droits et priviléges.

⁶ *Official :* juge du contentieux, délégué par l'évêque.

⁷ *Pénitencier :* prêtre commis par l'évêque pour absoudre dans les cas réservés.

⁸ *Cour d'église :* tribunal ecclésiastique.

⁹ *La musique :* Ce fut Estolde I, d'Estouteville, qui siégea de 1390 à 1423, comme abbé de Fécamp, qui substitua, dans l'église de cette abbaye, la musique à l'orgue. Germain, *Guide du Voyageur à Fécamp*, p. 55.

¹⁰ *Heudebouville :* département de l'Eure, canton de Louviers.

¹¹ *Fontaine-le-Bourg :* département de la Seine-Inférieure, canton de Clères ; cette église portait jadis le titre de *Sancta-Maria-de-Wasto.* T. Duplessis, II, 546.

¹² *Saint-Gervais-lez-Rouen :* la paroisse de Saint-Gervais à Rouen.

¹³ *Le Jardin-sur-Dieppe :* baronnie dont le chef-mois était assis sur la paroisse de Saint-Aubin-sur-Scie, canton d'Offranville, arrondissement de Dieppe. Touss. Duplessis, I, 296.

¹⁴ *Argences et Questehou :* Argences, arrondissement de Caen, canton de Troarn ; Questehou ou Quettehou, arrondissement de Valognes.

¹⁵ *Hennequeville :* arrondissement de Pont-l'Evêque.

¹⁶ *Aisyères :* aujourd'hui Aizier, arrondissement du Pont-Audemer ; ancienne baronnie.

¹⁷ *Vignes :* Nul doute qu'il existât autrefois des vignobles renommés en Normandie ; une foule de témoignages en font foi. On ne cite plus guère, aujourd'hui, dans la moyenne et la basse Normandie, que celui d'Ar-

gences près Caen. La haute Normandie contient encore quelques vignobles, et notamment celui de Ménille, près Pacy, arrond. d'Evreux.

[18] *Vaulvray* : Saint-Etienne et Saint-Pierre-du-Vaulvray, arrondissement de Louviers.

[19] *Ménille :* arrondissement d'Evreux, canton de Pacy ; il y a encore quelques vignobles à Ménille, et le vin de cette localité a encore quelque réputation dans le pays.

[20] *Saint-Léonard :* Saint-Léonard-sur-Mer, arrondissement de Fécamp.

[21] *Paluel :* canton de Cany, arrondissement d'Yvetot. L'abbaye de Fécamp possédait l'église de Paluel, depuis l'an 1104.

[22] *Vittefleur :* Dans le XIIe siècle, Paluel et Vittefleur ne formaient qu'une paroisse.

[23] *Collation* : le droit de conférer les cures.

[24] *La cure de Friel* : lisez : *Triel*, aux environs de Meulan. L'abbaye de Fécamp présentait, en effet, à la cure de cette paroisse, suivant T. Duplessis, II, 799.

[25] *Au capitaine de la forteresse :* L'abbaye de Fécamp était défendue par un château fort dont le commandement était confié à un capitaine entretenu aux frais de l'abbaye.

[26] *L'Abbé de Saint-Georges :* c'est-à-dire de Saint-Georges-de-Boscherville, auprès de Rouen.

[27] *Haugerville* : Il faut très probablement lire Angerville, puisqu'on retrouve plus loin (p. 24) : *au chapelain d'Angerville :* mais est-ce Angerville-Bailleul, Angerville-Martel, ou Angerville-l'Orcher ? C'est ce que nous laissons à décider.

[28] *Toussaints* : aux environs de Montivilliers ; en 1085, un seigneur nommé Gulbert d'Alfait, donna cette église à l'abbaye de Fécamp. T. Duplessis, I, 710.

[29] *Trinité-du-Mont* : aux environs de Caudebec ; l'abbaye de Fécamp présentait à la cure. T. Duplessis, I, 716.

[30] *Epreville* : Epreville-en-Caux, ou sur Fécamp, canton de Fécamp ; l'abbaye de Fécamp présentait à la cure. T. Duplessis, I, 445.

[32] *Saint-Etienne de Fécamp*, etc. : Il n'y a ici que huit paroisses de mentionnées. Touss. Duplessis en mentionne dix ; celles qu'omet le présent concordat étaient sous le vocable de Saint-Léonard et de Saint-Valery. *Voyez* T. Duplessis, I, 102.

[32] *Bordeaux* : Bordeaux-en-Caux, arrondissement du Havre, canton de Criquetot ; sur le droit de présentation à cette cure, *voyez* T. Duplessis, I, 354.

[33] *Etretat* : arrondissement du Havre ; selon les Pouillés, l'abbaye de Fécamp présentait à cette cure. T. Duplessis, I, 453.

[34] *Saint-Pierre-du-Port :* ou Saint-Pierre-en-Port, non loin de Valmont ; l'abbaye de Fécamp présentait à cette cure.

[35] *Frère-Lay :* frère laïque, moine servant.

[36] *Curé de la Madeleine* : On ne trouve point, dans T. Duplessis, de renseignemens sur la cure de la Madeleine ; mais on trouve, dans les

Pouillés du diocèse de Rouen, parmi les bénéfices situés dans le bourg de Fécamp et faisant partie de son exemption, l'église de Sainte-Marie-Madeleine, consacrée aux lépreux.

37 *Prieur de Notre-Dame* : T. Duplessis, I, 463, indique, parmi les prieurés de Fécamp, celui de N.-D. du Bourg-Baudouin, et le Pouillé du diocèse de Rouen, celui de N.-D. de Valdumibourg.

38 *Pain de la Mitte* : Il est assez difficile de déterminer ce qu'on doit entendre, à proprement parler, par cette expression : *Pain de la Mitte*. On voit, dans Ducange, v° *Mitta*, que ce mot signifiait une mesure de froment ou de sel; et v° *Mita*, que cette dernière expression signifiait aliment, nourriture, et tout ce qui avait rapport à l'alimentation.

39 *La Baluze* ; probablement ainsi appelée, du nom de son donateur.

40 *La Voûte* : c'est un mince filet d'eau qui sort de la petite rivière de Ganzeville, et qui traversait l'abbaye; on suppose que ce n'était qu'une dérivation établie dans l'intérêt des religieux et des habitans de Fécamp; son volume, augmenté depuis, n'était évalué, en 1816, qu'à un pied cube.

41 *Mine de bled* : la mine faisait la moitié du setier de Paris, et valait six boisseaux. Or, il y avait, pour Fécamp, un boisseau particulier; on trouve que les six boisseaux, mesure de Fécamp, équivaudraient aujourd'hui à 2 hectolitres 407.

42 *Jeudi absolu* : Jeudi saint, que l'on appelait Jeudi absolu, à cause de l'absoute ou absolution publique que l'on donnait ce jour-là.

43 *Seminaux* : espèce de petits gâteaux faits de fleur de farine; c'est ce que nous appelons aujourd'hui des *cheminaux*.

44 *A la tanse du prieur* : c'est-à-dire à la surveillance, à la réprimande.

45 *Le vin* : Le vin formait, de temps immémorial, la boisson des religieux de Fécamp; car on lit, dans l'histoire de l'abbaye, que l'abbé Richard ou Aychard I, qui régna de 1220 à 1223, fit augmenter d'un tiers la portion de vin des religieux. Germain, *Guide du Voyageur*, 50.

46 *Mesure de Fécamp* : Nous ignorons si Fécamp avait pour les liquides, comme tant d'autres localités, une mesure particulière. Au reste, il est certain que le pot d'Arques était la base de toutes les mesures de capacité usitées anciennement dans le pays de Caux; or, le pot d'Arques équivalait, en litres, à 1^1 824.

47 *La Translation de saint Taurin* : La fête de la translation de saint Taurin se célébrait le 11 août.

48 *Les Ducs* : Nous apprenons, par cette énumération, que l'on célébrait annuellement, dans l'abbaye de Fécamp, trois fêtes en l'honneur des ducs, et il faut probablement entendre, par cette expression, les ducs de Normandie qui avaient été les bienfaiteurs de l'abbaye, et dont les cendres reposaient dans son enceinte; or, outre une foule de personnages de la famille ducale, deux ducs de Normandie étaient inhumés à Fécamp, c'étaient Richard I, dit Sans Peur; et Richard II, dit le Père des Moines. Ces trois obits commémoratifs avaient lieu, le premier en mars, le second en août, et le troisième en novembre.

⁴⁹ *Corporaux :* linges sacrés qu'on étend sur l'autel, en disant la messe, pour mettre immédiatement dessus le calice et le corps de N.-S. Les corporaux, qui doivent être de toile de lin, ne peuvent être touchés que par des ecclésiastiques ; c'est ce qui explique pourquoi il y avait un officier chargé de les laver.

⁵⁰ *L'O de monseigneur :* On appelait, à proprement parler, *les O*, ou encore *les O de l'Avent* ou *de Noël*, sept antiennes dont chacune commence par *O*, et qui se chantent pendant l'Avent, aux approches de Noël. Il paraît qu'à l'occasion de l'époque où elles se chantaient, on faisait des distributions extraordinaires de vin, de pâtisseries, de dragées et d'épices, auxquelles on donnait le nom d'*O*. Aussi, rien de plus commun, dans les anciens comptes de couvens, que ces articles : « Pour « l'*O* de l'abbé, du prieur, du se-« grétain, etc. »

⁵¹ *Recueitte* pour *recueillette :* distribution, réception.

⁵² *La Cène des lépreux :* Il y avait anciennement à Fécamp une léproserie qui portait le nom de Saint-Martin ; elle fut réunie à l'hôpital du Havre, par lettres patentes de 1609 ; cette léproserie avait droit aux restes de la table des religieux, évalués à 355 livres par an.

⁵³ *Au pied lavé :* c'est-à-dire à l'occasion du lavement des pieds des pauvres. On lit, dans le concordat conclu en 1649 entre les religieux réformés et les anciens religieux de l'abbaye de Fécamp : « Le jour du « jeudi-saint, le père aumônier de « l'abbaye sera tenu, suivant qu'il « est accoutumé, de faire l'élection « de treize pauvres, et le sieur cham-« brier de faire provision des choses « nécessaires pour, par le sieur grand « prieur et les douze officiers, leur la-« ver et essuyer les pieds ; auxquels « pauvres seront aumônés bière et « argent suivant qu'il est usité. »

⁵⁴ *Un solain de bœuf :* Roquefort nous apprend que le solain était la portion que l'on distribuait à chaque religieux ; mais sans nous informer du poids de cette portion ni de l'origine de cette expression. On trouve dans Ducange que *solinum* signifiait, dans quelques cas, une certaine mesure de terre.

⁵⁵ *Montre au couvent :* Il faut probablement entendre par cette expression : *quand il y a montre au couvent,* les jours de grande fête, où il y avait exposition de reliques, et peut-être encore pendant lesquels les étrangers étaient admis à visiter l'intérieur du couvent.

⁵⁶ *A la...* Il manque ici un mot dans le manuscrit.

⁵⁷ *Limpiville :* arrondissement d'Yvetot, canton de Valmont. Le monastère de Fécamp était seigneur et baron de Limpiville, et conférait de plein droit à la cure qui faisait partie de son exemption. T. Duplessis, I, 555.

⁵⁸ *Obits du roy :* Il faut entendre, sans doute, par ces obits du roi, les anniversaires célébrés en mémoire du roi dernier décédé.

⁵⁹ *A la.....* : Il manque ici un mot dans le manuscrit ; il faut sans doute lire : *A la mort du prieur et du pénitencier.*

⁶⁰ *Promoteur de cour d'église :* C'était l'officier qui requérait pour l'intérêt public dans les cours ecclésiastiques, comme le procureur du roi dans les cours laïques.

⁶¹ *Secrétaire*, pour *secretain :* sacristain.

⁶² *Allant aux ordres :* probablement pour : entrant dans les ordres.

⁶³ *De Mont........ :* Ce mot est imparfait dans le manuscrit; peut-être faut-il lire : de *Montivilliers*, ou de *Mantaullan*, comme plus bas.

⁶⁴ *Autant en......* Il manque encore ici quelques mots dans le manuscrit.

⁶⁵ *Le cardinal de Joyeuse :* François I, cardinal de Joyeuse, fut abbé de Fécamp de 1603 à 1620; il mourut à Avignon, d'où il fut transféré, d'abord à Pontoise, et ensuite à Rouen ; il fut le fondateur du séminaire dit de Joyeuse, à Rouen.

⁶⁶ *Maître du gras :* C'était, sans doute, un religieux préposé au service du gras dans le monastère, et qui déterminait les jours d'abstinence, toujours fréquens dans les communautés monastiques.

⁶⁷ *Montaullan :* Nous n'avons rencontré de localité appelée Montaullan, ni en Normandie, ni ailleurs; peut-être faut-il lire Monthelon, à trois lieues d'Evreux. Nous ne croyons pas, toutefois, qu'il s'agisse ici de ce dernier endroit.

⁶⁸ *Sergent vicomtal :* C'est-à-dire, sergent de la vicomté. Les vicomtés étaient, comme on le sait, des moyennes justices.

VII

TROUBLES EXCITÉS

PAR LES CALVINISTES

A ROUEN

Relation

DES TROUBLES EXCITÉS

PAR LES CALVINISTES,

DANS LA VILLE DE ROUEN,

DEPUIS L'AN 1537 JUSQU'EN L'AN 1582;

ÉCRITE PAR UN TÉMOIN OCULAIRE,

Et anciennement conservée dans les Archives de la Cathédrale.

✤

PUBLIÉ, POUR LA PREMIÈRE FOIS,
D'après une copie du XVIIe s[e],
insérée dans un Ms. de la Bibliothèque de Rouen;

PAR ANDRÉ POTTIER,
Conservateur.

✤

ROUEN,
E. LE GRAND, ÉDITEUR,
RUE GANTERIE, 26.

1837.

PUBLICATION
DE LA REVUE DE ROUEN
ET DE LA NORMANDIE.

IMPRIMÉ PAR NICÉTAS PERIAUX,
RUE DE LA VICOMTÉ, 55.

Relation de ce qui s'est passé à Rouen,

pendant les troubles arrivés l'an 1562, au sujet des Calvinistes; dont le manuscrit a été communiqué par le sieur Pellchaistre, Bibliothécaire de la Cathédrale de Rouen.

(*Sic.*)

CHAPITRE PREMIER.

Voyant les énormes et exécrables crimes, commis dans la ville de Rouen, et au territoire d'environ, à 700 lieux en la ronde, par les hérétiques Calvinistes, ennemis de Dieu, de notre foy et de toutes vertus; ennemis du Roy, de la loy, du repos, et de toute république; aussy, aprés avoir ouy tant de discours des vrais auteurs, tant antiens que modernes, lesquels ont laissé par escrit les grands désastres commis par les hérétiques antiens, sur les temples, tant sur Juifs, Gentils, que Crestiens, je ne trouve point avoir commis crimes, sur les églises et sur les crestiens, sy horribles ny sy exécrables, comme ont fait ces Calvinistes, depuis le mois d'avril 1562, avant Pasques, jusqu'en l'an 1580.

Que tous ceux qui font profession des lettres, et qui sont amateurs de l'amour des neuf filles de Jupiter, par lequel j'entends Dieu nostre père, entendent bien mes propos. Par quoy, bénévoles lecteurs, voyant comme j'ay dit les misérables désastres et crimes commis en la ville de ma nativité, esmeu d'une médiocre affection, avec une meure délibéracion, j'ai bien voulu laisser à la postérité ce que j'ai veu commettre, non sans la grande tristesse de mon cœur, n'en ayant grand apetit de vengeance, laquelle Dieu veuille, par sa grace, faire sur ceux qui ont commis ces crimes; et en luy priant aussy que l'innocent qui regrette son honneur ainsy ne se polluë, et ne soit pas participant d'icelle vengeance. La ville ou le chasteau, lesquels sont scituéz sur la montagne, ne peuvent estre cachéz à nos yeux; aussy ces œuvres, commis par les hérétiques Calvinistes, sont si éminents que les plus ignorants les voyent; mais de tout combien qu'il y ait grand cause de frémir d'esbahissement, il faut songer qu'on ne trouva jamais, en une espine, grappe de raisins, ni des figues croistre en des ronces.

Or, pour commencer ce présent discours, advenu en notre ville de Rouen et aux environs, je veux déclarer préalablement les moyens, malices et desseins cauteleux que ces Calvinistes ont cherchez, pour parvenir à leur période; et tous ceux qui les ont veu faire comme moy me seront tesmoins de vérité. La vierge Astrée, grandement honorée entre nous, lorsque telles gens entrèrent en nostre ville, s'envolla tout quand et quand au ciel, et au lieu d'elle amenèrent la hideuze discorde, faisant acroire aux ignorants que c'estoit vérité. Nous sçavons bien que la discorde est suivie de mensonge, de trahison et de procès, lesquels luy servent de pages. A leur veue le silence fut esteint, et le repos s'enfuit; alors allèrent au Palais Royal, en Viconté, en Baillages, mesme par aucunes parroisses, esglises et maisons de ceste ville de Rouen, et y semèrent plusieurs livres de cinq à six feuilles. Voila le coup d'essay dont j'ai la première connoissance. Ce jour là, les portes de la ville furent fermées. Cependant on cherchoit, par les hostelleries et autres lieux, pour prendre lesdits semeurs de livres. Plusieurs en furent scandalizés et troublés, voyant les blasphèmes qui estoient en ces petits livres, qui furent semés au mois de décembre 1537. Ils sont enfans de ténèbres, et, pour cette cause, ils semèrent ces livres aux jours courts.

Quelque temps devant, il fut veu, en un soir, une merveilleuse comète et non accoustumée de voir, laquelle estoit comme une vache qui avoit des trions (*mamelles*); elle montroit de grands flambeaux; elle venoit de devers la France, et passa lès Rouen, du costé de la forest de Lessard, et alloit en tirant vers la mer et le pays d'Angleterre. Et, depuis ce temps, ces Calvinistes ont trouvé moyen de merveilleuse cautèle. Voicy qu'ilz ont fait : aux environs de Rouen les plus compagnables, ils se sont adressez comme bonnetiers, menisiers, brodeurs, orfèvres, chapelliers et tondeurs de draps. Voilà les mestiers dans la ville ausquels il y a le plus de compagnons. Aussy, à la vérité, lesdits mestiers ne peuvent estre faits sans grand nombre de gens, attendu que de toutes parts marchands viennent à Rouen, pour avoir lesdites sortes de marchandises. Or, par le menu, avec des libraires qu'ils avaient à leur poste, et par des gens desdits mestiers, ils semoient des livres, de compagnon à compagnon ; et avoient un jargon par lequel ils s'entrentendoient, environ comme celuy des coupeurs de bourses, qui portent fausses espiceries dans les villages, pour tromper les ignorants ; et aussy comme ceux qui sement des fausses pièces, quand ils trouvent leurs innocents qui ont haste d'avoir leur part à ce qu'ils voient recueillir. J'escris ceci pour admonester les simples, afin de se donner de garde de telles gens, qui entendent toute la malice du monde, pour decevoir les simples ignorants.

Or, après avoir quelque peu imprimé au cerveau de l'ignorante jeunesse, par telles menées, où je m'assure de n'avoir que bien peu veu de gens antiques d'aage qui se soient emportés, ainsy qu'ont fait tant de jeunes gens ; voyant ces Calvinistes qu'on leur prestoit l'oreille, secrettement venoient de Génève, à la file, et clandestinement aportoient leurs impressions dans des balles, de forme de marchandise qui vient de Lion, ce qui a esté descouvert plusieurs fois ; je ne scay quelle justice on en a fait. Et ont tant fait par leurs menées, qu'ils ont premièrement, après que aucunes gens voluptueux et mal vivants leur ont presté ayde et faueur de conventicules clandestinement, eu plusieurs maisons de nostre ville de Rouen. Je suis certain que j'ay ouy dire à aucuns des jeunes pigeons qu'ils ont atrapés, il y a plus de vingt ans, qu'on verra quelque jour qu'il viendra des merveilles, et qu'il iroit bien autrement ; et commençoient desjà à médire des ecclésiastiques, et les menaçoient.

En ce temps là, il en fut trouvé quelques uns qui mangèoient, le jour du vendredi saint, un chevreau. Il y avoit des vielles, et faisoient vie de volupté, avec chanteurs. Il en fut brulé une partie d'iceux. Depuis, comme toute mauvaise herbe prennent plutôt accroissement que les bonnes, ainsy la grande multiplication des vices court et acroist plus que les vertus; et, comme nostre seigneur Jesus Christ nous dit que les enfans de ténèbres sont trop plus agiles d'esprit et prompts, en leur dol et grande cautelle, que ne sont pas les enfans de lumière, aussy ont les Calvinistes, avec une merveilleuse dilligence, poursuivy leurs très damnable hérésie; et voyant que le peuple, curieux et fort adonné à volupté, sans considération de sa future ruine, les écoutoit, ils ont bien osé faire des monopolles contre les édits des roys.

Il faut entendre qu'ils avoient carteniers, antiens, centeniers et dixeniers, et faisoient faire leurs semonces nocturnes quelquefois avec un sublet (*sifflet*) à moutardier, quelquefois avec une lanterne où estoit empreint une lune; quelquefois par un vallentier [1] ou par un bonnetier. Un d'entreux m'a dit que, du commencement, ils n'estoient pas plus que vingt; c'estoient des plus hardis; et celuy qui estoit le ministre, estoit toujours de quelque mestier. S'ils avoient demeuré quinze jours en un quartier, quinze jours après ils alloient demeurer en un autre; et, ce faisant, advertissoient, en chantant, plusieurs personnes; aussi, avec leurs parolles mielleuses et blandissantes ils ont alléché ceux qui sont adonnés à curiosité et à leur plaisir; autres avec un chant composé d'un de leurs poëtes, lequel a esté l'inventeur du nom de Papiste; lequel chant tient plus de mondaine vanité et de chant lubrique que du chant ecclésiastique. Cela en a beaucoup attiré auprès soy.

Depuis qu'ils ont veu que le nombre d'entreux croissoit, leur hardiesse acroissoit à l'advenant; et, ayant attiré quelques officiers de non valleur, ils commencèrent en la parroisse de Saint Godard, où ils desrobèrent, environ l'an 1540, la custode où estoit le corps de Jésus Christ. L'argent, ils le vendirent à un changeur, lequel, pour l'avoir recelé et cicelé (*ciselé, coupé*), fut pendu devant sa boutique. A la fin, deux autres qui avoient commis le crime furent pendus, quelque temps après avoir esté trouvez, et leurs corps bruslés. A l'exécution on connust bien ce qu'ils avoient au ventre, car l'un des deux demanda du pain et du vin, et faisoit la singerie que font les Calvinistes, en leurs sinagogues.

[1] Pommeraye, qui cite ce passage (*Histoire de la Cathédrale*, p. 90), écrit *Valencier;* nous ignorons ce que ce mot signifie.

Environ ce temps, quelque noble homme natif de Rouen, changeur de son état, avoit fait dresser, sur le chemin de Paris, un trait de balle par de là le mont Sainte-Catherine, une fort belle croix de bois, de laquelle la hauteur avoit bien 150 pieds; le crucifix, qui estoit attaché au bois, avoit pour le moins la grandeur d'un hault homme. Environ 1541, ces surveillans calvinistes furent visiter de nuit icelle croix, et la sièrent par le pied. Et je croy que ce qui leur fit faire cela, c'estoit pour ce que maintes dévotes personnes, en revenant de pérégrination, se alloient prosterner à deux genoux, devant ladite croix; et là, en grande dévotion, faisoient leur oraison. Delà ils furent visiter l'église de Blosville, dit Nostre Dame de Bonsecours, et là ils desrobèrent ce qu'ils trouvèrent de bon pour argent, et rompirent tout d'une voye quelques images. Bientost après l'archevesque dudit Rouen vint et fit redresser ladite croix, et la fit barrer de fer, avec des cloux. Quant à ceux qui ont commis ce crime, [ils] furent poursuivis au chemin qui mène à Genève, mais ils ne furent pas prins. Voyant que cela se passa ainsy, bientost après, au grand portail de Saint Maclou, ils firent attacher quelques placards diffamatoires, et brouillèrent une image nouvellement racommodée du peintre, et puis, en se raillants publiquement, ainsy que je l'ay veu et ouy, disoient que sçavoit (ç'avoit) esté prestres qui avoient commis ce crime, pour faire troubler le peuple.

Depuis que lesditz Calvinistes ont veu que leur nombre s'augmentoit, ils ont bien ozé avoir la hardiesse de mal parler des prédicateurs, lesquels publiquement, en leurs chaires, les increppoient de s'abstenir de leurs hérésies. Et je suis certain que, de tous lesdits prédicateurs, ils ont toujours mesdit, et, entre les autres, d'un carme lequel leur estoit fort contraire; car, luy faisant un dimanche la prédication, aux fauxbourgs Martainville, en la parroisse de Saint Paul, en son retour dudit lieu, il y en eut un ou plusieurs qui luy dirent des parolles non à dire. Le peuple les oyant mirent les mains sur eux, et aucuns furent blessés, les autres prins; les autres se sauvèrent, en passant par dedans la rivière d'Aubette.

Depuis ce temps, qui estoit l'an 1545, environ le mois de may, ils firent bientost après visiter à leur mode le cimetière de Saint Maur, auquel lieu on porte en sépulture les paouvres décédés en l'hostel de la Madelaine; et, en cedit lieu de Saint Maur, les Calvinistes abbatirent plusieurs images, et firent de grandes insolences; bientost après l'archevesque de Rouen les fit redresser.

Environ ce temps là, au bout du bas de la rue Nostre Dame, il y avoit une image de la Vierge Marie, bien antique, sur le porche d'une maison, laquelle image fut abattue; et je croy que ladite rue prenoit son nom à cause de l'image. Bientost après ledit archevesque le fit redresser, et, en grande révérence, fit faire, ledit jour qu'il fut redressé, procession générale, dedans ledit Rouen.

Quand un criminel voit que son crime est manifeste, et qu'il n'est aucunement reprins des ministres de justice, c'est alors qu'avec une véhémence il commettera plus de crimes, et sans rien craindre. Or, les hérétiques Calvinistes voyant que l'aspre supplice, acoustumé d'user envers eux, s'amolissoit, un d'entreux, le plus hardy, lequel disoit estre venu de Flandre, mais il mentoit car il estoit françois, commença à tenir écolle de la secte des Calvinistes, et se disoit avoir l'esprit de Dieu, et envoyé comme ange, et se disoit la dernière trompette qui sera envoyée au dernier temps. Aussy vrayement il en trompa plusieurs, et les séduisoit tellement, qu'il les faisoit prosterner à genoux devant luy. Il fut accusé, puis pris prisonnier; et luy estant en la consiergerie, avec de ses compagnons, aucuns de ses disciples firent une embuscade de nuit, de laquelle les hommes de la justice furent advertis par le consierge, qu'on devoit venir par force tirer, hors de la dite prison, lesdits prisonniers. Pour à quoy obvier, il fut mis secrètement gardes en armes, qui surprirent lesdits disciples, comme ils vouloient faire l'entreprise, lesquels furent pris et mis prisonniers avec leurs maistres. Bientost après, ledit ministre et son frère furent bruslés, un des disciples pendu, les autres fustigés par la ville de Rouen.

Alors on vit estre advenu ce que plusieurs bons prédicateurs avoient prédit en leurs chaires longtemps devant, c'estoit que sy les ministres de la justice ne donnoient bon ordre à telles gens, qu'ils ozeroient à la fin tirer par force ceux de leur secte, hors de la main et puissance royale. Et combien que lesdits prédicateurs, de tout leur pouvoir, admonestassent les choses futures, on ne tenoit compte d'y donner bon ordre. Nous ne craignons communément les maux jusques à ce que nous les recevions; c'est une grande faute patente. Depuis que ces meschants hommes de la secte calviniste ont senty qu'on ne leur tenoit si fort la bride que de coustume, ils ont voulu marcher à grands pas. Il est bien vray quand l'homme, lequel est sur un cheval, a quelque fois aucune affliction en l'esprit, il est mal adroit à la conduite de son cheval; et l'homme, estant agité de telle sorte, laisse aucune fois aller la beste hors de la droitte voye. Or ces Calvinistes, voyant les troubles, lesquels ont duré longtemps par les guerres, ausquelles les roys ont esté fort empeschés, cependant clandestinement augmentèrent leurs hérésies tellement qu'on voit. Tout ainsy qu'un feu, lequel a esté longuement estouffé, lorsqu'il vient à avoir la teste de l'air, tout àcoup il enfle sa flamme et la met dehors; ainsy cette génération perverse, après avoir esté laissée longtemps nourrir en secret, cependant tout acroupie ne laissoit à croistre; et tout à coup elle s'est venue à ellever, et tous ceux qu'elle a attaint ont esté frappés de très mauvaises playes; et le tout par faute des prélats et des ministres de justice; car chacun, en droit soy, n'a aucun soin sinon que à accumuler thrésors terrestres; ainsy ils ne sont que terriens, et ne sentent que la terre, non pas l'esprit de Dieu.

Pour continuer ce présent discours, en l'an 1560, le jour Nostre Dame de Mars, lesdits Calvinistes commencèrent à lever la teste plus que de coustume; mais il ne s'en faut esbahir, car, sans estre repris, souvent par la ville de Rouen leurs actes estoient assez patentes, et l'on les sçavoit bien. Or, ce jour là de Nostre Dame, il se fait, auprès de Rouen, une solemnité de canonisation, en l'honneur de la vierge Marie, au lieu qui est appelé Bonne Nouvelle, où grand nombre de peuple se trouvoient. Par delà ledit lieu environ demie lieue, au bois qu'on nomme Rouvray, à l'heure que se faisoit ladite solemnité, il s'assembla un grand nombre de ces Calvinistes, en ce bois manifestement, et firent leur presche, et chantèrent à leur mode. Alors plusieurs présents estant venus pour voir ladite solemnité, voyant ladite assemblée, par curiosité allèrent voir la feste desdits Calvinistes. Il faut entendre qu'ils firent cette assemblée ce jour là, tant pour cause parceque ils se sentirent forts, et afin d'atirer quelques pigeons à eux, ils allèrent en ce bois tendre leurs filets. Leur prédicant disoit qu'il falloit dire : *Père qui est aux cieux*, et qu'en disant l'oraison dominicalle nous n'avons que faire de mettre *Nostre*. Mais il ne faut pas, en rien qui soit, arrester à leur dire, pour cause qu'ils sont enfans du père de mensonge, et selon leur nature ils ne font que mentir; et quand ils voudroient dire vérité ils ne pourroient, car ils dégénèreroient, et ils contrediroient leur père qui fut traistre et homicide, dès le commencement du monde; et ses enfants tiennent de luy.

Le jour ensuivant, le bailly de Rouen en chef, comme lieutenant de ville, bon catholique, fut adverty de ladite presche qui fut faite audit bois. Ce docteur en hérésie fut pourchassé et prins, aux fauxbourgs Saint Sever, ainsy qu'il pensoit eschaper. Deux autres aussy qui estoient frères, lesquels avoient recellé ledit prédicant, furent prins; et, bientost après, les trois ensemble furent exécutés; et ledit prédicant bruslé vif, et les deux autres pendus, au marché aux veaux à Rouen. Ce prédicant estoit venu de Génève, et avoit tellement séduit ces deux frères, qu'il leur faisoit acroire, ainsy qu'ils ont déclaré, [que] quand il seroit en feu son corps ne brusleroit pas, et ce compagnon prédicant se disoit et se faisoit apeller *précepteur*.

Or, les Calvinistes voyant que cette presche coula ainsy doucement, bientost après publiquement chantoient à leur mode, et faisoient chanter des enfans par ladite ville. Et, un dimanche, ils s'assemblèrent viron 7 à 800, au lieu dit Grammont, près Rouen, et chantoient en ce lieu. Quelque moine dudit lieu parla à eux disant qu'ils se retirassent; ils le voulurent jetter à l'eau, et il se retira luy mesme pour éviter leur tirannie. Et, après avoir chanté audit lieu, ils revindrent à la ville, et, en chemin, ils trouvèrent quelqu'uns qui les voullurent rompre de chanter; ils tirèrent leurs espées et en blessèrent aucuns.

Ledit jour, l'archevesque vint à la ville, et advint qu'il trouva à sa voye lesdits Calvinistes, et, quand il passa près d'eux, ils se moquèrent de luy, et l'apellèrent *asne rouge*, et luy dirent autres mots, en leur jargon qu'ils entendent et que chacun n'entend pas; mais ces coupeurs de bourses les entendent bien.

Depuis cela advenu audit Rouen, ces Calvinistes ont poursuivy leurs hérésies, en telle sorte qu'ils n'ont laissé passer aucune semaine sans faire quelques crimes. Car eux voyant qu'on ne reprenoit leurs vices, qu'ils apellent entreux leurs vertus, voicy qu'ils ont fait : au cimetière Nostre Dame de Rouen, plusieurs fois se sont assemblés grand nombre, et chantoient à qui pouvoit le mieux crier, et aussy [ils ont] fait presche. Cela se faisoit par mystère, car, cependant qu'ils chantoient, il y en avoit d'aucuns qui faisoient le guet, pour les garder. Aucuns de la ville, esmeus voyant ces choses, en faisoient de nuit le guet par la ville, à cause que ces Calvinistes ne faisoient leurs assemblées que de nuit; mais de tout ils se mocquoient, car ils estoient suportés d'aucuns. Or, après avoir fait essay de faire presche de nuit, audit cimetière, ils essayèrent en autres lieux; une fois au clos Saint Marc ou auprès Sainte Claire; autrefois au cimetière Saint Patrice, auquel lieu ils ont veu, ainsy qu'ils disent, un prodige ou quelque diable qui s'est aparu à eux, en forme de feu. Leur prédicant alors leur fit acroire que c'estoit le Saint Esprit, mais ce n'estoit que une comette qui présageoit la future ruine de la ville.

Quand ils virent qu'on ne leur disoit rien pour telle acte, ils osèrent bien venir prescher et chanter au Neuf Marché, près la cour de Parlement, en un matin, viron le mois de juin 1560, avec armes et pistollets. Or, après avoir fait tel essay de jour, et aussy voyant qu'on ne leur disoit rien, en après publiquement ils s'assemblèrent en plusieurs maisons de leur secte, où ils faisoient leurs simagrées à leurs modes; et depuis cette presche faite audit marché, il y avoit, en plusieurs endroits de la ville, souvent des images abatues. Ces réchaufeurs d'hérésie, voyant qu'ils estoient en telle sorte permis à faire tout ce qu'ils vouloient, et que leur nombre accroissoit; car depuis qu'ils osèrent faire leur presche ainsy publiquement, beaucoup du commun, curieux, pauvres et riches, chose dangereuse, estant alléchés du subtil et cauteleux langage de tels prédicans, ont suivy à la file l'un l'autre, ainsy que font les moutons. Or, voici une grande probacion de méchanceté, car il faut entendre que depuis que ledit commun a esté envelopé de l'hérésie calviniste, à voir fréquenté leur presche, il est devenu en telle sorte dépravé, que toutes vertus luy sont faillies. Car aujourd'huy il semble que quelques vices que la personne fait, que sa conscience ne soit en rien blessée; et voicy la preuve bien facile : ils ne craignent les suplices de justice, ne la defense de Dieu, ny des roys; et, outre plus, en leurs promesses, en leur foy, ny en leurs parolles et en leurs œuvres, il n'y a aucune apparence de fidélité ny de vérité. On n'entendoit parler que de voleries, de sacagements et de meurtres, de la venin d'empoisonnements, de haine et de parolles de contumélie et de procès. Toutes ces choses susdites sont bien loing du chemin de la vertu. Et puis la paillardise est sur trovée (*surement*) qui marche avec ses cohortes, les enseignes deployées, avec lubricité; et une dissolution si dépravée que son ombrage couvre une grande partie de toutes les places du monde. Et puis après cela une partie des fols se disent réformés, et cuident et se promettent estre enfants de Dieu et de son esglise. Je laisse aux gens de bien à juger s'il est ainsy qu'ils disent. O! voilà que aporte l'opinion des Calvinistes, laquelle est autant près et approchante de la foy et religion crystienne, comme Dieu est du diable, callomniateur de toutes vertus.

L'an 1560, voyant que la bride estoit lâchée à toute leur liberté, et qu'il faisoit bon pour eux, afin de jouer leur farce, à cause qu'alors le royaume estoit comme sans Roy, et à cause aussy qu'en deux années il trepassa deux Roys, l'un nommé Henry (*Henri II, mort en* 1559) et son fils successeur François (*François II, mort en* 1560), tous deux hommes de bien, dignes de grande louange. Or, voicy le commencement de lamentation et du règne abominable, car justice perdit presque toute sa force. Ils se disoient estre le roy, et, sous ombre de luy, faisoient entendre au peuple que des vessies estoient des lanternes. Environ cette année, il y eut un malfaicteur [s]apelant Noë François Le Monnier, du pays de la Basse-Normandie, qui fut amené à Rouen; il se disoit fidelle, comme ils disent qu'ils sont; toutesfois il se faut bien garder de rien laisser à leurs voyes, s'il n'y a bonne garde, ni leur bailler en garde aucunes choses que ce soit, si on ne les veut perdre. Voilà la fidélité qui est en eux. Ledit apelant estoit condamné à estre bruslé vif; comme on le menoit exécuter, il fut osté par force, par lesdits fidelles calvinistes, dedens ledit Rouen, près le logis de la Crosse; auquel lieu ledit Monnier fut retrouvé en du fiens (*fumier*) où ils l'avoient caché, et fut le lendemain bruslé vif au marché aux Veaux. Plusieurs de ceux qui firent telle acte s'enfuirent, toutesfois il n'en fut pris que deux, un bonnetier et un menuisier, lesquels furent condamnés à estre pendus, et, comme ils sortirent de prison, ces Calvinistes en ostèrent un par viollence, et l'autre fut fait rentrer, et fut pendu en une fenestre, dedans la cour de la Cohue.

Après cette scandaleuse injure faite contre la main royalle, ils augmentèrent de jour en jour nouveaux crimes, tellement que, quelques deffenses que le roi fist faire publiquement, par la ville de Rouen, à des maisons particulières de leur secte, ils faisoient assemblées et presches. A la fin, voyant qu'on leur enduroit tout, ils osèrent prendre la hardiesse de prendre les halles aux toilles et aux laines, et les usurper sans autorité privée, et hurler et prescher à leur mode publiquement, dedans lesdites halles, de pleine heure de jour. Quelquesfois ils preschoient en des tripots couverts, quand il leur en venoit la souvenance (*c'est-à-dire des défenses du Roi*).

Or, voyans qu'il faisoit bon jouer leurs jeux, en l'an 1560, au mois de mars, pour commencer, ils s'adressèrent, ainsy qu'ils ont coustume de faire, à une belle croix, laquelle estoit devant l'église de la Ronde, devant l'autre (*l'aître?*) et en cœur de ville, laquelle ils abattirent; et à la poissonnerie, à l'église St.-Michel, ils mirent bas une image Notre Dame, une image St.-Michel, et une autre de St.-Michel, lequel estoit beau et bien couvert de plomb. Les Anglais l'avoient fait establir, au lieu où il estoit, il y avoit plus de VI^{xx} (120) ans, du temps qu'ils possédoient la duché de Normandie. Je croy que lesdits calvinistes l'abattirent plutost pour avoir le plomb que pour autre chose. Plus, ils abattirent une sépulture, en remembrance de celle de Nostre Seigneur, laquelle estoit contre Saint Sauveur, du costé de la poissonnerie. Plus, ils abattirent, au portail de Saint-Estienne des Tonneliers, une image de Nostre Dame, une autre image de Nostre Dame, au coing de l'esglise de St.-Vigor, une autre image à la porte des Cordeliers, et, au coing de leur couvent, une image de Saint-François; au portail de Saint-Nicaise, une image de Nostre Dame, et à Saint-Vivien encore une autre image, et, en plusieurs lieux par la ville, tout en une nuit, et en abattirent assez d'autres. Cela fait, qui fut le commencement d'user publiquement de main mise, hardiment, par un dimanche, ils osèrent venir assaillir (cependant que un prédicateur nommé Hugonis, cordellier, preschoit dedans Nostre Dame) les portes de la dite esglise, laquelle est la cathédrale de toute la province de Normandie. Alors il estoit temps du Caresme, et se railloient publiquement des gens de bien, quand ils passoient le chemin par la rue, en revenant des prédications.

Environ ce temps là, ils s'assemblèrent une compagnie, dedans les Augustins, par un dimanche, où ils chantoient à l'heure de midy, à qui mieux pourroit crier, et commençoient plusieurs séditions. Quand ils virent que tout cela se passoit sans rien leur dire, et ainsy (aussy) la tierce partie des habitans de la ville de Rouen les favorisoient, sans nulle considération de la future ruine très prochaine qui les venoit accabler; et aussy sans appréhender les certains indices de la dite future ruine; car, au mois de mars jusques à la my-avril, les eaux furent si grandes en la rivière de Seyne que les bateaux entroient dedans la ville, jusques aux Cordelliers. Et on n'a point de connoissance de les avoir jamais veues sy grandes.

Sainct Romain, homme de singulière vertu, ayant l'esprit de Dieu, luy estant du temps de la primitive esglise, et archevesque de Rouen, a prédit et prophétisé à ceux qui estoient de son temps que, toutes-fois et quantes qu'ils verroient les eaux de la rivière de Seyne s'enfler dedans la dite ville, que cela leur seroit un certain indice et présage que quelques gens s'éléveroient contre ladite ville, ou que quelque grande ruine est proche. Ces Calvinistes ne s'en font que rire de tels propos, mais ce n'est que leur façon de faire que de se mocquer de tout, car il n'y a rien de bien dit ny bien fait, ainsy qu'ils disent, sy leur prédicant n'y ait passé. Il se faut bien garder de croire ce qu'ils disent, si l'on ne veut estre présumé de leur callomnie empoisonnée. Il est assez manifeste, et sera d'icy à long temps la grande ruine advenue par ces infâmes et traistres hérétiques et calvinistes; ce qu'ils ne peuvent nier, combien qu'ils soient contraires à vérité. On n'a point ouy parler, ni on n'a point veu, de notre reigne passé, guerre pareille ny plus ruineuse que celle par eux encommencée; ils disent bien qu'ils n'ont pas commencé, et que ce fut à Vassy, de par M. de Guise, mais ils ne disent point le dessein qu'ils avoient entreprins, dès que le noble roi Henry trépassa.

En 1562, commencèrent le règne d'angoisse et alors estoit la puissance des ténèbres. Au commencement du mois d'avril, les traistres Calvinistes, clandestinement, de nuit, qu'ils ont accoustumé de faire leurs actes, non de jour, non plus que le meschant qui hayt la lumière à cause qu'il craint qu'on ne le voye, ils en sont ainsy servis. Or, comme j'ay dit, d'une nuit, ils allèrent à l'hostel de la ville de Rouen, environ 500, lesquels firent semblant de rompre un huis ouvert, audit hostel; et dit-on que aucuns officiers dudit lieu leur livrèrent les clefs, dont il advint un horrible désastre. Or, après avoir saisy de force ledit hostel de ville, avec les clefs de toutes les amonitions (*munitions*) de guerre, qui leur avoient esté baillées par ceux de là dedans qui estoient de leur secte, ils saisirent artillerie, poudre, boullets, piques, pertuysannes, harquebuses et tous autres bastons de guerre, qu'ils trouvèrent là dedans. Or, il y a un cas très notable, lequel on doit bien retenir et en avoir toujours mémoire ; c'est que, environ trois mois devant, on avoit fait commandement, sur peine de grande amende, que toutes personnes, de quelque qualité qu'ils fussent, eussent à porter, audit hostel de ville, toutes les armes à feu et offensives, qu'ils avoient en leurs maisons. Ceux qui obéissent au commandement du roy, assavoir les bons Crestiens, les y avoient toutes portées, non pas ces Calvinistes ; or, ils y trouvèrent toutes lesdites armes et grand nombre de corcelets ; je croy, en ma conscience, que ce fait estoit fait en la main. Après avoir saisy, audit hostel commun, toutes les armes, artilleries, poudre et boullets, ils allèrent au vieil pallais, et au chasteau où estoit pour lors le sieur de Villebon, bailly de Rouen, et l'assiégèrent dedans le chasteau, pour lui faire rendre la place qu'il tenoit, et le contraignirent de sortir. Cela fait, on avoit pour lors crainte à Rouen, car ceux qui devoient garder le commun peuple, s'absentoient de la ville. Après que ledit Villebon fut sorty, ils eurent toutes les fortes places en leur puissance et y posèrent l'artillerie. Cela fait le samedy devant les Rouvaisons (*Rogations*), au mois d'avril 1562, ils furent au temple de Saint-Gervais-lès-Rouen, et pillèrent les reliques, ornements, cloches, fer et plomb, et autres mathéreaux de quoy on peut tirer argent. Ce qui estoit d'aparence de petite valeur, ils le mirent en un monceau, avec le bois des formes, sièges et clostures dudit moustier, et y boutèrent le feu.

[Le] lendemain, jour de dimanche, ils commencèrent leur détestable sacrilège, en la ville de Rouen, par une subtille cautelle, comme loups dissimulans, et traistres regnards qu'ils sont Ils faisoient faire ce désastre par une manière de vermine comme eux, qui se disent ..... ou anciens, ainsy qu'ils veulent. Ils alloient par les maisons, et entroient à force, saisir le reste des armes des bons chrestiens, cependant que leur vermine saccageoit les esglises de ladite ville. Il n'est esprit, bouche ny langue pour déclarer, ni main pour escrire l'horrible abomination et désordre qu'ils firent, en ce misérable désastre. Les eslémens en sont encore irrités, et le ciel en lamente avec l'esglise céleste triomphante, et l'esglise chrestienne qui milite et soupire encore ici bas. Or, ce qui leur fit chercher les armes aux maisons des crestiens, durant qu'ils faisoient sacager les parroisses de la ville de Rouen, ce fut de crainte qu'ils avoient d'estre empeschés à parfaire leur exécution de boucherie, qui sçavent et entendent par cœur tous les jargons des gueux et des coupeurs de bourses, par lesquels matois ils font espandre, partout où ils sont receubs (*reçus*), leurs impostures, imprimées par tels imprimeurs, et relliées par tels libraires comme sont les autheurs.

Et jamais ne s'adressent qu'à la jeunesse, car ils savent bien, comme le vieux renard, qu'il ne fait pas bon courir à la géline (*poule*) qui garde ses petits. Mais ils vont après des jeunes qui ne connoissent point encore la rage du regnard. Ils ont encore avec la nature du regnard celle du singe : quand le singe est apprivoisé en un logis, et qu'on le garde et nourry (*nourrit*), c'est alors qu'il commence à faire mal. Cette sorte de beste craint le fagot, quand il est devant le feu, à cause de la hard.

FIN DU PREMIER CHAPITRE.

CHAPITRE II.

Entre les autres choses qui sont à noter, pour lors que lesdits Calvinistes faisoient les saccagements desdites esglises, le duc de Bouillon et le sieur de Basqueville estoient audit Rouen; il est à sçavoir à quoi il tenoit qu'ils n'empeschoient lesdits Calvinistes de commettre un si damnable désastre. Le dit sieur de Basqueville estoit lui-mesme présent, quand ils saccagèrent la grande église Notre-Dame de Rouen, et ne leur en disoit rien. Je laisse à penser aux personnes de bon jugement, si le dit de Basqueville en étoit consentant ou non. Quant au dit de Bouillon, quand il voit que tout se portoit sy mal, il quitte la ville de Rouen, dont il estoit gouverneur, et de toute la Normandye; et, en sortant, ils le voullurent empescher, ce qu'ils firent, et fermèrent la porte Cauchoise, le lieu par où il voulloit sortir; et le lendemain, du matin, il partit par une autre porte, et laissa, entre les mains de ces dits mutins Calvinistes, loups ravissants, le paouvre peuple catholique crestien, lequel fut par eux, en après, acoustré en toutes façons, Dieu le connoist. Or, eux voyans que le dict de Bouillon estoit party du dict Rouen, ils y firent entrer un nommé le sieur de Morvilier, picard, un nommé le sieur de Languedor, du pays de Caux, un autre nommé le capitaine Louis, un autre qui se disoit capitaine Deschamps, et un autre nommé Valfrenières, un autre nommé le capitaine Moulin, et un autre le capitaine Rouvère. Tous lesquels furent capitaines et gouverneurs d'icelle ville de Rouen, qui combattirent et tindrent le fort, contre ceux qui furent envoyés de par le roy pour réduire la dite ville en son obéissance; et ceux qui les firent entrer dedans, qui se nommoient les Antiens, qui estoient de la couleur desdits capitaines, sont cy-après desnommés.

Ensuit les noms d'iceux Antiens :

Le sieur d'Emendreville ;
Le sieur de Soquence ;
Michel Bouchard, sieur de la Vieux-Rue ;
Nicolas Nagerel ;
Le sieur de Saint Aignen ;
Le sieur de Saint Laurens ;
Jean Boquemare, brossier mercier, et son frère, marchand de vins ;
Alleaume Caucles, marchand de toille ;
Vivien Lallemand ;
Pierre Buquet, brossier ;
Jean Bigot, marchand de poisson ;
Estienne Mignot, tavernier ;
Charles Yon, advocat en Viconté ;
Guillaume Pauger, sous-greffier en l'Hôtel-de-Ville de Rouen.
Jean le Boullenger, fermier de Romaine ;
Jean Deshommets, lieutenant de ladite Romaine ;

Tous les dessus dits se firent conseillers de la dite ville de Rouen, au lieu de ceux qui avoient esté déboutés par eux et leurs semblables. Or, quand ils se virent au dessus de tout le peuple d'icelle ville de Rouen, ils firent sonner le tambour, et lever gens par les dits capitaines, et de tous costés ils en faisoient venir de ceux de leur secte ; il y en vint de Genève. Quand ils se sentirent forts pour soudoyer leurs gens, après avoir fait forger les calices, croix, chandeliers, et autres ustensilles d'argent servant à la sainte esglise catholique, ils en payèrent en testons leurs soldats, et se firent faire, sur la rivière de Seine, un boulevert de terre, aux despens des marchands de bois de......[1], duquel bois, avec du gazon de terre des prés dont ils démolirent l'herbe, ils firent le dit fort, avec celuy de sainte Catherine, et celuy de saint Michel, qui leur fut à la fin bien nuisible, comme on entendra ci-après; et, cela fait, ils faisoient faire de nuit courses et saillies, jusques à cinq à six lieues à la ronde, entour ladite ville de Rouen, réservé en aucuns lieux où ils n'osèrent aprocher.

Le 5e jour de juin 1562, les dits Calvinistes voyants qu'il y avoit, à une lieue près de Rouen, un bon bourg nommé Dernestal, où passe[nt] deux petites rivières, l'une nommée Robec, et l'autre Aubette, ils y envoyèrent leurs soldats de couleur, qui estoient nouvellement revestus des chapes et chasubles des églises catholiques; car la plupart avoient des chausses desdites chapes, qu'ils nomment à la querquesse [2]; auxquelles chausses il entreroit bien un enfant d'un an tout vestu. Les dits soldats, estans au dit lieu de Dernestal, ils entrèrent de force dedans, à cause que ceux du dit bourg estoient fortiffiés en leurs rues. Les dits soldats estans entrés, ils bruslèrent deux esglises, l'une nommée Saint-Pierre de Carville, et celle de Longpaon, avec environ 40 maisons du dit bourg, entre les autres ils [en] bruslèrent une nommée l'Oiselet, l'autre l'Image de saint Jacques, et l'autre en un carrefour. Ces trois maisons, entre les autres, valloient bien chacune deux mil escus. Tout le bien qu'ils ne sceurent saccager au dit lieu et emporter, ils le prindrent. Ils firent du mal incroyablement; ils bruslèrent, en un logis où il leur fut dit qu'il y avoit des prestres, dè sept à huit personnes, tous vifs. Quant au bon butin desdites églises de Dernestal, comme argent, cuivre, estain, plomb, fer, draps, habits, linge, vaisselle et vivres, ils aportèrent tout au dit Rouen. Ce fut quasi leur premier chef d'œuvre qu'ils firent, après avoir eu la force en la dite ville de Rouen; et là tout fut fait au dit Dernestal le propre jour de la

---

[1] Le mot est en blanc dans le Ms.

[2] Autrement dites à la *Greguesque*, c'est-à-dire à la grecque.—Voyez Roquefort, Gloss., au mot *Gargaisse*.

Pentecoste : à bon jour bonne œuvre. Mais quant est d'eux ils ne font aucun cas de la feste, non plus que du jour ouvrable.

Ce qui fut la cause de les faire courir en premier lieu à Dernestal, ce fut pour ce que ceux du dit lieu estoient fort riches ; car ils y trouvèrent beaucoup de meubles, comme draps qui se font en ce dit lieu, argenterie, et autres meubles en grand nombre, comme vaisselle, et grandes chaudières de brasseur et à teinturier, qu'ils démolirent, et à la fin aportèrent à Rouen. Outre la dite cause, il y en avoit encore une autre, c'estoit pour ce qu'ils doutoient que le camp du Roy ne s'y vint loger, et aussi à cause que en ce lieu on peut destourner les dites petites rivières de Robec et Aubette de venir à Rouen ; ce qui advint depuis, et se repentirent bien fort qu'ils n'avoient entièrement destruit et bruslé ledit bourg.

Après le dit saccagement, ils coururent jusques à un autre bourg nommé Ry, à quatre lieues de Rouen, et à une lieue près du chasteau de Blainville, auquel lieu trouvèrent résistance, par un capitaine, natif de Rouen, nommé le seigneur Jean Prevost ; et s'en revindrent avec leur honte. Ils pensèrent aller au chasteau de Blainville, mais ils n'osèrent en aprocher. En estant près de là ils trouvèrent des jeunes garçons de village, en un lieu nommé Lafosse, qui estoient arrestés à la pasture, lesquels ils prindrent et amenèrent au dit Rouen, et estoient dix ou douze au plus ; pour ce qu'ils entendirent que les dits jeunes gens alloient devers ledit Prevost pour estre sous sa charge, et pour estre enrollés soldats de sa compagnie.

Depuis le 5ᵉ juin 1562, ils furent à tous les villages circonvoisins de Rouen, à quatre ou cinq lieues à la ronde ; auxquels villages il n'y a esglises et maisons qui soient sans porter les marques que les dits Calvinistes y ont faites ; car ils n'y ont rien laissé entier, et la plupart ils les ont desmollis et bruslés, ainsy qu'ils ont fait par toute la France.

Cette opération de Calvinistes est proprement de la nature des vipères, car on a vu et voit-on encore comme ceux qui sont de la dite secte font mourir et périr leurs pères et mères, parens et amis qui ne sont point adhérans à leurs damnables œuvres. Les uns ils font mourir de faim, les autres de desplaisir et d'ennuy, et les autres des coups qu'i[ls] leur baillent. Je n'ai jamais veu ni leu, aux histoires antiennes, tant à la sainte Escriture, en plusieurs historiens qui sont plus véritables que ne sont leurs ministres, qu'il ait esté fait de sy horribles sacriléges, comme ces Calvinistes ont fait; car on n'a jamais ouy parler ne leu, aux escritures de quelques lieux que ce soit, que les hérétiques ayent jamais touché au précieux corps de Jesus-Christ, ainsi que ceux-cy ont fait, qui se disent Huguenots. Encore leur patron Jean Hus qui fut bruslé à Basle ne leur a pas appris à faire cela; ce n'a esté que le détestable Calvin; c'est ce qui me les fait apeller les Calvinistes précurseurs de l'Antechrist.

Après avoir marqué de leur merc (*marque*), comme j'ai prédit, tous les vilages autour de Rouen, lesquels ils ont eu pouvoir de destruire, ils furent après premièrement à la ville d'Ellebeuf, qui est en partie close de la rivière de Sayne; et là ils bruslèrent deux églises, avec plusieurs maisons du dit Ellebeuf, qu'ils pillèrent. Il y eut plusieurs personnes mis à mort par les dits Calvinistes. La cause pourquoy, ce fut pour ce que le dit lieu d'Ellebeuf apartient au frère de Monsieur de Guyse qu'ils ont toujours hay mortellement, pour ce qu'il a esté en tout temps contraire à leur secte et à leurs damnables entreprises. Ils en firent une autre en la ville du Pont de l'Arche, auquel lieu ils envoyèrent de Rouen 15 à 1800 de leurs soldats de couleur, avec six grosses pièces d'artillerie de laquelle ils firent aucunement une petite brèche. Mais un capitaine nommé Guion estant dedans avec ses gens, et un autre capitaine nommé Maze (*ou Mazet*), les repoussèrent vivement, et y en eut quelque quarante des soldats calvinistes tués et blessés à l'assaut.

Et cela fait, après avoir esté environ un jour devant la dite ville du Pont de l'Arche, ils revindrent à Rouen, et raportèrent par eau, sur la dite rivière de Seyne, ceux qui estoient blessés; et depuis ils ne retournèrent au dit Pont de l'Arche, car ils y furent à leurs despens. C'est une honte à une grande ville comme est Rouen, et à ceux de Rouen, qui ne sceurent ou ne voulurent résister aux dits Calvinistes, veu que sy petite ville qu'est Pont de l'Arche, avec ceux de dedans, leur ont fait résistance contre toute leur force.

Eux voyant qu'ils n'avaient rien fait au dit Pont de l'Arche, ils envoyèrent à Caudebec, nuittamment, un nommé le sieur de Saint Laurent, qui estoit un de leurs antiens, avec quelque nombre des dits Calvinistes, à cheval et à pied; auquel lieu ils entrèrent, sous leur foy qu'ils n'y feroient aucun mal, tant aux églises que autres lieux; et estans entrés, après leur avoir assuré sur leur foy, comme ceux de la dite ville ne doutoient rien, ils saisirent les portes et places qui estoient fortes d'icelle ville; et, cela fait, ils allèrent saccager et brusler les églises, en la dite ville, où il y avoit de bon butin qu'ils aportèrent à Rouen, avec celuy des maisons qu'ils peurent piller. Ils laissèrent la garnisson à ceux de la ville qui estoient leurs semblables, et quelque nombre de ceux qu'ils y avoient menés, pour garder la dite place. Mais bientost après qu'il furent partis, ceux de ladite ville se révoltèrent contre eux, n'ayans pouvoir d'endurer les injures qu'ils leurs faisoient, et les chassèrent dehors; et mirent au lieu un capitaine nommé Menybasse, homme de guerre et bon crestien, qui leur a bien résisté depuis; car eux voyans que icelle ville n'estoit plus pour eux, ils y envoyèrent bien 2000 de leurs soldats de couleur, avec des grosses pièces de canon qui n'y firent, et y demeura plus de 150 de leurs soldats; et depuis ils n'y ozèrent retourner; mais ils furent à Quillebeuf sur Saine, qui est une petite ville, laquelle ils pillèrent, et amenèrent tout le butin en une gallère audit Rouen.

Au premier jour de juillet 1562, les dits Calvinistes sortirent de Rouen clandestinement, allèrent au pays de Caux, à Barentin, auquel lieu ils bruslèrent l'esglise et abattirent le toc-sain. Quand ils y furent ensemble, ils bruslèrent et pillèrent plusieurs maisons. Cela fait, ils furent à un village nommé Limésy, auquel lieu ils bruslèrent et pillèrent aussy l'église, à cause qu'il y avoit dedans deux hommes du dit village, qui se mirent en deffense contre les dits Calvinistes; lesquels hommes ils bruslèrent dedans la dite esglise, et pillèrent plusieurs autres esglises allentour du dit Barentin, des quelles ils raportèrent au dit Rouen les trophées. Mais il faut entendre en quelle façon. Ce fut comme je croy que leurs prédicants les induirent à ce faire, car c'estoit une chose détestable à voir aux bons crestiens qui le virent alors. Or, voicy comme ils raportèrent les dits trophées. En revenans et entrans au dit Rouen, les uns avoient des chasubles vestues, et tenoient des calices qu'ils avoient pris aux dites esglises; les autres des encensoirs, les autres des custodes, les uns des corporaliers, les autres des clochettes, les autres les croix et bannerolles des esglises, les autres des aubes. En après venoient quelques uns qui portoient en leurs mains du pain, de la sorte qu'on le sacre dans les esglises ; et, entrans dedans la ville de Rouen, ils disoient des blasphêmes si énormes que j'aurois horreur de les réciter ; et, en se raillant comme ils ont de coutume de faire de toutes choses, ils alloient disants : *Voicy le trespassement de la messe* ; les uns disoient : *Voicy l'abollition de la messe* ; les autres disoient pour faire mal au cœur des catholiques crestiens : *Voicy pour faire fort enrager ou crever papaux dedens le ventre*. C'est la façon du diable que de faire railler ses fils quand il voit qu'il est audessus de ce que Dieu lui laisse en sa puissance, et que de calomnyer ce qui luy est contraire ; pourtant est-il nommé *calomniateur*. Pour quelle cause est-ce qu'il hait horriblement la messe, et qu'il la fait avoir en horreur et en haine à ses enfans ? C'est pour ce que, en estant à la messe, l'homme et toutes les personnes sont attirés par l'esprit de Dieu, à singulière dévotion ; tellement que toutes personnes qui admirent l'indicible et merveilleuse œuvre que Dieu a faite, en laissant son sacrement à l'esglise, lequel est consacré et offert à la dite messe, toutes personnes ayant foy stable à Dieu le créateur est quasy ravy en esprit, en contemplant par admiration le dit sacrement ; et c'est ce qui attire les personnes de ferme foy à cette dévotion. Et pour ce que toutes personnes qui sont attirées souvent en cette dévotion ne s'adonnent pas volontiers aux vices et grands péchés de ce présent monde, mais suivent les vertus, c'est la cause pourquoy ce diable, capital ennemy de toute nature humaine et de toutes vertus, se force en tout temps, de tout son pouvoir, d'oster l'affection d'aller à la messe, afin de corrompre toute dévotion ; car, l'ayant corrompue, il fait faire tout ce qu'il veut aux hommes méchans.

Après le dit mois de juillet 1562, les dits Calvinistes antécrits envoyèrent, une lieue à la ronde, coeuillir tous les grains qu'ils sceurent trouver, tant aux presbitaires des esglises que par les granges des laboureurs, et les firent aporter à la ville de Rouen, et mettre dans les paroisses, dont ils firent emplir plusieurs ; comme Sainte Croix, Saint Godart, Saint Sauveur, Saint Ouen, et autres lieux semblables. Durant ce temps ils apréhendèrent plusieurs marchands de Rouen pour avoir de leur argent, en firent tenir en prison plusieurs longtemps, qui n'avaient de quoy leur mettre aux mains. Dieu tout puissant connoist de quelles tenailles ces antécrits pincèrent les pauvres crestiens de la ville de Rouen.

Mais nostre Dieu qui ne veut laisser une vie mal menée estre de longue durée, envoya, au mois d'aoust ensuivant, le duc de Guyse avec le roi de France, Charles IXᵉ de son nom, aagé de 10 ou 11 ans, avec autres seigneurs de toutes parts de Normandie et autres lieux; lesquels amenèrent plusieurs compagnies de gens d'armes, tant de pied que de cheval. Et les Calvinistes, de leur costé, firent venir à Rouen des Anglois, des Ecossois, et des Hérétiques de Dieppe, pour les secourir; pour autant qu'ils estoient de leur secte et les avoient fait entrer dedans le pays, et leur avoient livré en leurs mains la ville du Havre et la ville de Dieppe, deux ou trois mois auparavant le dit mois d'aoust. Or, ceux du dit Havre et Dieppe, sont et ont esté, en partie de ce temps là, débilles à la foy et infidelles au roy. C'est chose détestable que de vendre sa patrie, ce qu'on voit apertement estre fait par les dits Hérétiques; lesquels, pour cuider parvenir à leur atente, ont livré aux Anglais, capitaux ennemis du pays, leurs biens, parens et amis.

Le roy estant arrivé à Bourdeny, près Rouen, il fut amené, huit jours avant la Saint Michel 1562, 40 pièces de canon; les unes furent braquées devant le fort de Sainte Catherine, les autres devant la ville, près la porte Saint Hillaire. Le dit fort fut battu sept ou huit jours, et pris par les gens du roy; et il y eut plusieurs Hérétiques tués et bessés, avec un capitaine, nommé Louis, qui gardoit le dit fort. Lequel fort estant pris, la ville fut après assaillie et fort battue dudit costé Saint Hillaire; et, après plusieurs assaux, elle fut prise, où il n'y eut pas grande effusion de sang, car le duc de Guise fit sonner la retraite, et deffense de piller la dite ville que l'espace de 24 heures.

Il estoit le 28 octobre 1562 lorsque la ville de Rouen fut ostée aux dits Hérétiques, auquel jour le compte de Montgommery, estant pour lors tenant le fort dedans Rouen, se sauva en une gallère, laquelle estoit devant la ville. En ce dit jour plusieurs Hérétiques se noyèrent, en se pensant sauver par la rivière de Seine. La dite ville estant réduitte, non sans grand dommage des bons marchands et bons catholiques, car tout y fut pillé, sans avoir esgard à personne, qui fut chose misérable. Il fut fait, deux jours après, exécution de cinq des capitaines qui furent pris, dont l'un se nommoit le sieur d'Emandreville, un autre nommé Desroches, furent décapités; le sieur de Soquence, Cotton, et un prédicant surnommé Pacquet Marlora, ces deux [premiers] furent pendus devant l'hostel de ville, et le dit Marlora devant Nostre Dame, dans le dit Rouen. Ledit Marlora, imposteur venu de Génève, disciple de l'ordre Calvin, estant en credit dedans la ville de Rouen entre les suposts, alors que les temples de ladite ville furent sacrilégés, luy voyant que les richesses toutes d'or et d'argent [estoient] ensemble amassés dans l'hostel commun de la dite ville, il fut le premier qui proposa ce que estoit selon son advis de faire des dites richesses des esglises; et dit que, puisqu'il estoit ainsy que Dieu leur avoit mis entre les mains de luy et de ses suposts toutes les richesses de l'esglise romaine, qu'il estoit besoin de s'en aider pour les affaires de la guerre, afin de subvenir; voilà la cause pour laquelle il fut exécuté.

Il semble voir à tels entécrits (*antéchrists*), qui sont exterminans selon l'Apocalipse, que tout ce qu'ils font et disent que ce soit selon Dieu; et leur est advis que tous ceux qui ne sont de leurs sortes sont tous soubs le voile d'ignorance. C'est le propre du diable, père d'orgueil et du mensonge, que de persuader à ses enfans que ce qui est ténèbre que ce soit pure lumière; et les enveloppe dans des imaginations, en leur serrant le cœur d'une opiniastreté dont ils sont tellement cordellés qu'il n'y a moien, par remonstrances, par vives raisons, ne par toutes allégations tant libérales, morales, que allégoriques, de les deslier des nœuds de l'impiété d'hérésie, qui est un apparent signe de réprobation. Dieu, père de lumière et de miséricorde, veuille, par sa grace, les illuminer, et radresser au droit chemin, selon sa bonne volonté et bon plaisir. C'est une merveilleuse tragédie que l'erreur moderne; sy ceux lesquels en sont pestiférés, estoient remplis de tant grande sapience comme ils s'en vantent, ils entendroient que toutes choses qui sont escrites du temps passé que c'est ce que dit saint Paul pour notre discipline. Quand ils ont commis tant de sacriléges, en profanant tant de temples pour les piller, que n'ont-ils pensé à ceux qui ont fait telles choses et de la punition qu'ils en ont receuë? Voyés Nabucadonosor, müé en beste brutte, pour avoir pillé les vaisseaux d'or et d'argent du temple de Jérusalem; et après lui son fils Baltazard, chassé par Darius hors de son empire, avec grande frayeur jusqu'à la mort, pour avoir beu, lui et ses princes, dedans lesdits vaisseaux sacrés. Après ceux là voyés un Anthiocus, un Lisias, et un Gorgie de Perse, lesquels après avoir encor destruit et prins les vaisseaux d'or et d'argent dudit temple, et pillé les plus excellentes richesses; comme ledit Anthiocus après avoir perdu une partie de son armée contre Judas Macabée, comme il est par une....[1] de laquelle il fut divinement frappé, tant en son esprit qu'en son corps, estant longuement en extrême langueur jusqu'à la mort; et son fils aussi, avec un Démétrius, tués par les Romains, pour la convoitise desdites richesses que son père avoit pillé audit temple de Jérusalem, desquelles il ne put jouir qu'un peu de temps.

Qui voudra voir les histoires paganiques, on trouvera un roi Brenna (*Brennus*), ayant pillé un temple d'Apolo en la cité de C....[2] en Grèce, lequel, après avoir perdu une bataille ledit jour qu'il pilla ledit temple, la rage le saisit et se tua luy mesme de son épée. Plus outré, qui voudra regarder Justin, en son 24ᵉ livre, qu'il a escrit du temple d'Apolo en Delphes, comme il y eut 75 mil hommes foudroyés, lesquels vouloient piller ledit temple, pour les grandes richesses d'or et d'argent qui y estoient, car une montagne, soubz laquelle estoit une caverne où l'on avoit tiré autrefois de la pierre, fondit comme ils estoient sur ladite montagne, auquel lieu ils furent amassés ainsy qu'ils alloient piller ledit temple. Or on trouvera l'empereur Cambises de toute Azie, lequel fit destruire tous les temples d'Egipte afin d'avoir les richesses qui y estoient; il eut ouy dire qu'en Libie il y avoit un très riche temple de Jupiter apellé Hamon, auquel lieu il envoya grand nombre d'hommes en armes pour avoir les richesses, lesquels furent engloutis tout vifs en des sablons, comme ils alloient pour piller ledit temple. Et ledit Cambises, pour ce qu'il ne sceut parvenir à son attente, ensemble qu'il ne put faire tuer un sien propre frère nommé Merguée (*Smerdis*) afin qu'il fut seul seigneur d'Azie, il se tua luy mesme, par une furie enragée, de sa propre espée, [et] finit ainsy sa vie misérablement.

S'il faut monstrer par vives raisons les punitions que (*de*) ceux les quels ont viollé et pillé les temples, tant ceux que Dieu a commandé de construire que ceux que les Gentils ont fait bastir, on en alleguerait une infinité qui serait trop prolixe. Or pour éviter toute superfluité de ce

---

[1] Il manque ici quelques mots dans l'original.

[2] Le nom est en blanc, mais c'est de Delphes qu'il s'agit; l'autcur répète plus loin la même histoire.

propos, je m'arresteray aux sentences contenues en notre saint Evangille, laissée de père à fils par les saints apostres de notre seigneur, lequel nous a admonesté qu'au dernier temps, que telles gens se doivent eslever contre sa légitime fille, l'esglise apostolique et catholique; et, par son très bien aimé apostre et prophète saint Jean l'évangéliste, nous a pareillement fait révéler, en son apocalypse, les sublimes secrets des choses qui doivent précéder la fin des temps et de ce siècle. Car icelluy saint, très animé et très grand prophète, a en perfection beu à grands traits en la source de divine sapience, et y a puisé plain vaisseau de prophétie et d'éloquence par dessus tout; et après a sincèrement parlé de la nature divine et humaine, de la chair et du sang de notre sauveur Jésus-Christ, et de tous mistères sacrés, pour ce qui concerne la pureté de notre salut; et nous a prophétizé ce que nous voyons advenir, où il faut adjouter foy; car il ne tombera rien de ce que notre rédempteur a dit et fait révéler par ses apostres et prophètes.

Nous trouvons par les histoires romaines que les Romains, ambitieux de régner et avoir superintendance sur tout le monde, en imitant Alexandre le Grand, surmontèrent les Caldéans, les Mèdes, les Perses et les Grecs. Or, autant (*au temps*) que Jullius César et Pompée regnèrent, ledit Julius mit en l'obéissance romaine toute l'Europe, et Pompée mit de son costé toute l'Asie, auquel lieu il avoit esté par le sénat romain envoyé. Scipion le jeune qui prit la ville de Cartage, plus noble et plus renommée que n'étoit Rome, surprit au nom des Romains toute l'Afrique; tant (*si bien*) que les trois qui sont l'Asie, l'Afrique et l'Europe, estant en toutes les terres qui sont ou estoient habitées, en tout le monde, furent assujetties à l'empire romain. Or, tout le monde estant rédigé à un empire, fut, l'espace de douze ans, unanimement en paix et tranquilité pacifique, qui fut une très excellentissime aparence de l'indicible Providence de nostre Dieu tout puissant universellement sur tout le monde, afin de dresser une telle paix universelle. Car soubz le règne ainsy pacifique, l'indicible et sacré verbe de Dieu se voulut incarner au corps de la très pure, très béniste, et sacrée vierge Marie. Ce que je dis icy est assez amplement desduit par plusieurs historiens, tant hébreux, grecqs, que latins. Ces Romains se voyant superintendans ainsy pacifiquement sur tout le monde, qui fut par la sapience et grande Providence divine qui l'avoit ainsy prévu et ordonné, lesdits Romains firent bastir à Rome un temple, le plus somptueux et magnifique qu'ils peurent et sceurent artificiellement adviser, en mémoire perpétuelle de la paix susdite, qui estoit l'espace de douze ans si tranquille par tout le monde universellement. Or, ledit temple estant parachevé, selon la coustume d'alors, y firent mettre toute sorte de dieux en la façon paganique, et cela fait allèrent en la cité de Delphes, en laquelle estoit le dieu d'Apollon qui donnoit response de ce que l'on vouloit sçavoir de la fin de cedit bastiment et autres choses douteuses. Toutefois ce n'estoit pas une divinité qui fut en ce dieu Apollo, mais c'estoit le diable ayant puissance alors sur le monde, qui décevoit et trompoit tous ceux qui alloient à Delphes. Car quelquefois advenoit ce qu'ils demandoient, et bien souvent il y avoit grande faute. Lesdits romains demandèrent aux prestres d'Apollo si leur temple nouvellement basti serait de longue durée ; or le diable qui s'apercevoit deslors, par indices de ladite tranquillité universelle, que la fin de son règne aprochoit, fit respondre aux Romains que leur temple dureroit jusques à tant qu'une vierge enfanteroit et allaiteroit un enfant.

Tout le contenu allégué aux deux chapitres (*paragraphes*) précédens, est pour parvenir à la fin où nous prétendons, pour faire entendre aux calvinistes et à tous hommes qui n'ont crainte de l'infaillible jugement de Dieu, qui sera au dernier temps, auquel par les œuvres qu'ils commettent ils n'adjoutent aucune foy, ainsy qu'il apert. Car jamais ne fut d'iniquité si abondante, qu'elle est au temps présent, et la charité jamais plus froide qu'elle est maintenant. Partant on peut dire certainement [que] ce que Notre Seigneur Jésus-Crist a dit de ce qu'il doit advenir à la fin de ce siècle, advient pour le présent. Aussy avoit-il esté dit par révélation divine, par une vierge sybille, demeurant en la cité de Rome, qu'on verroit tomber de toutes parts les idolles des payens, à la nativité du fils de Dieu le très haut, qui vivifie toutes choses et duquel procède la source de la vie. Et ne faut que lesdits calvinistes disent qu'ils soient inventeurs d'abattre les idolles. Ce qui s'adore, soit d'or, d'argent, de pierre, de terre ou de quelque bois que ce soit, s'il est adoré ou révéré de l'intérieur, doit estre apellé idolle ; si on fait à l'idolle la révérance de cœur telle qu'elle apartient à Dieu. Mais je croy que ceux qui sont catholiques crestiens n'ont point la pensée si dépourvue d'entendement de penser que de bois, d'or, d'argent, ou de pierre sorte aucun effet qui fasse multiplier les biens de la terre ni de la mer, en quelque sorte que ce soit. Il y a grande différence entre l'idolle et ce qu'on appelle image ; car, ainsy que dit Lactance Firmyen, l'idolle est ce qu'on adore comme estant estimé Dieu, duquel procède toute vertu qui donne accroissement. Mais l'image n'est autre chose estimée des crestiens qu'une mémoire et remembrance des hommes vertueux ; lesquels images ont esté permis par l'églize conduite du Saint Esprit, afin de donner à la postérité un exemple aux hommes de vivre vertueusement, comme ceux desquels la mémoire est representée par les images. Et ne faut que les hérétiques imputent aux crétiens qu'ils adorent ces images ; tant s'en faut qu'ils les adorent ; mais seulement, en voyant la mémoire et remembrance de Saint Pierre ou de Saint Paul, et autres saints apostres, martirs et bons évesques du temps passé, ils donnent louange à Dieu, et non autrement. Les hérétiques ont plusieurs fois pris occasion d'abattre ces images, disans qu'on les adoroit, et que le simple peuple s'y est abusé ; mais si le peuple, par ignorance, en abuse, cela advient par la faute des ministres qui ne font pas entendre au populaire ce que le peuple entend, et la cause pour laquelle les images sont permis. On ne se doit donc adresser à l'église ny aux images, ny au peuple ; car chacun n'est pas pourveu de grace, d'intelligence, d'entendement ny de sapience, esgallement les uns comme les autres.

Puisqu'il est ainsy que nous voyons la charité plus froide que n'est en hiver la terre distante, laquelle est par delà les hiperboréens où la glace est infinie, et que l'iniquité est généralement espandue sur la face de la terre par toutes gens qui l'habitent ; car, regardez, je vous prie, et vous verrez la grande imperfection et corruption, et toutes les façons de faire des hommes de maintenant. Hélas ! ne voit-on pas la puissance ecclésiastique s'achepter par les simoniaques laïques qui manient ensemblement la puissance de justice ? Ne voyez-vous pas les hommes de la noblesse qui détruisent tous estats par leur superbe arrogance, à cause que l'abondance des richesses les a faits tomber hors de la foy, et la pluspart du peuple les ensuit ? Ne voyons-nous pas les plus fidelles marchauds prendre, sous couleurs de bonne foy, les marchandises et les biens les uns des autres, et après les avoir prins, les cacher, puis se faire...... [1] leurs femmes divorcées, et faire banqueroute à

---

[1] Quelques mots sont omis dans le Ms.

leurs créditeurs; et bien d'autres tromperies qu'ils font sous l'ombre de bonne foy? Ne voyons nous pas les laboureurs dégraisser les fermes et démollir les terres, maisons, chasteaux, arbres, et généralement tout ce qui leur est baillé à ferme, et ne font que tromper comme mercenaires ceux qui leurs baillent leurs héritages? Or, il est écrit que, quand le fils de l'homme viendra du ciel, pour présider au siège judicial de sa très grande majesté, lequel est Nostre Seigneur Jésus-Crist, qu'i[l] ne trouvera entre les hommes plus de foy, plus de charité, d'amour, plus de fraternité, et que l'iniquité abondera, et la charité totalement sera refroidie. Alors la justice sera dépossédée de son bien, en nul ne la voudra loger; car, pour la grande iniquité des hommes qui ayment mieux l'or et l'argent que de faire l'administration de justice, la corrompront et la convertiront et la pervertiront; ce que l'on voit pour le présent à bord et à bas bort, de tort et de travers, ce leur est tout un, mais qu'ils amassent or sur or, argent sur argent, maison sur maison, terre sur terre; sans avoir égard à sa vie laquelle est éternelle, ni au jugement dernier et advenir. Alors quand justice, comme dit est, n'estant plus en son lieu, et n'estant plus en la terre, le fils de Dieu viendra la remettre, et faudra devant luy que les plus grands monarques se presentent, tant empereurs que rois, et génerallement toutes nations et toutes gens de tous estats, de quelque qualité qu'ils soient, depuis le plus grand jusques au plus petit; et là, devant ce grand juge, leur faudra rendre compte de leurs œuvres propres.

CHAPITRE III.

———

Pour reprendre ce qui est advenu depuis l'an 1562, lesdits calvinistes voyant qu'ils estoient déchassés de Rouen, s'en allèrent par le pays de Normandie assembler des forces des leurs, et amassèrent une armée, tans d'allemans que anglois et escossois, auprès de Dreux, auquel lieu, l'an 1563, au mois de septembre, ils donnèrent bien à faire en une bataille qui fut là faite, en laquelle il mourut, d'une part et d'autre, 12 à 13,000 hommes, tant nobles qu'autres. A la fin le roy, à l'ayde des bons gentilshommes d'armes crestiens, et specialement de par le seigneur duc de Guise, il demeura vainqueur. Du depuis ils ne se sont contentés encore, ces hérétiques, ayant perdu cette bataille, sont encore retournez en Allemagne, en Angleterre et Ecosse, après avoir presque détruit la Normandie, et sont revenus avec l'admiral de France, seigneur de Chatillon sur Saine, et ont amené les allemands par le pays de Champagne qu'ils ont destruit, de là sont passés la rivière de Loire, par une ville nommée la Charité. D'un autre côté ont fait venir par la mer d'Angleterre et d'Ecosse, passer à la ville de la Rochelle en laquelle les hérétiques sont bien venus; aussy sont-ils en ladite ville de la Charité et plusieurs autres lieux de France, qui sera cause de la perdition dudit royaume et de tous autres qui les seconderont. Ayant passé d'un costé par la Charité et d'autre part estant entrés par la Rochelle, ils s'emparèrent d'une ville de leur couleur, nommée Sancerre, et de la bonne ville d'Orléans en laquelle ils ont détruit les temples l'an 1564, et spécialement celuy de sainte Croix qui estoit fort honorable et antique; le prince de Condé estoit alors dedans, je ne scay sy ce fut par son commandement ou par ledit admiral. Cependant ladite ville fut aussy assiégée par le roy, à l'aide dudit duc de Guise, lequel fut empoisonné (*assassiné*) par un qui fut envoyé d'Orléans, et se nommoit Poltrot, qui est un nom d'excellent méchant homme, et vint remarquer ledit duc de Guise, qu'il frappa en trahizon, estant auprez des vignes d'Orléans, en lui faisant une caresse, luy disant qu'il avoit esté l'un des hommes le plus son familier, et autres pindarises qu'il contoit audit duc de Guize; et, sur ces entrefaites, ne se donnant de garde dudit traistre, il fut frappé en son espaulle d'un coup de pistolet, dans lequel il y avoit trois balles envenimez; auquel lieu ledit duc n'estoit couvert, car alors il n'avait que son corcellet. Cecy doit bien faire apprendre aux hommes de guerre qui sont belliqueux, ainsy qu'estoit ledit duc de Guise l'un des plus martiaux de France en son temps, de se donner de garde, et d'estre peu famillier de tels qui sont corrompus et de ceste sente, car ils sont pleins de fraude et d'iniquité.

Après ce coup fait par ce traistre Poltrot, le duc de Guise trespassa, six ou sept jours après, et laissa deux fils que j'estime qui le seconderont. Ce bon prince deffunt avait sousteni un siége, durant son vivant, dedans la ville de Metz, contre l'empereur Charles V^e ayant plus de 60,000 hommes avec luy, plus de 4.....[1] Le seigneur de Guise, colonal, fit si bonne défence et donna tel ordre dedans Metz, que ledit empereur partit de devant avec une grande perte de ses gens sans rien faire.

[1] Quelques mots sont laissés en blanc dans le Ms.

Du depuis le dit duc de Guise ayda par industrie à prendre Calais, ville de la comté d'Oye[1], prez Boullonnois qui bourne le pays de France, près le destroit d'Angleterre, laquelle ville de Calais les Anglois usurpoient sur les roys de France, il y avoit plus de 260 ans. Car plusieurs princes du sang royal de France s'estoient maintes fois efforcés de la ravoir, ce qu'ils n'avoient sceu faire. Toutesfois ce prince de Guise, du règne du roi Henry IIe de ce nom, en vint audessus et print ladite ville de Calais. Ce traistre Poltrot qui le fit mourir fut pris tost après, et fut convaincu du crime, et après fut demembré par quatre chevaux dedans Paris; et son corps et ses membres par pièces jettés dedans le feu, comme l'ayant bien mérité.

Le roi Charles, fils du roy Henry IIe de ce nom, succèda son frère nommé François qui n'avoit regné que trois ans[2] après son père Henry; car sa vie luy fut abrégée par les Calvinistes, desquels il vouloit faire faire exécution durant son vivant, comme son dit père Henry luy avoit recommandé.

Le roy Charles n'avoit que sept ou huit ans lorsque Rouen fut prins à l'ayde du duc de Guise. Les hérétiques Calvinistes voyans que ledit seigneur de Guise estoit mort et qu'on ne leur fesoit plus teste, mesme que le roy estoit en bas aage, ils sortirent d'Orléans et fouragèrent tout le long de la rivière de Loire, et ont destruit les pays de Berry, du Mayne, d'Anjou, de Poitou, de Périgor, de Pologne[3], de Limosin, et de Languedoc. Et faut entendre qu'il n'y a, tant aux villes qu'aux champs, temples, monastères, ny abbayes qui ne portent leurs marques; et Dieu connoist les insolences et les cruautés qu'ils ont commises en ces lieux, lorsqu'ils ont eu la force, et durant que ce roy Charles a esté en minorité, car nul ne leur résistoit, et faisoient ce qu'ils vouloient, réservé en Bretagne où un seigneur de Martigues fut fait collonel d'une

---

[1] Oye, petite ville de Picardie, à deux lieues de Calais, possédant un château fort, avec le titre de comté.

[2] François II ne régna qu'un an et cinq mois.

[3] C'est sans doute par erreur que la Pologne se trouve ici indiquée; l'auteur voulait peut-être parler de la Sologne, ou mieux encore de la Saintonge, enclavée dans les provinces citées.

armée, contre ces Calvinistes; car ils osèrent aller assaillir la ville de Poitiers, et durant que leur force a regné quatre ou cinq années se sont écoulées. Or, en ce temps, les enfans deviennent gens.

Le roy Charles, son frère Henry, les deux fils de feu le duc de Guise, le fils du comte de Brissac, et le frère du duc de Guise, comte d'Aumalle, antien capitaine de guerre, s'associèrent ensemble, qui furent au dit lieu de Poitiers où estoient les Hérétiques campés, et furent chassés de là par les dits seigneurs, et furent poursuivis jusqu'à Moncontour, auquel lieu il y eut une forte bataille donnée allencontre d'iceux, où le frère du roy faillit à demeurer. Le prince de Condé, qui estoit de la part des Hérétiques, y fut tué et plusieurs de part et d'autre, avec un grand nombre d'Allemans, d'Anglois, Escossois et François de leur secte, qui tombèrent et passèrent misérablement par l'espée et par le canon. Après cette secousse le reste se retira devers le pays de Languedoc et en Auvergne, avec ledit admiral, et un nommé le seigneur d'Anville, et le seigneur de Meau son frère, tous deux enfans du Connestable, seigneur de Montmorency.

Les Calvinistes voyans qu'ils avoient le vent au visage et qu'il n'y faisoit plus bon pour eux, ils ont tant fait par trahisons clandestines, qu'ils ont fait tous mourir les princes cy devant nommés, reservé les deux fils du deffunt duc de Guise.

Or le roy, qui tost après fut marié à la fille de l'empereur le roy de Boësme, leur commença à faire la guerre, et fit tant qu'ils reprindrent plusieurs villes que les dits hérétiques tenoient de force, entre lesquels, Saint Jean d'Angely, Montauban et la Rochelle furent assaillis, l'an 1570. Et devant Montauban le seigneur de Martigues fut fait mourir en trahison. Et devant Saint Jean d'Angely fut aussy tué le comte de Brissac, jeune de 22 ans, autant hardy que les armes, et fut frappé en la teste d'un coup de mousquet, en parlant au capitaine qui estoit au dit lieu dedans Saint Jean d'Angely. Et le seigneur comte d'Aumale estant devant La Rochelle, allant parler à ceux de dedans, sous leur assurance et leur foy, fut aussy fait mourir auprès de la Porte neuve, en parlant, d'un coup d'arquebuze qui luy fut tiré de la ville. Voilà comme les fidèles Calvinistes ont tenu toujours leur fidélité à tous ceux qui les contestent, et qu'ils connoissent avoir puissance de les contester et résister.

Ils auront tous fait finir leur vie par trahison. Quand les seigneurs devant nommés furent décédés, le roi Charles IXe de ce nom pacifia avec les hérétiques Calvinistes, et leur permit de prêcher et de faire à leur mode, à la charge qu'ils n'offenceroient en aucune façon les ecclésiastiques, et n'empêcheroient le lieu où se fait le service divin. Alors ils commencèrent à faire leurs simagrées, et à faire bastir quelques granges en des places, pour les retirer, où ils ont régné quelque temps. Mais ce n'a été sans grande crainte du peuple qui connoist leur déception et méchanceté, qui ne sauroient endurer de ces hérétiques, car dedans Rouen, lorsque la publication de l'édit de janvier fut fait, le même peuple et le commun de la ville allèrent faire les feux de telle pacification, et bruslèrent tous les livres bons et mauvais. Il fust envoyé des soldats et plusieurs gentilshommes d'ordonnance afin de reprendre les dites places avec du canon, lesquelles coustèrent, tant au roy qu'au peuple de la Basse Normandye, une infinité d'argent. Le dit lieu de St Lo fut assiégé premièrement, et mit-on le canon devant. Un nommé le seigneur de Collombier, avec le dit Montgommery, estoit dedans, et le défendirent vaillamment de toutes leurs forces, pour ce qu'ils voyoient bien que c'estoit leur fin, ce qui fut bientot après. Car la dite ville de St Lo fut prise d'assault, où le dit Collombier fut tué. Le dit Montgommery se sauva par la fuite et entra au chasteau de Dompfront, auquel lieu il fut assiégé par M. de Matignon, pour lors grand gouverneur de la dite Basse Normandye, et prit le dit chasteau, auquel Montgommery fut pris et mené dedans Paris, où il fut décapité. Il avoit esté capitaine pour le roi Henri IIe, et de grandes affaires, tant en Pérosse qu'en Italie. Contre luy le dit roi Henri voulut tirer à la lance, mais fortune qui renverse toujours les plus grands et les plus forts, fit voller un esclat de lance en l'œil du dit roi, dont il mourut. Cettuy Montgommery avoit tenu le fort contre le roi Charles IX dans Rouen, et depuis à St Lo et autres places. Voilà pourquoy il eut la teste tranchée, et à cause aussy qu'il estoit l'un des chefs des Calvinistes. Qui voudra considérer qu'il faut que les hommes qui tombent en ce labyrinthe aient commis des péchés inconnus et secrets par lesquels le diable les tient enlacés et ferrés en ce damnable péché d'incrédulité.

Le diable ne laissant point ces incrédules hérétiques en repos, ils machinèrent en plusieurs villes, comme Paris, Rouen, Orléans, Lion, Toulouze et autres villes grandes, où ils conspirèrent de surprendre les Crétiens catholiques, et mettre tout au fil de l'espée. Le roi en fut adverty, sur la fin de l'année 1572; lors, considérant une sy damnable entreprise, il fut en secret commandé par toutes les villes de les rechercher pour enquester la vérité de telle entreprise. Et plusieurs en furent, par les grandes villes de France, emprisonnés. Il est vray que ceux qui par argent faisoient faire la voye, n'estoient pas mis en prison. C'estoient les principaux qui par ce moyen échappèrent. Or, quand la vérité fut découverte, il fut commandé, pour afin d'éviter le coust des exécutions qu'il eust convenu payer pour les faire pendre, [qu']on les fit mourir par toutes les villes de France où l'on en sçut recouvrer; mais les riches, comme j'ai dit, échappèrent par un pont d'argent, et les pauvres furent mis à mort. Icy il semble que ce soit une histoire qui ressemble à celle de Naman et de Mardochée, car Naman conspiroit secrètement la mort des Juifs qui pour lors estoient en Babylosne. Et lorsqu'ils les pensèrent faire mourir, par providence divine, le roi commanda, en révoquant la sentence qu'il avoit donnée à faire mourir tous les Juifs, qu'on mis à mort, dedans la grande ville de Suze, et autres lieux, tous ceux qui estoient ennemis des Juifs, et lesquels avoient machiné leur mort; ce qui fut fait.

Environ l'an 1572, les seigneurs de Polongne, en grand aparat, vindrent à Paris et requirent le frère du roy Charles IX.e de France, et fut esleu le dit frère nommé Henri, roy de Polongne. Et fit une entrée au dit lieu de Paris; après alla en Polongne et n'y fut guère long-temps, car sytost qu'il fut party le roi Charles mourut. On dit qu'il fut empoisonné au bois de Vincenne, et ne régna que treize ans. Le dit Henri roy de Polongne a commencé à régner l'an 1573. On estimoit en France qu'il remettroit tout en quelque bon estat. Depuis que son reigne a commencé on a laissé les dits Calvinistes en leur opiniastreté, à cause qu'il a commandé de les laisser vivre en leur liberté. Plusieurs personnes, connaissans la vie qu'ils mènent en secret, les ont guettez pour vivre de meilleure sorte.

Depuis le dit temps 1573, les Calvinistes ont, en Flandre, Brabant et aux Pays-Bas, fait des insolences exécrables. Et quelque puissance que le duc d'Albe et le roy Philippes d'Espagne aient seu faire, ils ont argent renvoyé à l'armée des Espagnols qui estoit par deçà, conduite par un capitaine nommé Jullien de Roumiers. Au lieu de luy vint un nommé dom Jean d'Autriche, vaillant homme, qui leur fit bien la guerre, car les Calvinistes firent amas de toutes leurs forces, tant Allemands, Anglois, François, que Escossois, contre luy. Le dit Jean les combattit près d'un lieu nommé Géblou (Gembloux) et en défit près de cinquante mille, et perdirent la dite bataille les dits Calvinistes, l'an 1577. On dit que le duc domp Jean d'Autriche estoit frère bâtard du roi d'Espagne, fils de l'empereur Charles décédé. Le dit Jean d'Autriche, ainsy qu'on dit, fut empoisonné auprès de Namur. Vous voyez que ceux qui leur résistent, comme ils les font mourir : les uns en trahison, les autres par poizon. Sitost qu'il fut mort, les Calvinistes ont commencé à faire du pays de Flandre, de Brabant et autres lieux, ainsi qu'ils ont fait en France, en Normandie, à sçavoir : à destruire les temples, abbayes et monastères. Et faisoient entendre du commencement au Pays-Bas, que c'estoit une guerre que là menoient pour la liberté de la patrie, et par leur cautèle ils firent condescendre les estats des dits Pays-Bas à leur volonté. Mesmes les ecclésiastiques s'accordèrent de leur ayder contre les gens du roi Philippes, disans que ce roy vouloit avoir la dizième partie de leurs biens, et qu'il ne falloit pas permettre cela, et que le roy estoit un tiran, et qu'il ne luy falloit pas obéir. Plusieurs du dit pays se sont liguées avec les dits Calvinistes, lesquels ont bien veu depuis à quelle fin ils prétendoient venir, car c'est un pays à présent misérable, désollé; toute la beauté des dits Pays-Bas est presque effacée. C'estoit un pays autant beau qu'il estoit possible de voir, et les personnes bonnes gens. Mais, depuis que cette malheureuse racine d'erreur calviniste a pris terre en ce pays, les hommes y sont devenus les uns anabaptistes, les aucuns athéïstes, les aucuns libertins. Ils sont meslés de plus de vingt sortes d'opinions; il y a un vitrier et un orfebvre chefs de deux diverses sortes d'hérésie nouvelle, les uns georgistes, et les autres martinistes du nom. Depuis la mort du dit Jean d'Autriche, il faut noter que cinq nations diverses se sont liées ensemble pour parvenir à leurs fins, qu'il faut nommer. Les premiers ce sont les ivroignes Allemands, les libertins Anglois, les avaricieux Ecossois, les voluptueux François, les audacieux Italiens, lesquelles nations par une maudite opiniastreté qui comme une graine semée en terre s'est multipliée et dillatée, en diverses régions, au grand péril de ce pauvre misérable monde; tellement que le diable a gagné presque toute l'Europe, et ne reste que peu de bonnes personnes, tout ainsy quasy que lorsque le déluge vint par les eaux, ainsi que Moïse le descript en son premier livre de l'Exode; et on ne voit plus que la volupté, la curiosité et la mondaineté respandues sur la surface de la terre. Et semble que la grande porte de lasciveté soit ouverte à toute sorte de vices et d'iniquitez, sans avoir honte, crainte, ny l'honneur devant les yeux.

On voit comme la jeunesse révère les antiens, laquelle est dominée d'une estrange volupté non accoustumée de voir; et, comme Dieu ne leur fait plus atteindre l'aage que les hommes du temps passé approchoient, même que la doctrine tant humaine que les antiens apprenoient aux jeunes gens s'est oubliée, car il n'est plus de mention, lorsque le midy sonne et à l'heure de sept heures au soir, prier Dieu comme l'an faisoit. Mesme, il n'est plus de mention, devant ny après le repas, de prier Dieu comme l'an souloit faire. Voilà ce qu'apporte la secte calviniste, et celle de Jean et de Jérosme Hues, allemands [1]; mesme celle de Viclef anglois, celle de Collampole [2] italien, celle de Martin Luther de Genève et celle de Bullius [3] ministre de Zurics. Calvin estoit françois et le plus pernitieux de tous, car c'est lui lequel a blasphêmé de l'eucharistie, et contre l'ordonnance du Nouveau Testament de notre Seigneur Jésus-Christ. Les autres hérétiques s'en sont plus déportés que le dit Calvin, toutefois sont tous divers d'opinions, et confondent les uns les autres. Cela est une certaine probation que leur doctrine n'est point de Dieu; aussi à leurs œuvres on connoit quels ouvriers ce sont.

Depuis l'an 1557 jusqu'en 1580, ils ont poursuivi leur folle opiniâtreté, quelques raisons très péremptoires qu'on leur ait mises devant leurs yeux. Cela est une certaine probation qu'ils sont délaissés de Dieu; mais leur superbe arrogance leur voile le cœur tellement, qu'ils ne peuvent ou ne veulent entendre raison.

Aussi en cet an 1580, la pestilence, qui ne s'engendre que de frayeur, de faim, de pauvreté, de morte-gaingne, qui s'engendre de tailles,

---

[1] L'auteur veut parler de Jean Hus et de Jérôme de Prague.

[2] OEcolampade.

[3] Nous ne connaissons point de réformateur du nom de Bullius; l'auteur voudrait-il parler de P. Brulius qui fut brûlé à Tournay en 1545, pour cause de protestantisme?

de subsides, d'impôts, de monopoles et autres semblables larcins, toutes ces choses sont toutes causes de faire venir en toutes provinces la mort et la destruction du peuple. Et, pour entendre la corruption incurable de ce misérable corps et l'état auquel il est, il faut la mettre sur un théâtre, et que le saint et parfait chirurgien divin, qui sait justement sonder toute plaie, et fussent-elles jusques au cœur, visite ce corps, depuis en commençant au chef et achevant par tous les membres. Il trouvera, au chef, les yeux qui doivent estre la lumière, tous couverts de regards lubriques et corrompus, et de ténèbres d'ignorance; les deux oreilles toutes assourdies d'une vaine arrogance, et d'une folle orgueilleuse outrecuidance. Et, quant aux cheveux, vous les voyez aux hommes de présent ainsi faits que le cerveau, éventés desdits vents; tantost sont longs, tantost sont courts, et puis frisés, puis reversés de guigo (guingois) ou de travers, et de tant de façons qu'ils ne les savent en quel estat mettre. Et quant à la barbe, tantôt elle est à demi-rasée d'un costé, tantost courte et longue ensemble, puis rase toute, reste la lèvre de dessus; en telle façon que ladite barbe montre apertement le vrai évent de leur cerveau, car estant contre nature, leurs faces ne se peuvent tenir en estat honneste. Et quant aux femmes, elles font encore pire, à cause de leur léger sexe : car les unes eslèvent leurs cheveux en telle façon qu'il semble mieux de leur teste, une teste de blin (bélin, *mouton*) à tout ses cornes, qu'une teste de femme. Le chef est accommodé de telle façon pour le jourd'huy qu'il semble mieux d'une teste barbare, turquesque, contrefaite, qu'une teste crestienne. Après, regardés à ce chef, la bravée dissolution et la superbe pompe, en habits faits de la sueur et vigilance du peuple.

Dieu, père de lumière, voit assez clairement dedans ce corps toutes les dites parties qu'ils sçurent trouver chez les libraires de la couleur des Calvinistes qui se tenoient pour lors à Rouen. Et n'y avoit homme assez hardy qui osast y mettre remède, pour ce que la fureur du populaire estoit fort échauffée, et ce sans juste cause que le peuple dudit Rouen est irrité contre eux; car plusieurs jeunes hommes connoissant que leurs pères, parents et amis, après avoir usé leur jeunesse et employé le temps soigneusement pour acquérir un peu de bien, pour subvenir à leur grande vieillesse, voyant qu'ils avoient tout perdu, cela leur estoit cause de leur fureur. Toutes les villes de France ont esté gardées du sac des soldats, reste Rouen lequel a pellé l'oignon, qui fut un extrême dommage, et, sous correction, une telle ville ne devoit estre livrée au pillage, à cause que c'est la plus grande et la métropolitaine de la province, laquelle s'estend fort loing. Car elle contient sept contrées : il y a Normandie haute et Normandie basse ; la grande rivière de Seine passe entre les deux. D'un costé Haute-Normandie, contient le pays de Caux, qui est une contrée et un bailliage. Après, le pays de Brie, une contrée et un bailliage : Gournay et Neufchastel. Après, le pays du Vexin normand, qui s'estend jusques à Pontoise, estant une contrée et un bailliage de Gisors. En ce pays, il se trouve de vaillants soldats. Après, est le pays du Perche, qui est grande contrée, et le bailliage d'Evreux. De l'autre costé de la rivière, est la Basse-Normandie, où sont la contrée du pays d'Auge et le bailliage de Lisieux. Après, est la contrée du Bessin et le bailliage de Caen. Et après, est la contrée de Costentin et le bailliage de Coustance. Et après, est la contrée de la Hague et le bailliage de Vallongues. Et en toute la Haute et Basse-Normandie il se trouve cinquante-deux villes fermées, desquelles Rouen est la capitale et celle où la Cour du Parlement est establie, avec un bailliage qui s'estend fort loin. A cette cour il faut que lesdits bailliages dessus nommés respondent et obéissent au Parlement. En cette province de Normandie Haute et Basse sont un archevêché où le siége archiépiscopal est audit Rouen ; auquel archevesque six évesques sont sujets de répondre, à savoir : l'évesque de Bayeux, l'évesque de Lisieux, l'évesque d'Evreux, l'évesque Séez, et l'évesque d'Avranches, plus, l'évesque de Coustances ; laquelle ville de Coustances on dit que l'empereur Constantin l'a fait bastir le temps passé, à cause que lorsqu'il régnoit, il vint espouser en la Grande-Bretagne, que, pour le présent, on nomme Angleterre, la fille du roy.... nommée Hélène. Et pour lors les Romains avoient, par toutes les provinces, la superintendance sur les nations de l'Europe. Cela peut véritablement faire conjecturer qu'il est ainsi, car, de Coustance, il n'y peut avoir que deux lieues jusques à la coste de mer, qui n'est qu'à sept lieues d'une isle de Gersay, qui dépend du pays d'Angleterre. Ce que nous ne disons pas pour estranger le discours des hérétiques, mais c'est à cause qu'ils disent qu'il n'est point d'histoires véritables que la sainte escriture. Je connois pour certain qu'on doit adjouter foy à la sainte escriture ; mais la foy qui s'y adjouste ne destruit pas les autres escritures qui sont laissées à la postérité par les antiens autheurs, gens de bien.

Ce n'est point sans juste occasion que le populaire de Rouen a esté et est encore irrité contre les hérétiques Calvinistes. La perte de leurs biens, les injures qui leur ont esté faites, et l'extrême et calamiteuse pauvreté où les Calvinistes les ont fait tomber, est [assez pour] que leur plaie saigne longtemps. C'est grande pitié que de voir d'antiennes personnes ayant en leur jeunesse d'un grand soin fait comme le fourmi, qui ne cesse l'esté d'amasser sa petite provision pour vivre l'hiver ; ainsi grand nombre de gens de mestier, artisans et autres, avoient amassé quelque peu de biens en leur jeunesse pour vivre en repos en la faible vieillesse, qui perdirent tout au sac de la ville. Et faut-il dire qu'un conseil a fait comme celui qui mange son foye, son poulmon et ses entrailles, et ne lui demeure entre les parties nobles que le cœur ; et ne lui reste que cela à nourrir, et cependant tout le pauvre corps à la république languit en misérable pauvreté.

L'estat de la ville de Rouen a ouvert sa gueule bien large. Plusieurs ont tenu les bords du sac qui ne s'en sont retournés les mains vuides, et les avoient tellement pleines qu'ils ne savoient comprendre le bien qu'ils ont pris ; car qui trop embrasse mal estreint. Ceux de Paris, marchands, et autres y accouroient pour achepter des marchandises du sac qui estoit plein, et ont emmené par bastelets les biens de ceux de Rouen en leur ville de Paris, comme s'ils eussent esté conquestés en un pays estranger. Cela est tenu pour recongnu. Ceux de Paris ne le sauraient renier ; aussi jamais n'aymèrent le pays de Normandie, ni les habitants dudit pays. Et semble qu'il y ait quelque inclination de nature qui les incite à telle haine sans aucune raison, chose très malheureuse. Et pourtant je veux poser ici ce que la Normandie aporte à ce peuple inepte de Paris, presque sot de nature. Aussi faut que je dise ce que le pays de France fait aporter à la Normandie, pour savoir certainement lequel est plus tenu à l'autre.

Premièrement, la Normandie est bornée de la mer toute d'un costé, car, depuis la ville d'Eu et la rivière de Seyne, jusques au Pont-Orson, dernière ville de Normandie, qui bourne en la Bretagne, toute cette coste, qui contient en passant le Havre de la Ville-de-Grâce et Honnefleur qui se présente vis-à-vis, a près de deux cents lieues, en comprenant les bouches des rivières qui, du long des costes de Normandie, tombent en la mer. Je laisse à estimer qui sont ceux qui cultivent la mer en ce costé-là. Il faut donc conclure que tout le poisson qui se porte à Paris est pêché par les Normands, qui, journellement, se mettent en extrême danger, pour fournir une partie de la nourriture au peuple de Paris et autres lieux.

Et après, il faut prendre garde qui sont ceux qui vont aux bacallos, qui se nomment les Terres-Neuves, quérir une infinité de molues (morues) qui s'apportent à Rouen pour envoyer à ceux de Paris. Et le grand nombre de beurre qui procède de la Basse-Normandie, mesme du pays de Bray au bailliage de Neufchastel, qui leur est porté tous les ans. Et après le merveilleux nombre de bestiaux qui partent engraissés du pain de Normandie, et qui, de semaine en semaine, sont menés du Neufbourg à Paris. Et après faut regarder journellement le grand nombre de la volaille, tant du pays de Caux que de la Basse-Normandie, qui se porte en somme, par chevaux, audit lieu de Paris. Après, faut regarder le merveilleux nombre de suif qui leur est porté, par la rivière de Seine, audit Paris. Et après faut regarder pour les cuirs tout tannés qu'on leur porte, tant de Rouen que de l'environ : Conches, Verneuil et Breteuil, pour Paris seulement. Et après faut regarder l'infini nombre de harencs qui sont portés à ce Paris, depuis le mois de septembre qu'ils partent de Rouen, jusques au mois d'avril, tous les ans, et qui sont portés par la rivière de Seine, en barril, jusqu'audit lieu de Paris. Sans les draps de Rouen, de Dernestal et d'Elbeuf, qu'on leur porte pour les vestir. Considérés, je vous prie, ce que les hommes de Normandie font à ce peuple. On leur porte tout ce qu'il faut pour l'entretenement de leur vie et du vestement, depuis le pied jusqu'à la teste ; reste le vin. Et de tous les biens qui partent de Normandie, pour en rendre grâce à Dieu et aux Normands, ils ne disent que des iniques pouilleries.

Il faut regarder en quoy la Normandie est tenue au pays de France. C'est qu'il descend, par la rivière de Seine, une infinite de ponçons, plains de vin, lesquels, quand ils sont vuides, on leur reporte plains de sel. Et tout partant de Rouen pour porter en ce pays de France, on peut dire : si tant de biens et de vivres sont portés de Normandie en la France, il faut que l'argent et le paiement de tant de vivres et d'autres marchandises, soit aporté de France en Normandie ; cela est vrai. Mais ce paiement de l'or et d'argent estoit-il en France? D'où est-ce qu'il vient? On sait bien qu'il n'y a point de mines d'or, d'argent, cuivre, plomb ni estain, en ce pays; d'où est-ce donc que tous tels métaux procèdent? D'où sont-ils tirés? En quels fourneaux sont-ils affinés? Hélas! au creuzet de ce pays de Normandie; de la peine et du travail des Normands. Puis tout est fondu et affiné en ce pays de France; c'est là que s'en retourne tout. Quant un creuzet plein de métaux est au fourneau, il ne se peut retirer du feu sans les tenailles; voilà de quoi ceux de Paris en partie payent ce qu'on leur porte. Je laisse maintenant à penser lequel c'est de France ou de la Normandie, lequel est redevable et le plus tenu l'un à l'autre. Et toutefois, de ce peuple de France, il ne peut sortir une gracieuse parole de sa bouche, qui dise quelque bien des Normands, ni de Normandie. Si est-ce qu'elle est assez grande pour estre mariée à un roi; si elle estoit réduite en royaume, elle croistroit encore.

Retournons au sac de Rouen, qui fut vuidé en partie à Paris. Pour lors le peuple de Rouen n'estant coureur, autant d'hérétiques qui revenaient à Rouen après estoient envoyés en Paradis en poste. C'estoit horreur des meurtres qui se faisoient encore. Les Calvinistes vouloient persister en leur secte, car en un mois de mars 1570, ils firent un presche au village qui se nomme Bondeville, à une lieue de Rouen, d'où ils revindrent fort échauffés; et prez une porte Cauchoise, mirent les mains aux armes, à cause qu'il y eut quelque peuple qui ne se peust contenir de leur reprocher. Ils en frappèrent quelques-uns; alors ce bruit volla dedans la ville, qui fit sortir les plus hatifs qui coururent sur ces hérétiques et en abattirent viron 60 ou 80. Voilà le fruit qu'apportent leurs presches. Du depuis, le duc de Montmorency amena à Rouen quelque nombre de gens de cheval et de pied, soldats, qui firent mourir neuf ou dix pauvres garçons catholiques. Ceux qui les condamnèrent estoient de la couleur des Calvinistes et ne vâllent rien.

Un an devant le dit presche de Bondeville, il fut donné un arrest à Paris, le XIII jour de septembre 1569, contre l'admiral nommé Jaspard de Colligny, seigneur de Chastillon, chef et conducteur des hérétiques, par lequel il fut dit qu'il seroit pendu en effigie, au dit lieu de Paris, en une potence, à cause qu'il n'estoit prisonnier; et ses armoiries trainsnées par les vories de la ville et faux-bourgs, et ses enfants déclarés innobles, villains et roturiers. Le dit admiral a esté celui lequel a fait destruire tant d'églises, tant de monastères et d'abbayes qu'on voit, pour le jour d'hui, toutes désolées par le pays de France. Et si a fait mourir une infinité de prebtres, de moines, et autres personnes de la religion crestienne. C'est celui qui a fait venir les Anglois par deux fois en France et les infames Allemands, qu'ils appellent raistres, qui comme la vermine ont partout brousté ce pays de France. C'est celui qui fit venir le prince d'Orange, un malheureux chef des dits Calvinistes, qui vint de Flandre estant chassé du dit pays, lequel acheva de brouster ce pauvre pays. Et Jaspard de Coligny est celui qui débaucha la jeunesse de la noblesse du pays de France, et les incita à l'ensuivre, dont la plus grande partie sont péris misérablement, tant par le canon que par l'espée.

Après le dist arrest, il fit encore pire que par devant, car il se retira devers Lion, et sur les passages de la rivière de Loire, où plusieurs bons marchands ont été pillés tellement, que, long-temps, les marchands n'osoient aller ni venir par le dit pays de Lion. Et les chartiers mesmes, longue espace de temps, sans charier, à cause qu'ils estoient vollés de leurs marchandises avec charettes et chevaux.

En ce mesme temps la ville de Dieppe et la ville du Havre faillit à être livrée aux dits Anglois, en ung jour de chandeleur. Mais Monsieur de la Millevaye, homme de bien, catholique crestien et de noble maison, descouvrit la trahison, et fist sortir de Rouen, par M. de Carouge, pour lors gouverneur au dit Rouen, quelques mil hommes, tant de pied que de cheval, la nuit du dit jour de la chandeleur. Et furent les conspirateurs de la trahison pris, dont l'un fut un nommé le seigneur de Linebœuf, un nommé de Calville, et plusieurs autres, tant du pays de Caux que de Dieppe et du Havre, qui furent, après, exécutés au dit lieu de Rouen, les uns décapités et les autres tous pendus, en divers jours. Après telle chose, toutes les villes, chacun endroit soy, se donna de garde des hérétiques. Mais il est bien tard de fermer l'estable, quand le cheval est perdu. Aucuns disent que le dit admiral avoit brassé telle chose avec les Anglois, pour avoir secours d'iceux; et si ils fussent parvenus à ce qu'ils prétendoient, tout le pays estoit en grand péril; car le Havre est la bouche de la Seine, où il faut que tous les navires qui montent en amont pour venir à Rouen, passent; et de Rouen portent les marchandises par le pays de France, et de Dieppe ils vont aussi par les pays de Picardie et de Champagne. Cela eut esté une grande confusion pour tous les pays; mais Dieu eut pitié du paouvre peuple, pour lors tant désollé par la guerre, et par les chertés des vivres qui durèrent cinq ans, qu'il ne sçavoit plus mettre les pieds l'un devant l'autre.

Ledit an 1570, le roi Charles, IXe du nom, voyant que les Calvinistes estoient si pernitieux et cauteleux, leur permit de rechef de vivre en leur liberté, et sans rechercher leur conscience, qui est ce qu'ils veulent. Mais tout homme qui fait bien, et qui veut bien loyalement et fidèlement vivre, il ne craint rien. Le Roi leur ayant accordé cela, ils faisoient les bons vallets et demandèrent permission d'aller combattre le duc d'Albe, pour lors estant en Flandre, qui faisoit la guerre à ceux de leur secte, ce que le Roi en partie leur accepta, moyennant certaine condition qui leur estoit déclarée. Ils s'assemblèrent près de dix mille qui passèrent pour entrer en Haynault, par le pays de Guise, et de là passèrent par un village nommé Quevrains [Quiévrain], entre Mons et Valentiennes, et furent arrestés en un chasteau, par un nommé M. Des Voix, gentilhomme dudit pays. Cependant le coup, des Espagnols et ceux du pays leur livrèrent la bataille près d'un estang où est le chasteau de Boursu et Saint-Quelein, à deux lieues de Mont en Haynault, auquel lieu ils furent combattus vivement, et il en demeura près de la moitié, et la plupart furent noyés, et les autres pendus; et leur capitaine nommé Quélus, fut pris, mené en la citadelle près d'Anvers, où il a esté décapité avec d'autres de sa couleur. Le reste d'iceux qui échappèrent, s'en revindrent en partie tous nuds en France. Le roi Charles, voyant qu'ils n'avoient pas fait ce qu'ils pensoient, afin de les tenir encore en paix, fit faire déffenses de leur rien reprocher, ne dire aucune chose l'un à l'autre, et les laisser vivre en leur liberté.

Cependant le Roy accorda au Roy de Navarre sa sœur en mariage, lequel fut fait à Paris l'an 1571, où tous princes et seigneurs furent semons pour se trouver à la fête; ceux mesmes qui avoient esté ennemis et rebelles contre la majesté du Roy y furent semons; car le Roy leur avoit fait abollition de toutes leurs fautes. Alors se trouvèrent audit Paris, l'admiral seigneur de Chastillon, le seigneur de la Rochefoucault et son fils, le comte de Montgommery et plusieurs autres, lesquels estoient les chefs de la secte Calviniste. Or, estant à Paris durant cette feste, voullant par leur arrogance, ainsi qu'ils sont partout superbes, on dit que le capitaine Pillée voulut offenser des gens de la garde du Roy. Ce Pillée estoit celui qui tint fort dedans Saint-Jean-d'Angely, où le comte de Brissac, vaillant prince et jeune, fut tué. Ce capitaine Pillée estoit le plus famillier de l'admiral, c'estoit celui qui faisoit le pas devant. Or, entre lui et les gens de garde querelle se mit, et tirèrent les uns contre les autres on ne sait pourquoi. Sur ces entrefaites, le frère du roy Charles, armé, qui vouloit sçavoir que c'estoit, leur commandant de part et d'autre de mettre les armes bas, ce que les Calvinistes ne vouloient faire, plusieurs fois ledit frère du Roy fut parler à eux, pour pacifier leur querelle et les appaiser. Ils n'en voulurent rien faire. Ledit seigneur frère du Roy, voyant qu'ils ne lui voulloient obéir, se retira, et cependant leur querelle augmenta, et tuèrent quelques-uns de la garde du Roy, ce qui lui fut rapporté. Alors, il commanda de prendre ceux qui faisoient cette sédition; les Calvinistes se mirent en déffense. Comme ces choses se faisoient (tant plus on met de bois en ung feu, tant plus il s'échauffe, et tant plus sa flamme s'étend loing) le Roy voyant qu'ils usèrent de résistance, commanda qu'on les prist morts ou vifs. Alors on prit des forces, et furent les portes de Paris closes partout, afin de les arrester pour en faire la justice; ce qu'ils ne voulurent endurer, et tout autant qu'il en fut trouvé ce jour, dedans Paris, de la secte calviniste, qui se mettoient ou s'estoient mis en défense, on les mettoit à mort. Ledit Pillée y fut tué, son monsieur l'Admiral, le seigneur de La Rochefoucault et son fils, et plusieurs qui mirent la main aux armes, pour telle hastive querelle. Ce n'est point discrétion à tels seigneurs de grande et noble maison comme ils estoient, de se mesler pour des soldats. Voyant à Paris que tels seigneurs mettoient la main aux armes et qu'ils avoient long-temps fait la guerre contre le roy, on doutoit à Paris qu'ils ne voulussent forcer toute la ville qui, peut-estre, eust esté mise en proye, sy la force leur fust demeurée. Cela fut cause, pour conserver une telle ville que Paris, que plusieurs villains hommes aidèrent à la garder d'un sac, laquelle chose eust esté une grande confusion pour le roy et pour le pays de France, et mesme pour toutes les autres contrées circonvoisines. Je crois que telle furie vint plus tost par permission divine que autrement; car ceux qui y moururent avoient commis des maux exécrables en France. Quand cette querelleuse sédition fut passée à Paris, ledit comte de Montgommery ne se trouva point sous les coups et monta hastivement à cheval, lequel, avec ceux de sa secte, alla surprendre en la Basse-Normandie la ville d'Alençon, de Saint-Lo, de Carentan et de plusieurs autres places.

Cette corruption a ouvert la porte à toute volerie; car, pour ce jour d'hui, toutes gens de guerre, tant de cheval que de pied, sous l'ombre de l'autorité d'icelle, pillent, vollent, desrobent à toutes mains le pauvre peuple qu'ils ont mis au néant, tellement qu'on aime mieux, pour le présent, les ennemys étrangers que les soldats de la patrie. Il y a le plus grand désordre par le pays, et telle confusion entre eux, par les insolences qu'ils font aux pauvres gens de village, que ce n'est plus que tyrannie; et sous ce manteau de guerre, ils vollent, ils pillent grands et petits, détroussent et tuent les bons marchands, et brigandent partout sans répréhension nulle. Et leurs capitaines participent aux larcins que leurs soldats font. Et par ce moyen ils leur donnent pleine licence de faire pillages, voleries, assassinats, rançons et brigranderies, sur le peuple et sur les marchands. Et le tout se fait, comme dit est, sous le manteau de guerre. Hélas! Dieu connoit pour quelle cause on fait cette couverture. Ce n'est que pour avoir occasion de piller et de voler, et voilà tout ce que nous aporte cette damnable hérésie calviniste. Elle a ouvert la grande porte en général à toutes gens méchants qui n'ont loy, ne foy, ne roy, encore moins de Dieu, ni sa crainte devant leurs yeux; tellement qu'on peut véritablement dire que le malheur est deslié, et l'abomination est étendue sur toute la terre, tant que toutes honnestes vertus sont en vauderoute. Les soldats, volleurs et brigands, ont trouvé une nouvelle parricide façon d'avoir l'argent de toutes gens. Aux uns ils baillent les tortures, et leur mettent la main dedans une mortoise, et là dedans, avec la main de celui qu'ils veulent voler, ils passent un coin de bois, tellement qu'ils froissent tous les os de la main d'un homme, s'il ne leur baille de l'argent. Aux autres, ils mettent la main à leurs vaches, en disant des blasphèmes exécrables, qu'ils couperont la langue aux dites vaches si on ne leur baille de l'argent. Aux autres gens laboureurs qu'ils pensent estre saisis d'argent, ils prennent leurs enfants aagés de 10 ans, et les descendent en un puits avec une corbeille, et leur font boire à tous leurs amis, si on ne leur baille de l'argent. Aux autres paouvres gens de village qui cachent sy peu de meubles qu'ils ont, ils pendent d'une corde les paouvres hommes au gond où tient la crémayer, en les tenant ainsi pendus pardessous les aisselles; et lors estant ainsi pendus à la cheminée, ayant les paouvres hommes déchaussés, il est pris par les dits soldats, volleurs et brigands, de la paille à laquelle ils mettent le feu, sous les pieds du pauvre homme, pour lui faire confesser en quel lieu sont ses meubles et son argent. Ce que je dis est véritable; car, pour avoir commis tels actes, il en a été exécuté à Rouen à la mort. Ils font une façon de crime aux pauvres gens de village quand ils ne trouvent personne aux maisons; ils bruslent au feu leurs couches de bois, les coffres, quand ils ne trouvent rien dedans, et toutes les ustensiles de bois servant au mesnage des dits pauvres gens. Si j'estois d'ici à un an à descrire les malheureuses actes des soldats, je n'en saurois venir jusques à la fin, car ce que j'ai descrit en ce présent chapitre, n'est que cela dont j'ai connaissance. Est-ce pas un horrible désastre que d'endurer une telle désolation en un royaume de France, là où sont tant de cours de Parlement, tant de bailliages, tant de vicomtés, tant de hautes justices, moyennes et basses? Et de quoi servent-ils, ces sauterelles qui dévorent ce qui se trouve échappé de la tempeste, du feu et de la gresle? Hélas! que fera désormais le pauvre misérable peuple? Car il faut tenir ceci pour constant qu'à l'advenir il recevra pire, à cause qu'il n'y a nul qui les supporte, ni qui aient pitié du pauvre peuple. L'on voit les abbayes, monastères toutes désolées, auxquelles on faisoit grandes aumosnes le temps passé, que les gentils hommes qui estoient charitables de leur temps, ont laissé des biens aux dites abbayes, afin que les dites aumosnes fussent continuées; et, pour le présent, tout le revenu des paouvres est dévoré par un plaisant courtisan ou par quelques mignons, ou par un incognu qui baille et vend tout le revenu du crucifix à quelque avocat ou procureur de cour, ou à quelque usurier, ou quelque marchand qui prend à toutes mains par une cupidité insatiable; et il ne faut plus que le peuple s'attende d'avoir d'autres reignes, car de charité il n'en est plus; elle est toute à la bourse. Je croy qu'il n'y a point de remède.

Sy nous ne voyons ce qui advint du temps que régnoient en France le roy Charles sixième, et en Angleterre le roy Richard, de Bordeaux, lesquels roys laissèrent périr leurs royaumes, en l'an 1380, par telles désolations qui se faisoient, tant en France qu'en Angleterre, lesquelles de présent sont pareillement commises; qui leur feront perdre tout, ainssi qui firent les roys de ce temps prédit ci-dessus, comme a escrit amplement messire Jean Froissard, historien du temps dessus dit. On ne voit que pauvres peuples par les champs, emportant sy peu de meubles qu'ils peuvent avoir dedans les bois ou en quelque caverne, avec si peu de bestial qu'ils ont ; car, aussitost qu'on oit parler qu'il vient des soldats en quelque village que ce soit, il faut que le peuple s'enfuye de la voye de ses ravisseurs, lesquels dérobent tout et ne trouvent rien ny trop léger, ny trop pesant. Tout leur est bon, et encore après avoir tout ravi, vollé, aux paouvres gens et aux riches qui vont par les villages, ils les contraignent, à leur département, de leur payer la rançon à laquelle ils les ont taxés; autrement, ils les battent et les tirent à coups d'arquebuses. Quelle horreur et désolation est cela ! Encore ce n'est pas tout ! Après cela, ils sont travaillés de subsides, de doubles tailles, de rebiots [1], de charrettes, de chevaux et de pionniers qu'il faut que le peuple fasse à ses dépens. Comme il est possible d'y subvenir ? Voilà ce qui fait tellement abolir le commerce, que nulle marchandise n'a plus de reigne. Ainsi tout s'en va périssant, réservé ceux qui tiennent les forces (*ciseaux*), lesquels sont officiers qui coupent et taillent par où bon leur semble, et, par ce moyen, ont tout l'or et tout l'argent, avec toutes terres et possessions grandes. Car, allez de quelle que part que ce soit, sy vous demandez : à qui est ce beau chasteau, cette belle grande terre ? On vous dira, c'est à un président, ou à un conseiller, ou à un advocat, ou à quelque officier qui suit la Cour du Roy. Et tous ces riches ici se sauvent des assassinats des soldats, et le pauvre peuple a la décharge de tout. Depuis que les erreurs ont été suscitées par les Calvinistes, il n'a point esté d'autre reigne, lequel continue encore. Toute lasciveté est empreinte au cœur des hommes efféminés qui règnent à présent, et principallement à ceux lesquels ont commandement sur le peuple ; car, en ces dernières années 1578, 79, 80 et 81, les soldats, les capitaines et autres de telle qualité font tout ce qu'ils veulent sans nulle répréhension. C'est, pour le présent, au plus fort la pouche ; et en quatre années, l'une ensuivant l'autre, aussitôt qu'ils ont vu les grains, les vins et toutes sortes de fruits cueillis et mis en grange et à profit, il n'y a que ravissements,

---

[1] Les glossateurs ne donnent point le sens de ce mot.

assassinats et volleries par toute la France. Car cette année 1581, aux mois de janvier, février, mars et avril, ils ont fait tant de violence partout, que les diables en ont horreur. Ils ont fait des inhumanités exécrables au mois de mars; en sorte que, le propre jour de Pasques, qui fut le 26 de cedit mois, les eléments estoient tellement irrités, que les vents, ce propre jour, abattirent en plusieurs lieux une infinité d'arbres, sans les maisons, moulins à vent, et plusieurs clochers qui sont tombés par terre, lesquels ont tué et blessé un grand nombre de personnes en divers lieux, tellement qu'il y a, par plusieurs contrées, une perte innombrable. C'est une calamité indicible de ce que les vents ont abattu audit jour de Pasques, et faut bien croire que Dieu tout-puissant est amèrement courroussé du méchant gouvernement qui règne à présent sur la terre; prions Dieu qu'il lui plaise appaiser son courroux.

En cette année 1581, les chefs et les capitaines des Calvinistes, anabatistes, libertins, athéistes, espicuriens, et toute telle manière de gens furent laissés aller courir tant en ce pays de France, Normandie, que par le pays de Flandre, et pillèrent tellement le peuple partout, qu'il falloit que chacun, par les champs, s'enfuyt aux villes fermées, à tout le peu de bien qu'ils avoient. Voilà l'apport de l'hérésie de Calvin et ses semblables, et tout le bon fruit qu'a fait et produit ladite hérésie, qu'ils appellent religion.

On voit clairement que contre les horribles crimes qui se commettent, les éléments sont irrités, les vents, les tremblements de terre, les eaux qui se sont eslevés en cette présente année 1582, par deux fois, lesquels ont dévoré plusieurs personnes en divers lieux; il ne reste plus que le feu et l'air à montrer leur courroux. Quant à l'air, il commence à frapper de pestilence, comme chacun connoist assez, en plusieurs contrées; car, en l'année 1580 et 81, il est assez connu comme l'air a frappé sur Paris et à Marseille, en Italie, en Dauphiné, à Lion et en Auvergne. Maintenant l'air frappe les Pays-Bas, comme Navarrois, Braban, Flandre, Haynault, Artois, Picardie et Normandie, pour les grandes iniquités qui règnent sur la terre.

En l'an 1583, ceux qui se disent ministres de justice firent des pollices, pensant résister contre la contagion pestilente qui augmentoit journellement en plusieurs lieux de la France; ce qu'ils ne sçurent faire, car il est impossible de résister à Dieu, ne contre les flambeaux par lesquels il chastie le mauvais monde. Les gens avec leur grandeur ne peuvent rien contre la force de Jupiter, car les pollices qui furent faites causèrent plus grandes pestilences que devant, pour ce que les personnes agitées de cette calamité, tant par les champs que par les villes, estoient captives et enfermées dans leurs maisons, et outre ils n'estoient sollicités de nuls, et tenus délaissés, en telle nécessité, de chacun. Je laisse à considérer à toutes d'entendement, que peut apporter la captivité et telle rigueur, aux paouvres gens attédiés par la violence de peste, qui n'est autre chose que la sagesse de Dieu, ainsi que le roy David atteste. Qui sera donc celui qui pourra résister au Dieu Tout-Puissant, devant lequel on ne peut résister à son courroux, ne fuyr sa présence; ceux qui ignorent sa puissance, estiment qu'elle n'est pas partout, je dis que sy est : soit en terre, soit en mer, soit en l'air et au ciel, et en toutes resgions son indicible puissance est étendue. N'estimons donc pas resister contre icelle, car s'il plait au grand Dieu que peste frappe les mauvais, toutes les pollices ni les polliciens n'y sauraient faire que bien peu de chose. Mais les ministres de justice, craignans pour leurs offices, estats et grands profits qu'ils ont, en les exerçant, leur font redouter telles maladies de peste, à cause que le plus souvent elle apporte la mort; et ceux qui sont épris des voluptés mondaines et des richesses terriennes, qui n'ont espérance qu'en la félicité des dites richesses, ont une merveilleuse horreur de ce genre de mort; cela leur semble bien amer. C'est pourquoy ils ont fait telles pollices, sans avoir esgard à la calamité ni à l'affliction, misère, facheries, faim, frayeur et pauvreté que la peste apporte aux pauvres gens lesquels en sont agittés.

Extrait du Chartrier de la paroisse Saint-Vincent de Rouen.

Sera noté que le dimanche 3 mai 1562, aucuns séditieux eux disants de la nouvelle religion, pour lors en ceste ville de Rouen, après eux estre précédemment, par force et violence, saisis des armes et hostel commun d'icelle ville, se seroient, ledit jour mesme, le lendemain et autres jours ensuivants, pareillement saisis des esglises parroissialles, relligions et autres lieux saints et sacrés de cette ville, et entre autres de cette paroisse de Saint-Vincent, en la quelle, comme aux autres, ils auroient violemment rompu le Saint-Sacraire, basti en singulière somptuosité et beauté, abbattu et brisé tous les images d'icelle église, cassé les vîtres en plusieurs endroits, rompu et démoly les autels, fonds baptismaux, et la plupart des tombes, et brisé le pavé d'icelles; bruslé, devant ladite église, les corporaux, ornemens, tapisseries, linges, luminaires, livres à chanter et autres choses destinées au service divin; rompu et pareillement bruslé les coffres, bancs et siéges d'icelle, desrobé et pillé les croix et calices, encensoirs, reliques, chopinettes et autres argenteries en grand nombre et grosse valeur; pris et démoli les corolles de cuivre, tant de l'enclos du chœur que du maître autel; dépendu et desrobé la plus part des cloches d'icelle, et encore avec tout cela, avoir esté dérobé ce présent livre chartrier d'icelle paroisse; et icelui, après la prise de cette ville faite par le roi, le lundi 26 octobre ensuivant, audit an, a esté porté en la ville de Pontoise. Dont et de quoi advertys, aucuns des antiens trésoriers et parroissiens d'icelle, par aucuns leurs amis dudit Pontoise, qui leur avoient mandé que le dit livre chartrier estoit audit lieu; ès mains d'un nommé Guion à Poil, de l'estat de marchand de vin, suivant la cour du Roi, estant alors en ladite ville, avoient iceux parroissiens, vers la fin de décembre, audit an, envoyé un nommé Guillaume Abaquesne, de ladite paroisse, au lieu de Pontoise, pour cedit livre réclamer et rachepter, et à lui baillé deniers, pour ce faire. Lequel Abaquesne, après estre arrivé audit lieu, se serait retiré vers ledit Apoil, auquel il disoit avoir fait plusieurs remontrances de la pauvreté de la dite esglise ainsi pillée, comme dit est, luy priant en avoir pitié, et soy contenter gracieusement de quelque modérée somme. Esquelles prières et remontrances, il n'avoit voulu avoir aucun esgard; et avoit icelluy Abaquesne esté contraint, par voye de Justice, lui en payer la somme de soixante et huit livres quinze sous, sans en ce comprendre 7 livres 18 sous, qui a esté payée audit Abaquesne, pour sa peine et dépense dudit voyage; et partant, a esté frayé en tout, pour la recouvrance dudit livre chartrier, la somme de...LXXVI l. XIII s.

Rage et furie des Huguenots dans les paroisses et monastères, tant hors que dans la ville de Rouen, en 62 et 63.

Les Carmes.

Premièrement, aux Carmes ils se jettèrent, et après avoir ravagé dans le chœur, où leurs marques paroissent encore, aux siéges des religieux, qu'ils coupoient la tête et défiguroient les visages qui sont aux bancs et siéges, et de plus ils bruslèrent plusieurs pièces de tapisseries antiennes qui dépendoient du monastère, avec autres ornements qu'ils réduisirent en cendres devant le portail. Et de plus, prindrent un petit garçon, cuisinier de ce monastère, et le menaçant avec feinte de le poignarder, luy firent confesser où estoient les ornements et sacrés vaisseaux d'icelle esglise. L'appréhension qu'ils lui donnèrent lui fit découvrir une niche, dans leur jardin, où, peu devant le désastre, les religieux avoient enfoui leurs ornements dans terre; et fut trouvé ce trésor de sacrés joyaux qui furent prophanés par les mains de ces tigres; et ne laissèrent arrière leur librairie qu'ils brulèrent, et plusieurs images qu'ils abattirent; de plus, des saintes relliques antiennes qu'on vénéroit avec grand honneur dans cette église.

Les Jacobins.

Les Jacobins se sentirent de leur fureur, où l'on voit leur marque bien évidente derrière leur cloistre. Premièrement, ils bruslèrent leur bibliothèque et ne laissèrent rien dans l'église, que les murailles en pauvre équipage. Plusieurs ornements et reliquaires furent par eux pris.

Les Augustins.

Les Augustins ne purent éviter les violences de ces rebelles, car le chœur de l'église a senti la rage de ces loups. Les bancs et siéges des religieux furent coupés en plusieurs façons ; principalement les images et amortissements de leurs siéges paroissent encore comme ils les ont laissés. De plus, prindrent un *ecce homo*, comme l'on voit au portail, à présent, où ils passèrent une corde au col, et le tirassèrent et traisnèrent par plusieurs endroits de leur esglise, avec ignominie et injures contre l'image du Sauveur.

FIN.

SUR LA RELATION

DES TROUBLES DU CALVINISME A ROUEN.

Les historiens de Rouen ne nous ont laissé que des renseignemens assez vagues et assez peu détaillés sur l'époque si dramatique des troubles du calvinisme à Rouen ; Farin, ce *principium et fons* de toute histoire de notre ville, n'en dit presque rien dans son principal ouvrage ; et, dans sa *Normandie Chrétienne*, il ne parle guère que des ravages commis par les religionnaires dans la Cathédrale et dans l'abbaye de Saint-Ouen. Pommeraye, dans son histoire de Saint-Ouen, donne bien aussi quelques détails sur les pillages que les calvinistes exercèrent en 1562 à Saint-Ouen, mais son récit ne s'étend guère hors de cette époque et au-delà de cette enceinte. Ce serait en vain qu'on chercherait, dans l'*Histoire des Martyrs persécutés et mis à mort pour la vérité de l'Évangile*, de Crespin et Simon Poulard, voire même dans l'*Histoire des Églises réformées de France*, de Théodore de Bèze, autre chose que quelques faits détachés ; enfin, l'*Histoire de la persécution de l'Église réformée de Rouen*, du ministre Legendre, n'a, comme on sait, trait qu'à l'époque qui suivit la révocation de l'édit de Nantes. Il ne reste donc que Pommeraye, qui, dans son *Histoire de la Cathédrale de Rouen*, se soit occupé avec un peu d'étendue de ce curieux sujet. Les chapitres XV — XX de son premier livre sont, en effet, une histoire assez complète du calvinisme à Rouen ; toutefois, en lisant sa narration rédigée d'après des documens originaux et des mémoires particuliers qu'il cite à chaque instant, on pouvait regretter que ces témoignages contemporains ne fussent pas parvenus jusqu'à nous. Nous avons eu le bonheur de retrouver un de ces Mémoires particuliers ; c'est celui que Pommeraye désigne ainsi, page 126 de son ouvrage : *Un autre manuscrit qu'une personne de qualité garde dans son cabinet, et dont il m'a donné communication*, etc. L'identité est facile à constater par les fragmens textuels cités çà et là dans les chapitres de Pommeraye. La copie que possède la Bibliothèque de Rouen a été transcrite d'après un manuscrit déposé jadis dans les archives du Chapitre de la Cathédrale ; et le copiste l'a glissée dans un choix d'extraits des registres de l'hôtel-de-ville. Rien de plus diffus, de plus délayé, il faut en convenir, que cette narration, rédigée par quelque bon bourgeois de Rouen, furieux catholique, qui a toujours, au service de sa haine, un inépuisable vocabulaire d'injures contre les protestans ; les réflexions, les digressions allégoriques, les divagations à perte d'haleine, étouffent trop souvent les faits positifs ; et, malgré notre désir de tout conserver, nous avons bien été contraint de faire, par-ci par-là, quelques coupures à travers les ambages circonlocutoires et les parenthèses sans terme de notre singulier historien. Toutefois, le bon grain, quelque peu purgé de cette ivraie envahissante, méritait de figurer dans une collection de documens sur notre histoire locale; c'est le récit d'un témoin oculaire, et ce genre de témoignage est toujours d'une haute valeur aux yeux de la critique historique. D'ailleurs, notre narrateur a de l'originalité jusque dans sa bizarrerie, et l'explication qu'il donne du massacre, ou plutôt, pour parler comme lui, de l'échauffourée de la Saint-Barthélemy, est une des plus singulières versions qui aient été produites à propos de ce fatal événement.

A. P.

VIII

JOURNAL

D'UN BOURGEOIS DE ROUEN

IX

PASSAGE DE JACQUES II

A ROUEN

JOURNAL

D'UN

BOURGEOIS DE ROUEN,

MENTIONNANT QUELQUES ÉVÉNEMENS

Arrivés dans cette Ville,

DEPUIS L'AN 1545 JUSQU'A L'AN 1564.

PASSAGE DE JACQUES II,

PAR LA VILLE DE ROUEN.

— Extrait du Mémorial d'un Religieux de Saint-Ouen. —

٭

PUBLIÉ POUR LA PREMIÈRE FOIS

D'après deux MSS. de la Bibliothèque publique de Rouen,

PAR ANDRÉ POTTIER,
Conservateur.

٭

ROUEN,
E. LEGRAND, ÉDITEUR,
RUE GANTERIE, 26.

—

1837.

PUBLICATION
DE LA REVUE DE ROUEN
ET DE LA NORMANDIE.

IMPRIMÉ PAR NICÉTAS PERIAUX,
RUE DE LA VICOMTÉ, 55.

Le contenu de aulcunes articles advenus a la ville de Rouen,
depuys lan mil cinq cens quarante et cinq.

Fait
(transcrit)
par moy
Jehan Berthelin,
aagé de xv. ans.

L'année 1545, advint en toutte Franse une cherté de bled, en sorte que, à la levée des grains, au moys d'aoust, le bled valloit xij sols vj deniers le boysiau, mesure de Rouen, et, avant que il fust la S^t. Jehan Batiste ensuyvant, a vallu jusques à x livres v sols le boysiau, et l'année en après il vint à v sols le myleur.

L'année 1546, au moys de janvier, a esté tué, dedens l'église Notre Dame de Rouen, un homme, enfant de la ville, nommé Jehan Durant; et estoit fort hardy et furieux, et fut tué par les gens des galères du Roy, qui estoient pour lors devant ceste ville; lesquels hommes avoient audit Durant coupé l'ung de ses bras, par cy devant, par ung dimenche, en oyant la grande messe dedans S^t. Eloy, donct ne fut faict aucune justice.

L'année 1547, au moys de may, ung nommé Adrien Vauquelin, bourgoys de ceste ville, espousist à onze heures la fille de Jehan Mainfray, bonnetier, lequel Vauquelin estoit bien sain et dispos, et, à ce jour mesme, il décéda à v heures de soir; et advint pour avoir beu une foys de sydre qui avoit esté tirée dedens une cane de arain; et y en eut d'autres malades, lesquels se évadirent par bonne purgation soubdaine, et fut ladite espouze reprinse par son père, avec tout son mariage.

Le dit an, le 16e jour [de] juing, maistre Jehan Mauger, lieutenant du baillif, en allant tenir le matin le seige (*siège*) de justice, estant sur sa mulle, a esté tué par un Italien nommé Joryme Sarragosse, prest (*près*) le Pot de cuyvre, et estoit monté sur ung cheval noir, gennet (*genêt*) fort bon; lequel italien print à courir sur son cheval, et ysyst hors de la ville sans contredict; mais du depuys a est (*esté*) prins au pays de Prouvence, et ana (*en a*) esté faict gresve et forte pugnytion, à la présence de deux sergens de ceste ville, quy furent envoyés querir pour confronter contre luy, entendu (*attendu*) quil estoient présens alors du malfaict; dont l'un avoit à non le grant Symon, et l'autre se nommoit (*Nouel Brenneval*[1]). Et estoit le dit Mauger natif

---

[1] Ce nom a été ajouté par une main moderne.

de Caen, et estoit fort rude contre la republique et les polices de la ville, et à l'année de devant sa mort, avoit contraints la pluspart des esglises de la ville de Rouen de luy bailler les argenteries quy estoient à servir au servyce que l'on faisoit, et des Confraries quy estoitz (*estoient*) fondez en icelles églises, disant que c'estoit pour le Roy.

Au dit an, le v*e* jour [de] juillet, il advint au logis du Cheval blanc, à S*t*. Candre le Viel, (*qu'*) un chevalier du Roy y estoit logé, nommé Mons*r*. de Surville, près le pont Levesque; luy estant levé il se en alit aux pryvetz (*privé*) avec le servyteur du dit logis, lesquels tous deux fondyrent et tombèrent dedens lesditz pryvetz, et furent tous deux noiez à l'ordure. Et son page quy aloit au secours, il cuydiet (*cuidoit*) estre noié, mais il fut retyré de bref.

L'an 1550, au moys de juing, a esté faict exécution à Roen d'un homme qui se apeloit Lange, et a esté brulé tout vif, et deux drapiers à sa compaignie pendus, et vij hommes futigués (*fustigés*), et le tout pour hérésie.

L'an 1552, le jour S*t*. Thomas, 21*e* jour [de] décembre, Nicolas de la Place, eslu au[x] esluz de Rouen, fut tué luy et sa chambrerière, par deux jéunes hommes frères, natifz de la forest de Lions, en faisant semblant de luy vouloir donner ung lièvre; lequel cryme vint tost à la congnoyssance des gents, donct advint par grant puysance de la justice, [que] nous (*l'on*) ouvrit les portes du dit eslu, pour prendre lesditz hommes; donct l'ung fut tué en soy defendant, et l'autre fut print, et furent toutz deux mys en pryson, et le lendemain furent condamnez, à savoir : le mort à avoir la teste trenchée, et le vif à estre brysé sur la roue, se (*ce*) quy a esté faict.

Au dit an, au moys de janvier, le 14ᵉ jour, fut prins et desrobé, à l'heure de vj heures ou envyron, à l'église Notre Dame de Rouen, une relicque que nous (*l'on*) apeloit l'Angelot, quy estoyt d'argent, donct ne n'a esté aucune congnoyssance du depuys.

L'année 1557, advint au filz de Monsʳ. De la Bryere dit Dumoncel, quy est insencé, [que] luy estant en la court du Palais à Roen, il vint droict à Monsʳ. Lalemant, 2ᵉ présydent, lequel venoit de tenir la jurysdision, luy bailla un souflet de sa main sur la joe du dit president, atant qu'il peult s'éforcer, donct ne fut faict aucune justice, pour cause qu'il estoit troublé; et fut condamné à son père le faire enfermer bien à destroit (*à l'étroit*).

Au dit an et au dit lieu, à la jurydision de la pierre de mabre (*marbre*), en procédant, advint que le filz du Lieutenant particulier dudit lieu, bailla ung souflet bien adestré, sur la joe de l'advocat du Roy de ladite jurydision, donct fut prins et condampné à faire amende honorable, et defendu à jamais de praticquer audit lieu, et arest donné pour tel cas advenir.

L'an 1559, le vendredy horé (*oré; de orare,*

prier: *le vendredi saint*) advint grant fortune de feu à la maison des Bacheletz, près la Viconté du Roy, à Rouen, et eut une femme muete et des enfantz quil (*qui*) furent brulez, et eut grant feu.

L'an 1560, a esté condampné, par la court, ung homme, natif de Baieux, à estre brulé tout vif, lequel en le menant à l'exécution fut recours (*secouru*) par gens de son oppynion, et fut reprins le jour mesmes à la maison de la Croche (*Crosse*), et lendemain fut mis au feu, jouxte sa sentence; et eut à le convoyer bien quatre à v centz hommes en ermes (*armes*), et fut pour le cas quil estoit acuzé de hérésye.

Au dit an, à la dite ville de Rouen, se commença l'évangille à estre forte contre la justice, et vint à Roen plusieurs mynystres de Geneve, en sorte que il preschoient à des maisons segrettes, et puys après il se myrent à prescher de nuict, et furent en plusieurs places à la ville, et y abondoit grant peuple.

Item, entre lesquels mynystres il luy (*y*) en avoit ung [qui] se myst à prescher au cimetière Notre Dame, et fut aproché par quelques autres mynistres, quil preschoit liberté, et que notre Seigneur avoit soufert mort pour nos péchez commis et à commectre, et que il ne sauroit (*seroit*) point de jugement, et quil ne estoit point de Dieu en Paradis; par quoy advint que ung dymenche il se myst à aler prescher hors la ville, aux brieres S^t. Julien, et y fut grant peuple. Et fut advertir par les anciens de la congrégation de Rouen, qui myrent en avant plusieurs hommes pour prendre le dit mynystre libertin, et que ceulx quilz (*qui*) le prendroient, auroient cent escus sol; et fut le lendemain prins, et deux hommes avec luy quilz (*qui*) faisoient sa quente (*quête*) aux presches, quy estoient natifz de saint Vincent de la dite ville de Roen; et fut le dit mynystre le mardy condanpné à estre brulé tout vif, et les deux hommes penduz et estranglez, se (*ce*) quy fut faict sans appel et à grant conpaignye.

L'an 1560, fut pour l'évangille une sédition à Roen, à la paroysse de St. Nigaize, et y eut vj ou vij personnes tuez, et autres fort blecez; donct fut faict justice d'ung nommé Mychel Heudier, deudens (*dedans*) la prison, et fut pendu, et un [nommé] Monnier recours (*secouru*).

L'an 1561, fut l'évangille presché, en plain jour, à des places hors la ville, à chacun quartier de la dite ville.

En ladite année, fut l'évangille presché, dedans les halles à toylles et à laines, à la vielle tour, par l'espace de deux moys ou envyron, donct le Roy fut mal content, et fut défendu de ne prescher dedens les villes, jusques atant que le Roy en eut ordonné, et fut à (*au*) moys de janvier; donct convinct se retyrer, hors ladite ville pour là prescher.

En iceluy moys de janvier, ung homme natif d'Orléans, quy avoit esté aproché à la court de Parlement, à Rouen, quil avoit rompu quelques ymages, fut condanpné à estre pendu au Neuf Marché; et, en le mectant à l'échelle, il fut recours (*secouru*) par aucuns enfantz de la ville, et fut sauvé.

L'an 1562, au moys d'apvril, le Roy envoya à Roen ung cappitaine nommé Monsr. Maze, pour lever gens et sonner le tabour, pour aller contre le prince de Condé quy estoient (*estoit*) à Orléans, quy tenoit la ville par force, et soutenoit l'évangille, et asenbloit grant conpaignye pour venir occir Messrs de Guiysse (*Guyse*) qu'il (*qui*) soutenoient de leur part l'eglise rommaine. Et advint que aucuns habitans de Rouen, oyant sonner le tabour pour se (*ce*) faict, il (*ils*) myrent à mort le lieutenant dudit cappitaine Masse, et blesyrent fort ledit Maze, et ronpire[nt] le tabour; et fut à eux de leur retyrer, donct plainte en fut au Roy; et à la dite sepmaine, furent prinses, par les gens de la dite évangille, toutes les forteresses de la dite ville, avec touttes les harmes qu'avoient.

Au dit an, au moys de may, le premier jour, fut abatu toutes les imaiges de S^t. Gervais et de S^t. Mor, et le dymenche, iij^e jour de may, fut (*furent*) abatus, rompus, brulez, brisez, toutes choses généralement estant à touttes les esglizes, monastères, relisions (*religions*), en tout et partout généralement, estant scytuez dedens la ville de Rouen, et à l'envyron deux lieutz, jusques au nombre de iiii^{xx} ou envyron; et ny demouroit aucune chose, tant de ymages, ornemens d'or et d'argent, de soye, de linge, mesmes les bants à se soir audites eglizes, que le tout, en tout et partout, usant et servant audites églizes, ne fut mys au feu; et le tout fut faict le iij et iiij^e jour de may, au dit an, sans que aucunes personnes se myst en défense aucunement contre lesdits rompeurs et briseurs, quy fut chose fort rigoureusement menée; et estoient à l'asenblée envyron troys ou quâtre centz; et furent religieux et religieuses, prestres, chanoynes chasés hors de leurs demeures.

Item, le dit jour, fut osté, à ceulx quy vouloient tenir l'église Rommayne, leurs harmes, sans aucun contredict; et se (*ce*) fut faict par les anciens de l'évangille, acompaignés de aucuns hommes en harmes.

Item, le dymenche x^e jour de may, fut preschée et print (*pris*) les monastères des Religions mandiennes, pour prescher l'évangile; et furent commencées les prières, par touttes les églizes, de matin et de soir; et le service du pape abatu et mis en exil.

Item, a esté assis guet, en ceste ville, de nuyct, et y est arryvé grande conpaignye [de] horsains (*étrangers*), pour garder la ville.

Le xiiij^e jour de may, les habitans de la dite ville sont allés par devers le Roy, pour demander pardon, et par devers Monsr. de Aumalle, lesquelz ont esté receuz à leur demande, et ont esté renvoyés avec une partye de leur voulloir.

Item, la ville de Caudebec en Caux, estant asyse

sur la ryvyère de Sayne, à sept lieues de Rouen, ont voullu tenir le fort contre la compaygnie de l'évangille, et ne voulloient point que les idoles de leur églize fusent abatus, parquoy advint que les gens de l'évangille de Rouen furent contraintz de y aller, et y fyrent mener une galère qu'yl (*qui*) portoit souldartz et artylerye, donct il convynt aux habytans de Caudebec de accorder que leur paroysse fut mysse à l'estat des ceulx de la ville de Roen; et fut pour ce que les papaulx avoient chasé ceulx de l'évangille hors de leur ville; sans quil luy (*y*) eut aucune personne mys à mort ny blesé, Dieu mersys (*mercy*), fors deulx hommes de Rouen quyl (*qui*) tonbèrent à la ryvyère, quy estoitz dedens la galère, dont l'ung se apeloit Loyssel, lequel estoit détailleur de draps, et furent noyez.

Item, avant que la galère fut de retour à la ville de Rouen, les souldartz firent plusieurs descentes au long de la ryvyère, et entre autres furent à une abaye de moynes, nommée Jumyége, à laquelle y avoit grantz biens et estoit fort ryche, et fut tout mis à nychyl (*nihil*), et les moynes chassés hors de leur abaye, et le tout sans aucune fortune de fureurs, et fut le dit voyage le xij[e] jour [de] may 1562.

[1] L'année de 1564, au moys de décembre, le viij jour du dit moys, avint une grande fortune, aulx fosez d'entre la porte Biauvezine et la porte Saint

---

[1] Ce qui suit est d'une autre main.

Yllaire, d'ung nome (*homme*) quy se nommet Nicollas Adan, demeurant à deux lieulx loingtz de Rouen, en la parouesse de sainct Jacques seur Dernetal; luy partant de sa mayzon le matin, sain, avec ses deux bestes quy chargit de bourres (*bourrées*), et les hamena et ceste ville de Rouen; luy estant deschergé, en s'en retournant pour aller en sa mayzon, il passit par la porte de Byauvezinne, et, en allant au bout des fossés, estant monté dessus vngne de ses deulx bestes dont il estoiet acomplés, dont la celle seu (*sur*) quoy il estoiet monté, elle alla sy pres du fossé qu'elle tomba et luy et l'aultre beste, aux fons des focés, et à l'eure mesme moururent, luy et ses deux bestes, donc (*dont*) se (*ce*) fut grande fortunne.

PASSAGE
DE JACQUES II,

ROI D'ANGLETERRE,

PAR LA VILLE DE ROUEN,

Le 25 juillet 1690,

ET SA RÉCEPTION DANS L'ABBAYE DE SAINT-OUEN.

Extrait du Mémorial d'un Religieux de cette Abbaye.
MS. de la Bibliothèque de Rouen.

L'an 1690, Jacques II, Roi d'Angleterre, se vit enfin contraint d'abandonner encor le royaume d'Irlande qui jusques là luy estoit resté fidèle, et se vint refugier en France. Il arriva à Roüen le 25 juillet, fête de S^t. Jacques de la même année. Tous les bourgeois eurent ordre de se mettre sous les armes, depuis la chartreuse de S^t. Julien jusqu'à notre église. M^r. le Marquis de Beuvron, lieutenant de la province, avec un grand nombre de personnes de qualité, furent audevant de sà Majesté, plus de deux lieuës loin. Comme on jugea que le Roy voudroit entendre la messe, M^r. de Beuvron destina l'Eglise abbatiale de S^t. Ouen. Pour ce sujet il envoya, environ sur les six heures, son capitaine des gardes au Sacristain de l'abbaye, pour luy commander, de la part du Roy, de le mettre en possession des trois portes du chœur, et des portes de l'église, pour luy deffendre et à tous les autres Religieux de la Maison, d'introduire aucuns parens ni amis dans l'Eglise, ce qui luy fut accordé avec l'agrément du R. P. Prieur. Mais, comme il y avoit beaucoup de personnes qui étoient venues pour entendre la Messe de six heures, on attendit qu'elle fust finie, afin de les faire sortir. Sur les sept heures, tout le monde ayant été mis dehors de l'Eglise, le capitaine, accompagné du Sacristain, mit six soldats à chaque porte du chœur, et un plus grand nombre aux trois portes de l'Eglise et à celle qui va au Cloistre. Il posa aussi une grande quantité de soldats, sous quatre lignes, deux de chaque côté de la nef, depuis la porte du chœur jusqua la grande porte de l'Eglise; ils avoient leurs enseignes déployées, et leurs tambours battoient.

On mit au grand Autel l'ornement de velours rouge, à flammes d'or. On posa sous la grande lampe un prie-Dieu avec un fauteuil. Environ sur les dix heures on avertit la Communauté que le Roy approchoit; alors les Religieux, Anciens et Refformés, se rendirent dans la sacristie pour se revetir d'aubes et de chappes, et deux prirent des tuniques pour porter le daix. Tout le monde étant préparé on se rendit à la grande porte de l'Eglise. Lorsque le carosse du Roy en fut tout proche, Mr. le chantre, portant son bâton, fut le prendre à la portière et l'introduisit dans l'Eglise, alors le Sacristain luy jetta un carreau, et Mr. le Grand Prieur s'avançant luy presenta l'aspersoir, (Sa Majesté prit elle même de l'eau bénîte au bout de son doigt), ensuite il luy donna trois coups d'encens, et enfin lui donna la vraye Croix à adorer, ce qu'elle fit à deux genoux. Etant relevée M^r. le Prieur luy fit son compliment en peu de mots, auquel le Roy répondit obligeamment. Après que cela fut fait, on commença la marche en cette manière : les deux portes-masse marchoient les premiers, le Thuriféraire les suivoit, ensuite un frère convers revêtu de tunique, portant la Croix entre deux Céroféraires, puis les Religieux, et enfin M^r. le Prieur ayant à ses cotés un Diacre et un Soudiacre. Au milieu de tous étoit le M^r. le Chantre qui entonna le *Te Deum*, que l'orgue et la Communauté poursuivirent alternativement. On entra ainsi dans le Chœur, et les Religieux se placèrent dans le Presbytaire, autour du prie-Dieu sur lequel le Roy se mit, et où il se tint à genoux pendant toute la basse Messe qui fut célebrée par un de nos Religieux, et qui fut servie par deux jeunes en aubes. Après la Communion, on presenta le Corporalier à baiser au Roy. Pendant toute la Messe, M^r. De Beuvron et trois ou quatre Millords étoient autour du Roy, et un autre Millord se tint toujours derrière le fauteuil, ayant les deux mains appuyées dessus.

Nous remarquâmes que le Roy entendit la Messe avec une dévotion exemplaire, lisant de temps en temps dans son livre de prières qui parroissoit fort usé ; la couverture en étoit noire et parroissoit être de chagrin ; il se servoit de lunettes pour lire. Jamais il ne tourna la tête de côté ni d'autre, mais il jettoit quelque fois les yeux sur l'autel avec beaucoup de modestie. Son habit étoit fort simple, d'un gris blanc, et les poches de son justaucorps étoient extrêmement remplies. Il portoit son Ordre, qui n'étoit autre chose qu'un ruban, large de deux doigts, en forme de baudrier. Ses souliers étoient plats, d'un cuir commun, et il parroisoit avoir perdu le talon du pied gauche. Son chapeau étoit noir, avec un cordon d'or qui parroissoit vieux.

Après avoir entendu la Messe, la Communauté le reconduisit jusqu'à la porte du cloitre, et Mr. le G. Prieur avec Mess. les anciens, et notre R. P. Prieur avec quelques religieux, furent jusqu'à la porte du logis abbatial, où les Messieurs de ville luy avoient préparé un diner magnifique. Environ sur une heure après Midy, il sortit du logis abbatial, et repassa par le cloître dans l'Eglise, à la sortie de laquelle il monta en carosse, et s'en alla coucher à Meulan.

J'écris ceci le 17e. juillet 1703, presque treize ans après que ces choses se sont passées, temps auquel je suis revenu demeurer à St. Ouen, mais que l'extrême vénération que j'ai conservée pour ce saint Roy persécuté, me rend aussi présentes que le jour que j'eus l'honneur de luy jetter un carreau, lorsquil entroit dans notre Eglise, où je faisois l'office de Sacristain, comme je le fais encore aujourd'huy.

Fr.-Guillaume Le Roux.

SUR LES DEUX DOCUMENS PRÉCÉDENS.

JOURNAL D'UN BOURGEOIS DE ROUEN.

Ce Journal complet, mais malheureusement fort court relativement à l'espace de temps qu'il embrasse et à l'intérêt de la plupart des faits qu'il rappelle, est extrait d'un manuscrit de la Bibliothèque de Rouen, coté A $\frac{175}{173}$ (Catalogue provisoire). Le volume qui renferme ce document curieux provient de la Bibliothèque de l'abbaye de Saint-Ouen, où il portait le n° 164. Monfaucon l'a mentionné dans sa *Bibliotheca MMS.*, t. II, page 1240, col. 2, l. 2. C'est un petit in-folio, sur papier, transcrit par plusieurs mains, en cursive française du XVIe siècle, dite *caractère de Civilité*. L'opuscule que nous publions est intercalé entre plusieurs ouvrages de nature très diverse, et qui n'ont, soit entre eux, soit avec lui, aucun rapport appréciable. Le premier contient la *Relation d'un Pélerinage à la Terre-Sainte*, exécuté en l'an 1507, par Pierre Mesenge, chanoine de Rouen, en compagnie de plusieurs bourgeois de la même ville; l'avant-dernier est une copie de la *Civilité puérile*, imprimée à Lyon, en 1557, par Robert Granjon, avec ces caractères qui paraissent aujourd'hui si bizarres, et qui, pourtant, n'étaient qu'une copie très fidèle de l'écriture usuelle de l'époque. Enfin, des *Contemplations dévotes*, dont la transcription est restée inachevée, terminent le volume. Une particularité assez singulière que présente ce manuscrit, c'est que la souscription des divers ouvrages qu'il contient témoigne que la transcription en a été faite par des enfans. La *Civilité*, qui pourrait passer pour un petit chef-d'œuvre de calligraphie, a été copiée par Martin Graindor, âgé de douze ans, fils d'un marchand de la paroisse Saint-Michel. Le *Pélerinage à la Terre-Sainte* a été transcrit par Jehan Berthelin, *âgé de treize à quatorze ans*, également fils d'un marchand de la même paroisse; enfin, si nous ajoutons foi à l'intitulé du Journal que nous publions, la transcription en serait due au même *Jehan Berthelin*, *âgé de quinze ans*. Toutefois, nous ne saurions dissimuler que l'assertion émise dans ce titre présente une difficulté dont la solution naturelle nous paraît à peu près impossible. Que le jeune Berthelin, après avoir terminé sa copie du *Pélerinage à Jérusalem*, en 1545, lorsqu'il touchait à sa quinzième année, ait commencé immédiatement la transcription du *Journal*, et ait affirmé de nouveau son âge, dans le titre de cet opuscule, il n'y a rien dans ce fait qui ne soit tout-à-fait plausible; mais comment expliquer cette circonstance, que ce Journal, qui contient une succession d'événemens embrassant depuis l'année 1545 jusqu'à l'année 1564, est, cependant, écrit couramment, sans changement d'écriture appréciable, et en quelque sorte tout d'un trait? Il est évident qu'il existe là quelqu'une de ces suppositions de nom, de ces falsifications de titre si fréquentes dans les manuscrits du moyen-âge, mais qu'il serait, pour l'instant, fort peu utile de chercher à débrouiller. Qu'il nous suffise de constater que le texte que nous publions, s'il n'est point autographe, a cependant tous les caractères d'authenticité que l'on peut désirer dans de semblables documens; et que, par la curiosité de quelques-uns des faits qu'il relate, comme par les lumières qu'il fournit sur l'établissement de la réforme à Rouen, il était vraiment digne de publication. Nous nous sommes fait une loi de conserver scrupuleusement l'orthographe originale, quelque bizarre, irrationnelle et surannée qu'elle paraisse. C'est un devoir d'exactitude dont on doit rarement s'écarter. D'ailleurs, il est, même pour les personnes les moins habituées à ces formes vieillies, un moyen facile d'en atténuer l'inconvénient : c'est, en lisant, de faire bien moins attention aux étranges substitutions qu'éprouvent les lettres, qu'au son que leur assemblage produit à l'oreille.

PASSAGE DE JACQUES II PAR LA VILLE DE ROUEN.

Ce document, qui intéressera par quelques détails de cérémonial et de costume, et par le portrait naïvement esquissé du dernier des Stuarts couronnés, est extrait du *Mémorial d'un Religieux de Saint-Ouen* (MS. Y $\frac{22}{18}$ de la Bibliothèque de Rouen, Catalogue provis.) Ce manuscrit contient une espèce de procès-verbal journalier de tous les événemens plus ou moins notables arrivés dans l'abbaye de Saint-Ouen, depuis l'an 1703 jusqu'à l'an 1725, sauf la mention de quelques faits antérieurs ; il abonde, à la vérité, beaucoup plus en minutieuses descriptions d'offices, en disputes de préséances et en débats de sacristie, qu'en faits d'un intérêt général ; mais on y trouve, cependant, clairsemés, des renseignemens d'un grand prix, et des scènes piquantes racontées avec d'ingénus détails.

A. P.

X

FUNÉRAILLES

DE

M. ET MME DE FEUGUEROLLES

XI

INSTALLATION ET FUNÉRAILLES

DE CLAUDE-MAUR D'AUBIGNÉ

Funérailles de Mr De Feuguerolles,

FUNÉRAILLES

DE

M. DE FEUGUEROLLES,

CONSEILLER AU PARLEMENT DE NORMANDIE,

ET DE

MADAME DE FEUGUEROLLES,

DANS

L'ABBAYE DE SAINT-OUEN,

En 1704 et 1713.

✤

Extrait *du Mémorial d'un Religieux de Saint-Ouen*,
Ms. de la Bibliothèque de Rouen.

✤

PUBLIÉ
PAR ANDRÉ POTTIER,
Conservateur de la Bibliothèque publique.

✤

ROUEN,
E. LE GRAND, ÉDITEUR,
RUE GANTERIE, 26.
—
1837.

PUBLICATION
DE LA REVUE DE ROUEN
ET DE LA NORMANDIE.

IMPRIMÉ CHEZ NICÉTAS PÉRIAUX
RUE DE LA VICOMTÉ, N° 55.

FUNÉRAILLES

DE MONSIEUR ET DE MADAME

DE FEUGUEROLLES,

DANS

L'ABBAYE DE SAINT-OUEN.

Inhumation de M. le Doyen des Conseillers, et les désordres qui y arrivèrent.

Le 28ᵉ février 1704, mourut, sur les 9 heures du matin, Monsieur de Feugueroles de Palmes, doyen des conseillers du Parlement de Normandie, dont la famille a vn caveau dans la chapelle de la Vierge, du côté de l'Evangile, qui leur sert de sépulture. Peu d'heures après son décez Monsieur de Cretot-Chalons, parent du deffunct, vint requerir le R. P. prieur de donner sépulture dans nôtre Eglise, à M. de Fuguerolles, suivant la fondacion. Ce qui ayant été accordé, le R. P. prieur representa à Mʳ. de Cretot les scandales qui avoient été causez par les prêtres aux deux précédentes inhumations, lesquels prétendoient porter le corps du deffunt jusques dans le chœur, quoyque ce ne fust que par pure tolérance qu'on leur ait permis de le porter jusques devant la chaire du prédicateur, parce qu'ils le présentoient toujours à la grande porte de l'Eglise, et ensuite s'en retournoient. Que pour obvier à ce désordre il falloit convenir, avec Mʳ. le curé de Ste-Croix, du lieu de l'Eglise où il présenteroit le corps. Le curé étant venu, les deux parties demeurèrent d'accord qu'on le présenteroit, suivant la nouvelle coûtume, devant la chaire du prédicateur, et que, pour empêcher les insultes du peuple, on fermeroit les portes de l'Eglise après les vespres, et que Mʳ. de Cretot feroit venir quelques vns de la cinquantaine pour les garder. On convint qu'on feroit l'inhumacion le dimanche suivant 2ᵉ. jour de mars, qui étoit le 4ᵉ de caresme. Pour les sonneurs ils furent voir Mʳ. de Cretot pour sçavoir de luy la manière qu'on sonneroit, ils eurent ordre de sonner vne vollée peu aprez le décez, et pendant tout l'enterrement; et on leur donna, quelque tems ensuite, 14 liv. seulement, parce qu'il n'y eut point de service.

Le dimanche désigné il n'y eut point de sermon, et on dit à 2 heures les vespres et immédiatement aprez les complies, après lesquelles on fit sortir tout le peuple et on ferma les portes de l'Eglise. Cependant on tendit le chœur de noir. Environ sur les 8 heures du soir les religieux se rendirent à la sacristie où le R. P. prieur, M^r. le chantre et deux des nôtres se revestirent d'aubes et de chappes violettes à fleurs de lys, le diacre et soudiacre de tuniques. Deux céroféraires, un thuriféraire, un porte eau benîte, et un frère convers pour porter la croix, prirent des aubes. Lorsque le clergé seculier commença à entrer dans la grande place, on sonna les grosses cloches, et les religieux sortirent en ordre de la sacristie pour aller attendre le corps devant la chaire où on avoit mis deux tréteaux tout nuds sur lesquels on devoit le poser. M^r. de Cretot ayant negligé de faire venir quelques vns de la cinquantaine, parce qu'il crut que les prêtres et les religieux étant d'accord, ils seroient inutiles, on fut obligé d'ouvrir les portes et de laisser entrer la populace qui causa un désordre inexplicable ; car, comme quelques vns des prêtres vouloient porter le corps dans le chœur, et que nous tachions de les empêcher, plusieurs mutins nous firent violence, quelques vns ôtèrent les tréteaux, et on fut obligé de jetter le coffre à terre. Cependant M^r. le curé de Ste-Croix qui devoit venir attester que le deffunct étoit mort dans la communion de l'Église, ne paroissoit point, quoyqu'on l'appellat pour venir attester, à ses prêtres et au peuple, que nous étions, luy et nous, demeurez d'accord qu'on s'arrêteroit devant la chaire.

Pendant toute cette confusion, les prêtres donnèrent une partie de leurs cierges tout rompus aux religieux, et ils en retinrent une partie. Plusieurs religieux reçurent quelques coups, et tous beaucoup d'injures. Mess. du Parlement qui assistoient au convoy, voyant qu'ils ne pouvoient avancer, nous maltraitèrent aussi de paroles; enfin peu s'en fallut que 3 ou 400 laquais qui étoient dans la grande place de St-Ouen, sur le bruit qu'on fit courir que nous égorgions les prêtres, ne vinrent faire main basse sur nous. De l'autre côté, quelque particulier arracha la croix du baton de l'ecclésiastique qui la portoit, à la teste du clergé de la parroisse; laquelle ayant été remise, vn conseiller la reprit et fut frapper avec, contre la porte du chœur afin de la faire ouvrir, mais avec tant de force qu'elle fut rompuë.

Enfin comme le désordre continuoit et qu'on ne pouvoit avancer, le curé parut, et, en attestant que le deffunct étoit mort dans la communion de l'Eglise, il protesta que ni le R. P. prieur ni luy n'avoient aucune part à tout ce tumulte, qu'il étoit demeuré d'accord avec luy que son clergé ne passeroit pas la chaire. Alors quelques conseillers s'étant approchez pour tacher d'appaiser les choses, ils donnèrent lieu aux prêtres de chanter un *libera*, lequel étant fini, nous primes le corps et nous le transportames avec bien de la peine dans le chœur, en chantant. Tous les religieux étant rassemblez et Mess. du Parlement entrez, nous fimes les prières marquées dans le Manuel de Rouen. Il y avoit dans le chœur vne chapelle ardente de 36 chandeliers d'argent. Ce furent les bedeaux seuls qui portèrent le corps dans le caveau, mais qui furent suivis du célébrant avec le diacre et le soudiacre.

Les héritiers du deffunct firent faire le lendemain le service, dans l'église de Ste-Croix, qu'on faisoit ordinairement dans notre Eglise. C'est ce qui fit qu'ils ne donnèrent que 75 livres, qui n'est que la moitié des 50 écus qu'ils donnent aux religieux, quand il y a service. Le sacristain qui reçut cet argent, et qui donna un billet de reçu au secretaire de M^r. de Feuguerolles qui l'apporta, le présenta ensuite à M^r. le chantre qui prit 5 livres pour son assistance, la moitié moins que lorsqu'il y a service. Il ne présenta rien à M^r. Le Couteux, ancien religieux, parce qu'il n'y étoit pas.

Deux jours après, le prêtre clerc de la parroisse vint, de la part du curé de la paroisse, demander la moitié du luminaire, qui luy fut délivrée aussitost de ce qu'il se trouva de cierges ; car, comme j'ay dit, il y en eut un grand nombre qu'on ne donna pas aux religieux ; et encore ce qu'on leur donna se trouva si rompu, qu'il fut impossible de mettre la plus grande partie de ces cierges autour du corps, pourquoy ils sont destinez.

Il est bon de remarquer qu'outre ces cierges, que le clergé séculier doit remettre entre les mains des religieux en entrant dans l'Eglise, les héritiers donnent ordre à leur cirier d'en fournir encore 12 pour les chandeliers de l'autel, 4 pour les anges des colonnes, 3 pour les lampes, 2 pour les chandeliers des acolithes, et un cierge de corps. Tous ces cierges sont partagez avec le curé comme les autres.

Comme ce sont les bedeaux qui portent le corps, c'est aux nôtres à en chercher un nombre suffisant, pour les aider à le porter de la nef dans le chœur, et du chœur au lieu de la sépulture. Les héritiers leur donnèrent 12 livres pour cette peine, et pour ouvrir et refermer le caveau.

Peu après le jour de l'inhumacion, on commença, par ordre des héritiers, un annuel de messes qu'on dit tous les jours, à l'heure qu'ils indiquent, dans la même chapelle, et autant qu'il se peut avec leurs ornemens noirs. Ils donnent ordinairement 50 écus pour cet annuel.

Il faut prendre garde, dans ces sortes de cérémonies, de mettre des personnes sages aux portes du chœur. Il faut aussi tenir fermées les portes des collateraux, et y mettre quelques personnes fortes, pour les garder.

Le danger où nous fumes exposez à cette inhumacion, nous doit obliger à prendre des mesures pour obtenir une partie de la cinquantaine, pour la garde des portes de l'église, dans une pareille occurence.

Il est bon de dire icy que, quoyque tout le désordre qui arriva en cette occasion ait été causé de la part des prêtres, et de quelques mutins qui se meslèrent avec le peuple, cependant Mess. les curés de la ville députèrent six de leur corps, vers Monsieur le P[er] président Camus de Pont-Carré, pour luy representer la violence qu'ils prétendoient que nous leur avions faite, et pour le prier de regler ces difficultez que nous avions toûjours avec eux, dans de pareilles occasions. En ayant été avertis, la communauté jugea à propos de prier aussi M[r]. le P[er] de vouloir être nôtre arbitre; et elle députa, pour solliciter cette affaire auprez de ce magistrat, D. Pierre le Sauvage, procureur sindic, D. Jacques Quimbel, et D. Guillaume Bessin. Les curez en ont député trois de leur côté, qui sont : Mess. Bulteau, curé de St-

Laurent et doyen de la chrétienté, Le Mesle curé de St-Patrice, et.....

Les choses en sont encore là ce 2ᵉ. juillet de la même année 1704, que j'écris ces choses.

Funérailles de madame de Feuguerolles.

Le 7ᵉ de juillet 1713, mourut, sur les 6 heures du soir, dame Catherine Igou de Bois-Normand, veuve de Mess. de Feuguerolles de Palmes, doyen des conseillers du parlement, decédé le 28 de février 1704, ainsi qu'il est marqué en la page 30ᵉ de ces mémoires. Le landemain qui étoit un samedy, Mʳ. le baron de Cretot-Châlons conseiller en la cour, parent de la deffuncte, vint requerir le R. P. prieur que la deffuncte fût inhumée dans le caveau de Mʳ. son mary, situé dans la chapelle de la Vierge. On lui repondit qu'on recevroit volontiers le corps, pourvû qu'on fît en sorte qu'il n'arrivât point de tumulte, comme il y en eut aux funérailles de M. de Fuguerolles, et, pour cet effet, on fit venir le curé de Ste-Croix qu'on conduisit dans la nef, et demeura d'accord que la croix de son clergé s'arrêteroit au 4ᵉ. pillier, un peu au dessus de la chaire du prédicateur. Cependant on fit sonner les grosses cloches pour avertir du décez, et qui sonnèrent encore pendant toute l'inhumation. Après les vêpres les parents firent tendre de noir la devanture du jubé, la chapelle de la Vierge, les portes de l'église, et on mit quelques pieces de drap noir sur l'aigle, la forme des chantres et l'estrade qui devoit environner le cercueil. Ils envoyèrent aussi 3 chappes à fleurs de lys du Parlement, qui servirent au célébrant et aux deux chantres. Pour l'autel, on se servit de nôtre ornement de velours, à fleurs de lys. Le cirier apporta 6 cierges pour les 6 chandeliers de l'autel, 4 pour les colomnes, 3 pour les lampes, et 2 pour les acolythes. Après les vêpres, on ferma les portes de l'église qu'on n'ouvrit que quand le clergé fut arrivé à la porte. On fit porter devant la chaire du prédicateur une longue table pour poser le corps, au lieu de traiteaux qu'on peut enlever facilement, comme il arriva à M^r. de Feuguerolles. Sur les 8 heures et demie de soir, le clergé de Ste-Croix commençant à paroître dans la place, on sonna les grosses cloches, et étant arrivé à la porte, on l'ouvrit; et après que les Messieurs qui conduisoient le convoy furent entrés dans l'église, 7 ou 8 hommes qui la gardoient la refermèrent, mais avec beaucoup de peine et aprez que beaucoup de peuple y fut entré. Peu avant l'entrée du clergé, nôtre communauté se rendit dans la nef, et le frère convers qui portoit la croix, accompagné de 2 acolythes, s'arrêta environ au 7ᵉ. pillier, et la communauté se rangea environ jusqu'au 4ᵉ. vers la chaire où le R. P. prieur avec les 2 chantres, le porte-eau benîte et le thuriféraire se posèrent. Le clergé de Ste-Croix ne passa pas le lieu qu'on luy avoit marqué, mais non sans murmure. Le cercueil étant posé sur la table nuë, le curé fit le compliment insultant et rempli d'ironie comme il s'ensuit :

Mon révérend Père,

« Nous sommes très sensibles aux marques de bonté que vous nous donnez, en venant nous recevoir au bas de vôtre église, avec la croix et l'eau benîte, et à la tête de vôtre sçavante et vertueuse communauté. A Dieu ne plaise que nous nous en glorifions, nous sçavons que ces marques de respect ne sont dûes qu'aux premiers prélats de l'église, vos supérieurs et les nôtres. Mais nous ne cesserons d'admirer une si profonde humilité qui, vous éloignant du sanctuaire pour vous abaisser jusqu'à nous, confondra toujours la vanité des faux-humbles qui, contre l'ordre de J. C., cherchent les 1ʳᵉˢ places dans sa maison. Vôtre charité qui nous empêche d'aller plus loin, pour épargner nos peines, vous attire l'estime de toute cette illustre assemblée, et fait connaître à toute la ville avec quelle bonté vous ménagez les pasteurs et le clergé.

« Avec des vertus si rares que n'avons-nous pas à espérer du secours de vos prières, pour le repos de feuë noble Catherine Igou du Bois-Normand, veuve de Mʳ. de Feuguerolles, vivant doyen de la cour, et nôtre paroissienne. Nous vous en apportons le corps, pour être inhumé dans le sépulchre de feu Mʳ. son mary. Là leurs cendres vont être les mêmes que leurs cœurs l'ont été pendant leur vie. Elle finit hier ses jours, après avoir reçu les ss. sacremens avec des sentimens d'une grande piété. Mais comme nous ne sçavons si nous sommes trouvez dignes d'amour et de haine à nôtre mort, et que Dieu peut appercevoir des taches dans ses élûs, que nous ne voyons point, permettez-nous, mes RR. PP., de prier pour elle, non aux pieds de l'autel, nous n'oserions en approcher qu'avec crainte et tremblement, mais au bas du temple. Cette place nous donnant d'autant plus de confiance dans nos prières, que l'humble publicain y fut favorablement exaucé, à la honte du pharisien orgueilleux, enyvré des privilèges de sa secte. »

Le curé trouva si beau ce compliment, que non content d'en avoir fait distribuer 2 ou 300 exemplaires manuscrits, pour nous rendre odieux, il le fit encore imprimer et le distribua à qui en voulut. Ce qui obligea quelqu'un des nôtres de tourner le compliment du curé contre luy-même, composé de presque ses mêmes paroles, avec les réflexions qu'on trouvera à la fin de ce récit.

Lorsque les prêtres eurent chanté le *libera* et le *de profundis*, nous primes le corps enfermé dans un coffre de plomb, comme avait été celuy de M. de Feuguerolles (de tous ceux qui ont été mis dans le caveau, il n'y a que ces deux qui ayent eû un coffre de plomb), qui fut porté par nos 8 bedeaux dans le chœur. Nous chantames les vêpres des morts, et on fit les prières marquées dans le Manuel de Roüen.

Peu de jours aprez Mʳ. l'abbé de Feuguerolles, fils de la deffuncte, vint apporter 75 livres pour l'assistance des religieux, 14 liv. 17 s. 6 d. pour les sonneurs, et 12 liv. pour les bedeaux, fossoyeurs et pour les chandeliers qui étoient autour du corps. Les prêtres nous donnèrent environ 26 cierges que l'on y mit. Et tout le luminaire, excepté le cierge de corps, fut le lendemain distribué par moitié entre le curé et nous. Mʳ. de Feuguerolles demanda un annuel de messes pour Mᵉ sa mère, pour la somme de 150 liv., que l'on commença le 10ᵉ. juillet.

Modèle d'un Compliment qu'on aurait dû faire au sieur Curé de Sainte-Croix, en répondant au sien.

Monsieur,

« L'humble modestie avec laquelle vous reconnoissez l'honneur que nous vous rendons aujourd'hui, en venant vous recevoir jusqu'ici avec la croix et l'eau bénite, à la tête de nôtre communauté qui aura toujours les mêmes égards pour vous et le même respect que vous témoignez pour elle, prouve évidemment que, bien loin d'être indigne d'un tel honneur, nous eussions dû vous aller recevoir encore plus bas et jusqu'au parvis, pour rendre à votre mérite personnel tout ce qui luy est du. Nous connoissons trop la profondeur de votre humilité pour craindre qu'elle s'en glorifiât, ni qu'elle en prît avantage pour se mesurer avec les premiers prelats de l'Eglise nos supérieurs et les vôtres. Cette candeur et cette sincerité qui brille sur vôtre visage et dans toutes vos paroles qui expriment naturellement tout ce que vous portez dans le cœur, font bien voir que vous ne vous accommodez pas du moindre fard, ni de la moindre hypocrisie de ces faux humbles qui n'ont que les pieds dans la dernière place, pendant que leur cœur occupe la plus haute, et qui, sous des peaux de brebis, ne sont que des loups déguisez, qui cherchent à se couler adroitement, et à pénétrer le plus avant qu'il peuvent dans le fond de la bergerie. Vôtre charité admirable qui se porteroit volontiers à nous ménager, pour nous épargner la peine de descendre jusqu'à vous; cet air si affable, ces paroles si obligeantes, ces manieres si reconnoissantes et si tendres, ne nous permettent pas de douter de la sincerité de vôtre cœur; bien éloigné de celuy du traître et perfide Joab qui saluant Amasa, et luy prenant le menton, comme pour le baiser, lui enfonçoit en même temps le poignard. Nous en aurons toute la reconnoissance que nous devons avoir, et ménageant aussi, avec toute sorte d'estime et de respect, Messieurs les curez de la ville et le clergé, vous pouvez compter, M^r, que nous vous ménagerons très particulièrement. Cette sainte frayeur que vous faites paroître à la vue de l'autel dont vous ne regardez le pied qu'avec crainte et tremblement, n'osant en approcher que de loin, les dispositions saintes avec lesquelles vous entrez dans ce temple, et dont on sçait que votre cœur est pénétré, confondront pour toujours ces impies qui, comme leur reprochoit St. Chrysostome, regardoient nos églises comme des théatres, et n'y venoient que pour faire le personnage de comédiens et de comédiennes; ce qui le faisoit se recrier : *Numquid theatrica sunt ista?*

« Avec de si rares vertus, des dispositions si belles, et un cœur si pur et si bien préparé à la prière, que ne devons point espérer pour le repos de l'ame de feuë noble dame Catherine Igou de Bois-Normand, veuve de feu M^r. de Feuguerolles doyen de la cour, dont vous nous apportez le corps. La douleur dont vôtre ame nous paroit saisie, s'accorde parfaitement avec le triste appareil de cette pompe funèbre. L'affliction qui vous serre le cœur, et vos larmes non feintes que vous mêlez avec celles de cette illustre assemblée, nous témoignent quelle sorte d'intérêt vous prenez aux cendres de cette illustre deffuncte, et combien nous devons compter sur l'ardeur et la force de vos prières. A Dieu ne plaise que nous voulussions jamais comparer nos prières et nos dispositions aux vôtres, nous en serions fort fâchés et nous en ferons toujours une très-grande distinction. Cependant nous confiant au Seigneur, nous lui offrirons nos vœux, le moins mal qu'il nous sera possible.

« Mais que ne pouvons-nous donner à nos prières la force que leur donnent les yeux baissés de ce publicain, la componction qui le porte à se battre si rudement la poitrine, et à s'humilier sincèrement pour les péchez cachez d'autrui. Nous n'eussions jamais pensé, très-respéctable pasteur, à vous donner cette qualité de publicain que vous chérissez dans vous-même. Il est vray que nous en voyons quelques traits sensibles, et que vous l'êtes en un très bon sens. Nous vous cédons donc volontiers et avec plaisir sa place dont vous paroissez si jaloux. Persuadés cependant qu'une humilité aussi profonde et aussi rare que la vôtre, jointe à mille autres belles qualités, mériteroit bien plus tost occuper la place honorable de l'indigne pharisien qui doit vous la quitter et vous la céder toute entière, pour y faire vos prières qui n'y seroient pas plus mal reçues. »

CÉRÉMONIAL

DE L'INSTALLATION

ET

DES FUNÉRAILLES

de Claude-Maur d'Aubigné,

ARCHEVÊQUE DE ROUEN,

EN 1708 ET 1719.

— Extrait du Mémorial d'un Religieux de Saint-Ouen. —

❖

PUBLIÉ, POUR LA PREMIÈRE FOIS,

D'après un Ms. de la Bibliothèque de Rouen ;

PAR ANDRÉ POTTIER,
Conservateur.

❖

ROUEN,
E. LE GRAND, ÉDITEUR,
RUE GANTERIE, 26.

—

1837.

PUBLICATION
DE LA REVUE DE ROUEN
ET DE LA NORMANDIE.

IMPRIMÉ PAR NICÉTAS PERIAUX,
RUE DE LA VICOMTÉ, N° 55.

CÉRÉMONIAL

DE L'INSTALLATION ET DES FUNÉRAILLES

DE CLAUDE-MAUR D'AUBIGNÉ,

ARCHEVÊQUE DE ROUEN,

en 1708 et en 1719.

Installation de M. d'Aubigné, en 1708.

Messire Claude-Maur d'Aubigné, évêque de Noyon, ayant été nommé par le Roy à l'archevêché de Roüen, dès la fête de Noël 1707, n'en est venu prendre possession par luy-même que le 10ᵉ jour de juillet l'année suivante. Il arriva à Roüen deux jours auparavant, qui étoit un dimanche, sur les 7 heures de soir. Le landemain 9ᵉ le R. P. Prieur, accompagné de 3 religieux, fut, sur les 7 heures de matin, pour le complimenter. Ce qu'il fit immédiatement après les députés du Chapitre, et préférablement aux curés de la ville. Il répondit avec toutes les marques de bonté et d'estime, pour la congrégation, que l'on pouvoit désirer. Ayant désigné le 10ᵉ de juillet pour faire son entrée, je fus, le jour d'auparavant, voir le curé de St.-Herbland pour le prier de souffrir que je fisse apporter nos chappes dans son église. Il nous accorda volontiers la chapelle de la Vierge, où il fit mettre une table pour poser nos ornemens. Le 10ᵉ, jour de la cérémonie, je fis porter nos chappes et une tunique pour le porte-croix, dès le matin, dans cette église. Environ sur les 8 heures et demie, nous partîmes de la nôtre, processionnellement, revêtus en aubes, étant précédés par un frère convers, revêtu aussi d'aube, portant la croix, ayant à ses côtez deux enfans en rochet, pour aller à St.-Herbland, en silence et sans chanter. Nous entrâmes par la porte du grand portail, et aussitost nous prîmes nos chappes, et le porte-croix sa tunique. Incontinent après, Mgr l'archevêque arriva dans son carosse, revêtu de son rochet et de son camail, et fut reçu par le curé et le clergé de la paroisse, étant tous en chappe, et conduit jusqu'au grand autel où il fit sa prière, sur le prie-dieu qui lui avoit été préparé. S'étant levé, le curé le conduisit dans la sacristie où il le complimenta. Le compliment fini, le clerc de la paroisse s'approcha pour luy ôter ses souliers et ses chausses, et pour luy offrir des sandales; mais il ne voulut pas souffrir qu'un ecclésiastique fist cet office si bas, qu'il fit exécuter par son valet de chambre; il refusa aussi les sandales, disant que, puisque le cérémonial marquoit que l'archevêque devoit aller déchaussé, il vouloit marcher pieds nuds. Étant rentré dans le chœur, messieurs Guerout et le Couteux, anciens religieux de notre maison, se placèrent à ses deux côtés pour le conduire jusqu'à la barrière de la place qui est devant la Cathédrale. Le curé de St.-Herbland se mit aussi en devoir de conduire le prélat; mais M. le Couteux et le R. P. prieur représentèrent à Mgr l'archevêque que c'étoit une innovation que le curé vouloit faire, dont il fut obligé de se désister par ordre de Monseigneur. Lorsque la procession devoit commencer à marcher, le clergé de St.-Herbland fit difficulté de marcher devant nous, prétendant occuper un côté; mais par la même authorité ils furent déboutez de leurs prétentions, et obligez de nous précéder, comme le curé le leur signifia luy même, en disant tout haut *que c'étoit l'usage:* et il se plaça à leur tête. Lorsque nous fûmes sortis de la paroisse, notre chantre, qui ne portoit pas son bâton, entonna le répons : *Ecce sacerdos magnus*, que nous poursuivîmes jusqu'à la barrière qui est devant la cour des Aides, maintenant l'hôtel des Thrésoriers de France. A la sortie de St.-Herbland M. Guerout, notre ancien religieux, ne se trouvant pas assez fort, à cause de son âge de 84 ans, pour soutenir Mgr l'Archevêque, notre R. P. prieur fit cette fonction, étant à sa droite. On avoit eu soin de mettre de la natte, depuis la Paroisse jusqu'à la porte de la Cathédrale. Étant arrivez à la barrière, le prélat se mit à genoux sur un prie dieu, et alors monsieur le haut-doyen, qui étoit

M^r l'abbé Dufour, voyant que personne ne faisoit le compliment, dit: Monseigneur, c'est au R. P. prieur de St.-Oüen à commencer la cérémonie. Le R. P. prieur, qui avoit cédé cet honneur à M^r le Conteux, luy fit signe de parler; il le fit, mais d'une manière si basse et si embarassée, que personne ne l'entendit. Ensuite monsieur le haut-doyen présenta à Mgr l'archevêque vne formule du jurement qu'il devoit faire, pour conserver les droits de la Cathédrale; on remarqua qu'il ajouta à ces deux mots, *omnia jura*, celuy de *laudabilia*. Aprez ce serment le prélat se leva, et messieurs du Chapitre le conduisirent dans leur église, pour luy faire observer tout ce que les Archevêques ses prédécesseurs avoient fait, mais il refusa de faire le serment d'obéissance à M^r le doyen, comme chanoine. Le prélat étant entre les mains des chanoines, nous nous retirâmes dans l'église de l'Hôtel-Dieu, pour y poser nos chappes, en ayant demandé auparavant la permission à M^r le prieur, et nous retournâmes en aubes à St-Oüen, étant précédez de la croix, sans chanter. On se servit pour cette cérémonie des plus beaux ornemens. Peu de jours après, les supérieurs de nos monastères du diocèze vinrent rendre leurs devoirs au nouvel Archevêque.

Funérailles de M. d'Aubigné, archevêque de Rouen, en 1719.

Messire Claude-Maur d'Aubigné, archevêque de Roüen, étant mort d'apoplexie dans laditte ville de Roüen, le samedi 22 avril 1719, vers les 4 ou 5 heures du matin, deux religieux allèrent chez quelques uns de Mess. les Chanoines pour sçavoir quelles mesures on prendroit au sujet des obsèques dudit S^r archevêque; il leur fut répondu que, n'ayant pas encore consulté leurs registres et leur cérémonial, on ne pouvoit leur rien dire de positif. L'aprez midy un de ces messieurs vint chez nous, à qui un religieux communiqua notre cérémonial local, où il put remarquer que Mess. les chanoines devoient apporter le corps du feu Archevêque jusqu'à la Croix de pierre qui est dans le parvis de notre église, et qu'après nous l'avoir livré, ils pouvoient le suivre jusques dans notre chœur. Cela n'empêcha pas que, le landemain dimanche matin, ces messieurs ayant assemblé leur chapitre et délibéré sur ce sujet, ils résolurent, à la pluralité d'une voix, de ne pas apporter le corps du prélat en nôtre église selon la coûtume. Le principal fondement de leur résolution fut, à ce qu'on assûre, et comme ils ont pris à tâche de le répandre dans les compagnies, que nous leur refusions l'entrée de nôtre chœur, quoyque la veille, comme on l'a déjà dit, un de ces Mess. eût pu voir le contraire, et en faire le rapport au chapitre. Le même jour, après les vêpres, un chanoine vint icy, et nous apprit la résolution du chapitre, qu'il insinua être fondée sur ledit prétendu refus de l'entrée de nôtre chœur. Pour les détromper encore, on leur montra 4 ou 5 anciens cérémoniaux où le contraire étoit marqué. Il pria qu'on luy en confiât un pour le montrer le landemain à son chapitre, ce qu'on luy accorda volontiers. Le lundy matin, ayant voulu faire la lecture dudit cérémonial à ses confrères assemblez en chapitre, on luy ferma la bouche en luy disant que l'on avoit déjà statué là-dessus dès le jour précédent, qu'il n'y avoit plus à revenir.

Le lundy et mardy se passèrent à voir encore quelques uns de ces Mess. pour sçavoir s'ils vouloient persister dans leur première résolution. Enfin, ne voyant pas de disposition de la part de ces Mess. à changer, on fit vne dernière démarche d'honnêteté à M^r le haut-doyen, et deux religieux furent le trouver le mardy pour luy dire que Mess. les chanoines persistant dans la résolution de ne pas apporter le corps de M^r l'Archevêque en notre église, nous ne pouvions nous dispenser de présenter le landemain requête au Parlement pour les y obliger, ce que nous espérions de sa justice, vû les anciennes pièces que nous avons qui justifient nôtre droit et possession. Cette démarche ne produisit pas plus que les autres.

La prétention de ces Mess. dont ils s'étoient assez expliquez, est que cette cérémonie ne peut être censée d'obligation pour eux, et qu'il leur est libre de l'omettre, si bon leur semble, ou si les parents ne la demandent pas.

Le landemain 26 avril, nous présentâmes donc notre requête, au nom de M^r l'abbé et de la communauté, au Parlement, pour être reçus appellants comme d'abus de la délibération capitulaire de Mess. les chanoines. Nôtre requête fut repondue le même jour, et la cour donna un arrest par lequel elle ordonnoit que la requête des S^{rs} abbé et religieux seroit signifiée au chapitre de la Cathédrale, pour en venir le landemain, 8 heures du matin, en présence des gens du roy. Avant que ladite requête fût signifiée, le S^r abbé de la Villette, chanoine, nommé grand-vicaire par le chapitre, *sede vacante*, et conseiller-clerc de la Grand' Chambre, alla au greffe prendre notre ditte requête, l'arrest avec nos pièces, et les porta au Chapitre pour les luy communiquer. Il les retint pendant bien deux heures, ne les rendit qu'aprèz bien des instances. Sur la communication que les chanoines en eurent, ils délibérèrent précipitamment, et résolurent d'inhumer au plutôt et secrètement le corps de M^r l'Archevêque. C'est pourquoy, à l'heure même, sans retourner chez eux, quoyqu'il fût près d'une heure, ils commencèrent par faire fermer toutes les portes de la Cathédrale et de l'Archevêché, tirèrent le corps de la chapelle de l'Archevêché où il étoit en dépost, et, l'ayant fait entrer dans l'église par une porte dérobée, l'inhumèrent clandestinement, dans le caveau de messieurs d'Amboise, sans solemnité ni le son des cloches, espérant sans doute que, leur coup étant fait, et le corps inhumé, on ne pourroit plus les contraindre à faire la cérémonie de l'apporter en nôtre église. Une démarche aussi irrégulière ne servit qu'à irriter le Parlement, et à soulever le public contre eux.

A peine l'inhumation étoit achevée, que messieurs les Commissaires députés par le Parlement, accompagnez d'un huissier, vinrent à l'Archevêché, aprèz y avoir été invitez le matin pour lever le scellé, et pour donner les ornemens et la chapelle du feu Archevêque, pour ses obsèques. M^r le Procureur général, qui étoit à leur tête, eut assez de peine à faire ouvrir les portes de l'Archevêché, et ayant connu que les chanoines venoient d'inhumer ledit Archevêque, il ne voulut point faire lever le scellé, ni rien délivrer. Ceux des chanoines qui se trouvèrent présens, luy dirent que si on n'avoit pas besoin desdits ornemens pour ses obsèques, ils seroient nécessaires pour le service. M^r le Procureur général répondit, que puisqu'ils s'en étoient bien passez pour l'enterrement, ils s'en passeroient bien pour le service, et se retira.

Pour revenir à la procédure qui regarde nôtre requête, le Parlement qui avoit prononcé sur cette affaire, ne s'en étant point saisi par son arrest, puisqu'il l'avoit rendu sans conclusions du Procureur général, sans obtention du mandement, ni de lettres d'appel comme d'abus, et qu'il y avoit encore d'autres nullitez dans la procédure, les chanoines n'ayant point été assignez lors de la signification, nous fûmes obligez de présenter une 2e requête, le 27 avril, qui fut répondue par un : *soit com-*

muniqué au Procureur général, lequel donna ses conclusions et son réquisitoire, tant pour le maintien du droit des Religieux, que pour la conservation de celuy du clergé et du public. Il est à remarquer que, dans le moment que la requête alloit être respondue, les héritiers vinrent inviter le Parlement d'assister au service ; mais il le refusa jusqu'à ce que l'on eût fait droit sur laditte requête. Il fut donné donc un 2e arrest, le 28e, qui reçoit les religieux appellants comme d'abus des actes capitulaires de Mess. les chanoines, des 23 avril dernier et autres jours suivans, par lesquels actes il avoit été arrêté que le corps dudit Archevêque ne seroit point apporté en l'église de St-Oüen ; tient leur acte d'appel pour bien et duement relevé, et leur accorde mandement pour intimer, sur iceluy, lesdits Doyen, Chanoines, et Chapitre de N. D. de Roüen ; et, vû le cas provisoire, ordonne que l'ancien usage sera suivi, que le corps dudit archevêque sera apporté jusqu'à la croix qui est dans le parvis de St-Oüen, et délivré par le doyen ou autre député du chapitre auxdits religieux, pour reposer pendant 24 heures dans ladite église, au bout desquelles lesdits religieux le reporteront au même lieu où ils l'auront reçu, et le remettront entre les mains desdits Doyen, Chanoines et Chapitre de N. D. Et faisant droit sur les plus amples conclusions du Procureur général, la cour ordonne que ledit arrest sera exécuté dans 3 jours du jour de la signification, à quoy faire lesdits Doyen, Chanoines et Chapitre de N. D. seront contraints par la saisie de leur temporel. Tout le public applaudit à cet arrest, et chacun nous en félicita. Il fut signifié le 29 à M^r le doyen.

L'affaire pensa changer de face à l'arrivée de M^r le 1er Président. Ce magistrat étant de retour de Paris le 1er may, prévenu contre l'exhumation qui devoit se faire du corps de l'archevêque, si l'arrest du parlement étoit exécuté, il en marqua tant d'éloignement, que, pour l'empêcher plus efficacement, il fit proposer à la communauté de se contenter du cœur du deffunct archevêque, qui étoit entre les mains de Mr de Tigny son frère, et sur lequel on feroit toutes les mêmes cérémonies que l'on auroit fait sur le corps s'il eût été présent. Ce moyen parut assez propre à la communauté pour terminer l'affaire à l'amiable, sans rien perdre de son droit, et elle se porta d'autant plus volontiers à l'embrasser, qu'elle voyoit bien que cela feroit plaisir à M^r le 1er Président. Elle députa donc, à cet effet, trois religieux pour passer cet accommodement avec Mess. les chanoines en présence de ce 1ᵉʳ magistrat, soit par transaction, soit par un arrest contradictoire qui seroit rendu d'accord de parties. Mais ces trois députés furent bien surpris lorsqu'étant arrivez chez Mʳ le 1ᵉʳ Président, on ne leur parla plus d'apporter le cœur à St-Oüen, parce que les chanoines n'avoient pas voulu accepter cet expédient. Tout ce qui leur fut proposé, fut de signer un compromis pour authoriser Mʳ le 1ᵉʳ Président et deux autres membres du Parlement qui s'y trouvèrent présents, à juger l'affaire au fonds et contradictoirement, sur les titres qui seroient mis sur la table et examinez. Lesdits trois députés n'ayant reçu aucun pouvoir sur ce point, de la part de la communauté, ne purent accepter cette proposition; et tout ce qu'ils purent faire fut de demander du temps. On leur donna jusqu'au landemain matin 3ᵉ de may. Mais la communauté aimant mieux abandonner le jugement de l'affaire au Parlement, qui parroissoit luy être favorable, que d'en passer par où vouloit Mʳ le 1ᵉʳ Président qui avoit marqué beaucoup de prévention, surtout parce qu'il vouloit prendre pour assesseurs deux magistrats, dont l'un s'étoit déjà déclaré ouvertement en faveur des chanoines dans le 1ᵉʳ jugement, et l'autre étoit douteux, elle prit le parti de suivre les chanoines, s'ils poursuivoient la procédure. Le 4ᵉ may, ils présentèrent leur requête d'opposition, demandant à être reçus opposans à l'exécution desdits deux arrests, et qu'ils fussent rapportez comme surpris.

Le landemain 5ᵉ may, avant l'audiance où l'affaire alloit être plaidée, Mess. Loüis d'Aubigné, chevalier, seigneur et marquis de Tigny, frère unique et présomptif héritier du feu Sʳ archevêque, présenta requête au Parlement, par laquelle il offrit de donner le cœur dudit Sʳ archevêque, qu'il avoit en dépôt, pour faire la cérémonie au lieu du corps, auquel il demanda qu'on ne touchât point; ce qui luy fut accordé. C'est pourquoy il fut rendu en même tems un arrest qui reçoit ledit marquis d'Aubigné partie intervenante, déboute les chanoines de leur opposition, ordonne que l'arrest du 28 sera exécuté selon sa forme et teneur, et, attendu l'impossibilité de l'exécuter sur le corps du feu Sʳ. archevêque, ordonne qu'il sera exécuté sur son cœur, et lesdits chanoines condamnez aux dépens. La communauté fut d'avis de les faire taxer, quoyqu'elle n'eût pas dessein de les faire payer, à moins que quelque nouvelle raison ne l'y engageât.

Il faut remarquer que, contre l'ordinaire, l'affaire fut plaidée et les deux arrests rendus à huis clos, pour épargner la confusion aux chanoines. Il faut aussi remarquer que, pendant tout le tems que dura cette contestation, la Cathédrale resta tenduë en deüil et le catafalque dressé. Les chanoines avoient fait ces préparatifs fort promptement, dans le dessein de faire le service le landemain de leur clandestine et peu honorable inhumation.

Le 8e may, l'arrest du 5 fut signifié aux chanoines. Le même jour, à sept heures et demie du soir, lesdits chanoines envoyèrent un huissier pour nous signifier, par vn exploit qu'il mit sous la porte du monastère, qu'ils exécuteroient le landemain à 9 heures du matin; protestant néanmoins que cette soumission ne porteroit aucun préjudice à leur prétention, et ne les empêcheroit pas de se pourvoir contre ledit arrest, si bon leur semble, et de pousser l'affaire au principal.

Le lundi 8e de mai, à sept heures et demie du soir, l'on commença à sonner à la Cathédrale toutes les grosses cloches, et même celle de Georges d'Amboise, pour avertir le public de la cérémonie. On leur répondit à St-Oüen, sur les huict heures, en sonnant aussy les grosses cloches à trois volées, dès que Mess. les chanoines nous eurent fait signifier qu'ils nous apporteroient le landemain le cœur de M. l'Archevêque. En même tems les chanoines envoyèrent par toute la ville des billets, pour inviter le clergé séculier et régulier qui a coûtume de se trouver aux processions générales, de s'assembler le landemain à 8 heures du matin dans l'église Cathédrale, pour en sortir à 9 heures par la porte des Libraires, et de là se rendre à l'archevêché où on prendroit le cœur du deffunct prélat qu'on porteroit processionnellement, en marchant par la ruë des Carmes à St-Oüen, pendant laquelle procession on devoit sonner les cloches dans toutes les églises de la ville.

On ne fit pas grands préparatifs, et il n'y eut aucune tenture dans notre église, parce que les héritiers n'y contribuèrent en rien. Tout ce que l'on put faire, dans le petit espace de tems, fut de parer l'autel de l'ornement de velours violet à fleur de lys d'or, avec les 12 chandeliers d'argent, comme l'on a coûtume de faire aux services solemnels, de dresser vne table au milieu du chœur, qu'on couvrit d'vn drap de corps violet à fleur de lys d'or, au pied de laquelle régnoit vn gradin couvert de noir, sur lequel on mit onze cierges sur des chandeliers d'argent, pour répondre aux onze années que le feu archevêque a gouverné le diocèze, ainsi que le prescrit l'ancien cérémonial de ce monastère. Au dessus de cette estrade, on suspendit vn daiz de velours violet chargé de fleurs de lys d'or, qu'on avoit emprunté de la Maison de Ville, aux quatre coins duquel étoient 4 aigrettes.

On sonna une volée des grosses cloches, dès six heures du matin, et on recommença à les sonner vers le tems que le convoy commença à sortir de la Cathédrale. Le R. Père prieur avec diacre et soudiacre, et les cinq chantres, se revêtirent pour lors de l'ornement violet à fleurs de lys d'or. Le 1er chantre avoit son bâton couvert d'vn crêpe. Deux religieux prêtres, en aube, prirent des étoles noires pour porter le brancart sur lequel on devoit apporter le cœur. Il y avait 2 céroféraires, 2 thuriféraires, un porte-bénitier, et un porte-croix. Le clergé approchant de nôtre église, la communauté vint prendre les officiers en la sacristie, et marcha en deux ailes, sans chanter, par le milieu de la nef, jusques à la Croix de pierre qui est devant le portail de nôtre église, où elle resta en deux ailes, les plus jeunes étant placez les plus proches de nôtre porte-croix qui resta à la porte de l'église, et les plus anciens, avec les officiers revêtus, les plus proches de la Croix de pierre, au devant de laquelle étoit vne table, couverte d'un drap de corps de velours violet à fleurs de lys d'or, pour y poser le brancart sur lequel on apportoit le cœur de l'archevêque. Il faut remarquer que, des cinq chantres, les 2 derniers restèrent proche le porte-croix, à l'entrée de l'église, d'un côté et de l'autre, ayant chacun un encensoir, pour encenser tout le clergé séculier et régulier qui entra dans nôtre église, et même dans le chœur. Les chanoines réguliers de St-Lo et de Ste-Magdeleine ne se trouvèrent point à cette cérémonie. Les enfans du bureau précédoient le clergé avec des pains. Une partie de la Cinquantaine faisoit ranger le peuple dont l'affluence étoit très-grande, et gardoit les portes de l'église et du chœur.

Quand le chapitre de la Cathédrale fut arrivé à la Croix de pierre, aussitost les deux thuriféraires qui étoient restez à côté des 2 chantres qui encensoient, reprirent leurs encensoirs des mains desdits chantres, et allèrent joindre le R. P. prieur pour luy présenter l'encens à bénir, dont il encensa le cœur du deffunt prélat, dès qu'il fut déposé sur la table préparée. Il étoit porté sur un brancart par deux chapelains en surplis et étoles, étoit accompagné de cinq officiers ou domestiques en deüil, qui portoient les marques de la dignité du deffunt archevêque, dans autant de bassins d'argent, sçavoir : la mitre, la crosse, la croix, l'aumusse et la couronne de Pair, le tout couvert de crêpes, et étoit entouré de luminaires portez par des pauvres.

Mʳ le haut-doyen s'étant avancé, fit au R. P. prieur le compliment accoutumé, mais en françois, changeant le mot *corps* en celuy de *cœur*, et dit : *Mon Père, voicy le cœur de Mess. Claude-Maur d'Aubigné, archevêque de Rouen : vous nous l'avez donné vivant, nous vous le rendons mort.* Le R. P. prieur luy répondit par un petit éloge du deffunct, et du zèle que le chapitre faisoit paroître à luy rendre les derniers devoirs, et finit en disant : *Nous vous le rendrons demain, à la même heure et à la même place.* Mʳ le doyen répliqua : *Nous le viendrons quérir demain, à la même heure et à la même place.* Le R. P. prieur invita ensuite ledit Mʳ le doyen avec son chapitre de nous faire l'honneur d'entrer dans nôtre église, et de venir prendre leurs places dans nos chaires du chœur, pour y chanter ce qu'ils voudraient sur le cœur de Mʳ l'archevêque. A quoy Mʳ le doyen répondit que ce ne seroit pas pour cette fois, et se retira avec son chapitre, aussi bien que ceux qui portoient les marques de la dignité de l'archevêque.

Il est bon de remarquer que l'on avoit placé la table sur laquelle on devoit poser le cœur du prélat, entre la porte de notre église et la Croix de pierre. Ce qui ne plut pas au chapitre qui demanda qu'on la mît au-delà de la Croix de pierre. Ce qui fut exécuté sans peine, car on avoit cru leur faire plus d'honneur.

Les chanoines retirez, les 2 religieux en aubes et en étolles ayant pris le brancart sur leurs épaules, le 1ᵉʳ chantre entonna le *Subvenite*, que la communauté poursuivit, en marchant jusques dans le chœur, où ledit brancart qui suivoit la communauté étant placé sur ladite table, et le répons fini, le R. P. prieur, accompagné du diacre et du soudiacre, fit l'absolution sur le cœur, avec aspersion et encens. Aprez quoy on chanta le premier nocturne des morts, en nottes, en commençant par l'invitatoire. On commença aussi à dire des messes basses en noir, au grand autel, jusqu'à midy. Il faut remarquer qu'on avoit dit primes et tierce *in directum* à 5 heures et demie, et la grande messe du jour avec les autres petites heures vers les 7 heures, pour être libre et n'être pas surpris par le clergé.

Aprez que la communauté fut sortie du chœur, il resta 2 religieux pour réciter, à genoux sur un prie-dieu, le Psautier. Il en succéda deux autres, de demi-heure en demi-heure, et, pendant la nuit, d'heure en heure, excepté le tems de l'office, jusqu'à la messe solemnelle du landemain, les onze cierges restant toujours allumez, excepté que pendant la nuit on se contenta d'en laisser brûler vn fort gros.

Aprez les vêpres canoniales on chanta en nottes celles des deffuncts, pour lesquels le R. P. prieur et les cinq chantres se revêtirent, comme le matin, avec les céroféraires et thuriféraires. Le R. P. prieur encensa l'autel au *magnificat*, accompagné des deux derniers chantres. En s'en retournant il s'arrêta à la table où étoit posé le cœur qu'il encensa. Aprez être arrivé en sa place, il fut encensé, luy seul, par les 2 chantres.

Aprez complies qui se dirent à l'heure ordinaire, on chanta en nottes les 2 derniers nocturnes des deffuncts. Six des plus anciens prêtres chanterent les 6 leçons, en commençant par le moins ancien. Le R. P. prieur chanta la dernière, pendant laquelle chacun se tint debout. On réserva les laudes des deffuncts, que l'on psalmodia la nuit, immédiatement aprez les laudes canoniales.

Le landemain mercredy on dit primes et tierce à 5 heures et demie, *in directum*, comme le jour précédent. On marqua des prêtres pour dire des messes basses au grand autel, sucessivement jusqu'à la grand'messe, dont on sonna la préparation à 7 heures et demie. Tous les religieux y assistèrent en aubes. Elle fut célébrée solemnellement par le R. P. prieur. Il étoit revêtu, avec les diacre et soudiacre, de l'ornement violet à fleurs de lys d'or, qu'on avoit emprunté de la ville. Les céroféraires et thuriféraires avoient aussi des tuniques violettes à fleurs de lys d'or. Les cinq chantres avoient aussi des chappes de même, le 1er chantre portant son bâton couvert de crespe. Ils se promenèrent dans le chœur comme à l'ordinaire. L'épitre et l'évangile furent chantez au Jubé, en portant les textes de vermeil, comme à l'ordinaire. Il n'y eut qu'une absolution à la fin. Ensuite toute la communauté alla à la sacristie prendre des chappes noires qu'on avoit empruntées de diverses paroisses de la ville, et revint au chœur, où ayant dit nonnes *in directum*, elle se tint assise dans les hautes chaires, et les chantres sur leur banc, en attendant qu'on fût averti que les chanoines de la Cathédrale approchoient de nôtre église. Dès qu'on en eut avis, tous les officiers de l'autel, revêtus comme à la messe, entrèrent dans le chœur précédez de la croix; celuy qui la portoit étoit revêtu de tunique, aussi bien que le porte-bénitier. Deux religieux prêtres, en aubes et en étolles de velours violet à fleurs de lys, ayant pris sur leurs épaules le brancart sur lequel étoit le cœur, les enfans de la sacristie l'accompagnant en rochet avec des flambeaux, le 1er chantre entonna le r̃/ *Qui Lazarum*; la communauté commença à marcher processionnellement jusqu'au bas de l'autel. Etant arrivez à la porte de l'église on s'y arrêta jusqu'à ce que l'on vît approcher messieurs de la Cathédrale. Alors on alla au devant d'eux jusqu'à la Croix de pierre, comme le jour précédent, et on se rangea, de sorte que le R. P. prieur, les officiers revêtus et les plus anciens étoient les plus proches de ladite Croix et de Mess. les chanoines. Ceux qui portoient le cœur sur un brancart, le déposèrent sur la table préparée, au devant de ladite Croix de pierre; et le R. P. prieur, adressant la parole à Mr le haut-doyen, luy dit : *Monsieur, nous vous rendons le cœur de Mr. l'Archevêque, comme nous vous l'avions promis.* M. le doyen l'ayant pris par la main, ils touchèrent conjointement le cœur, et aprez quelques honnêtetés de part et d'autre, ils se séparèrent. Pour lors deux chapelains en surplis et étolles reprirent le cœur déposé sur la table, comme le jour précédent, et les cinq officiers, qui portoient les marques de dignité du deffunct archevêque, vinrent rejoindre ledit cœur pour l'accompagner. Car il faut remarquer que ces marques de dignité n'avoient pas été apportées dans nôtre église avec le cœur, non plus que le luminaire qui les accompagnoit. Le clergé de la ville ne vint point cette fois avec les chanoines, qui s'en retournèrent seuls dans leur église. Les religieux se retirèrent ensuite dans le même ordre qu'ils étoient venus, et repassèrent au travers de la nef et du chœur, mais sans chanter.

Les chanoines, au lieu de porter le cœur à St.-Amand, selon l'ancien usage, le raportèrent droit chez eux, par la ruë des Carmes.

Installation de Messire de Besons.

N. B. L'Installation de messire Armand Bazin de Besons, successeur de M. d'Aubigné à l'Archevêché de Rouen, présentant la mention d'une particularité importante, sur laquelle le récit précédent garde le silence, nous avons cru devoir rapporter le fragment suivant, qui fera mieux comprendre la partie de la cérémonie des funérailles où il est question de la tradition du cœur de l'Archevêque défunt aux religieux de Saint-Ouen.

❖

Mgr. l'Archevêque étant arrivé le 12, sur les 2 heures d'aprez midy, il prit son repas, et, sur les 4 heures, il donna audience aux six députés du Chapitre qui furent luy rendre leurs respects en habit de chœur étant précédés de leur huissier portant sa masse. Aprez qu'ils furent sortis, il la donna au R. P. prieur qui y étoit allé accompagné de 3 religieux, et là on convint que nous nous rendrions à St.-Herbland sur les 8 heures et demie, afin de commencer la cérémonie à 9 heures. Dès le matin du 13, je fis porter en cette paroisse autant d'aubes et autant des plus belles chappes que j'avois prévu qu'il y auroit de religieux, que je fis mettre sur des tables que M^r le curé avoit fait disposer dans la chapelle de la Vierge. A 8 heures et demie la communauté sortit de l'église de l'Abbaye, en froc, étant précédée d'un frère convers en aube, qui portoit la croix. On ne chanta point dans cette marche. Étant entrés dans l'église, nous nous revêtîmes de nos aubes et de nos chappes, et le frère convers prit une tunique, et ensuite nous entrâmes dans le chœur où nous occupâmes toutes les chaires en attendant Mgr. l'Archevêque. Lorsqu'il entra dans le chœur, il salua toute la communauté par une inclination à droite et à gauche, et après avoir fait sa prière sur un prie-dieu, M^r le curé le conduisit dans la sacristie où il prit des bas de soye couleur de chair et des sandales légères toutes ouvertes. Après quoy M^r le curé le ramena devant l'aigle, et pour lors le R. P. prieur et le P. souprieur furent se mettre à ses côtés, et on commença à marcher étant précédés du clergé de St.-Herbland et de M^r le curé, et alors notre chantre qui ne porta point son bâton commença le ℟. *Ecce sacerdos magnus.* Étant arrivés à la barrière qui est devant la chambre des trésoriers de France, nôtre porte-croix, qui avoit à ses côtés 2 enfans qui portoient les chandeliers, s'arrêta, et la communauté se mettant en haye autant que la multitude du peuple le put permettre, Mgr. passa au milieu accompagné du R. P. prieur et du P. souprieur. Lorsqu'il fut sur la marche de la barrière, le R. P. prieur adressant la parole à M^r le haut-doyen qui étoit à la tête de tout le chapitre, tous en chappes, luy dit ces paroles de la formule ordinaire : *Illustrissimi domini Decani et capitulum Ecclesiæ Metropolitanæ Rothomagensis, tradimus vobis dominum Archiepiscopum vivum, quem reddetis nobis mortuum*. Et, laissant le prélat faire ses sermens ordinaires à M^r le doyen, nous nous retirâmes en l'église de l'Hôtel-Dieu pour y déposer nos aubes et nos chappes, en ayant demandé auparavant la permission à M^r le prieur de la Magdeleine.

Quelques chanoines, par ressentiment des avantages que nous reçûmes dans le temps, de l'inhumation de feu M. d'Aubigné, avoient fait auparavant leur possible auprez de Mgr de Besons, pour l'engager à ne point faire cette cérémonie; mais, le voyant résolu à observer les anciens usages, ils s'avisèrent de fabriquer un compliment supposé, qu'ils faignoient que devoit prononcer le député du Chapitre, qu'ils firent imprimer et distribuer dans toute la ville, afin de nous rendre odieux ; il étoit conçu en ces termes :

Compliment de MM. les vénérables Doyen, Chanoines et Chapitre de l'Église primatiale et métropolitaine de Rouen, à Mgr Armand Bazin de Besons, présenté par les frères Bénédictins, pour prendre possession de l'archevêché de Rouen.

« Mgr, nous vous recevons des mains des frères Bénédictins avec des
« sentiments bien différents. A peine goûtent-ils le bonheur de vous
« voir, qu'ils vous redemandent mort. Ce dur mot a-t-il dû leur
« échapper, et pouvons-nous n'en être pas indignés ? Ces mouvements
« affectueux d'une multitude empressée, ces acclamations de joye, d'ad-
« miration, de tendresse, ces hommages de tant de cœurs uniquement
« occupés du désir de vous honorer et de vous plaire, doivent-ils être
« troublés par un souvenir si triste et si affligeant ? Non, Mgr, vous ne
« trouverez que de la candeur dans notre dévouement sincère et res-
« pectueux » ; etc., qui ne sont que des louanges du nouveau Prélat.

Bien loin que ce compliment supposé et séditieux ait altéré les esprits contre la communauté de Saint-Ouen, il a attiré l'indignation de tout le monde.

SUR LA RELATION

DES

FUNÉRAILLES DE M. DE FEUGUEROLLES

ET SUR LE CÉRÉMONIAL

DE L'INSTALLATION ET DES FUNÉRAILLES

DE CLAUDE-MAUR D'AUBIGNÉ

Le Mémorial manuscrit qui nous fournit ces deux fragmens étant déjà connu de nos lecteurs par un extrait concernant le passage de Jacques II par Rouen, inséré dans l'un des articles précédens de cette collection, nous ne nous arrêterons point à sa description. La première des deux anecdotes que nous publions aujourd'hui est d'un vif intérêt : elle donne la mesure des rivalités haineuses, de la scission profondément tranchée, qui existaient, depuis des siècles, entre le clergé régulier, c'est-à-dire les communautés monastiques, et le clergé séculier, ou les prêtres des paroisses; les uns enorgueillis de leurs immunités, de leurs priviléges et de leurs immenses richesses, les autres forts de l'appui et des sympathies du peuple, qui reconnaissait en eux ses légitimes pasteurs; les premiers croyant fermement représenter, dans la hiérarchie ecclésiastique, un véritable ordre de noblesse, les derniers habiles à tenter tous les empiétemens, intrépides à soutenir toutes les luttes, pour prouver qu'ils ne s'avouaient point tiers-état. De là des querelles fréquentes, du genre de celles que firent surgir les funérailles de M. et de Madame de Feuguerolles ; de là des provocations, des violences, à l'appui desquelles, s'il arrivait que le peuple vint à jeter sa turbulente intervention, il était bien rare que les moines s'échappassent sans quelques gourmades. Voici, au reste, l'explication des scènes tumultueuses dont l'enterrement de notre conseiller au Parlement devint l'occasion. Beaucoup de familles puissantes, à titre d'ancien patronage, de bienfaits libéralement prodigués, ou en vertu d'une concession chèrement achetée, possédaient dans certains monastères des caveaux funéraires, et jouissaient du droit d'y faire inhumer à perpétuité leurs membres décédés. Or, lorsqu'un titulaire de ce droit venait à mourir, c'était le clergé de sa paroisse qui devait aller chercher son corps et le convoyer jusqu'à la porte de l'église conventuelle ; fonction essentiellement pastorale et que les moines étaient inhabiles à exercer. Mais, à la porte de l'église, frontière des deux puissances rivales, cessaient les attributions du curé et le pouvoir du clergé de paroisse, sur les restes de son paroissien. La communauté monastique s'en emparait, ainsi que de tout le luminaire trouvé aux mains des prêtres congédiés, à la charge, cependant, pour ce dernier article, d'en rendre la moitié après la cérémonie.

Maintenant, le lecteur n'aura pas de peine à concevoir que cette obligation exorbitante à laquelle devait se soumettre le clergé séculier, d'apporter son paroissien, c'est-à-dire sa propriété, sa chose, à la porte même de ses jaloux ennemis, qui s'en emparaient à sa barbe, et que l'insultant affront de se voir congédier ensuite sans plus de cérémonie qu'un valet, sans même être admis à participer aux prières et partant aux distributions qui les suivaient ; on concevra, dis-je, facilement, que ces servitudes et cette reconnaissance implicite de supériorité, devaient profondément blesser un clergé qui prétendait marcher tout au moins l'égal des moines. Aussi n'est-il pas de ruse déguisée, de résistance ouverte, de menées et d'intrigues qu'il n'employât pour arriver à ses fins, c'est-à-dire à vexer les pauvres moines et à les dépouiller. Une de ses principales prétentions était de porter le corps de ses paroissiens jusque dans le chœur de l'église conventuelle, et, qui sait ? peut-être, arrivé là, de faire lui-même le service, et d'enterrer son mort au nez des moines consternés. Aussi il faut voir comment les religieux s'opposaient à cette usurpation, et quelle vigoureuse résistance ils opposaient en cas du plus léger empiètement. L'auteur de la naïve relation que nous reproduisons, nous fait entendre, dès les premières phrases de son récit, que déjà, à différentes reprises, pareille tentative avait amené de furieuses représailles, et que de bruyans scandales avaient troublé la paix du sanctuaire. Cependant, soit lassitude, soit conscience de leur faiblesse, les moines avaient fait des concessions; et, disputant pied à pied le terrain, reculant forcément de pilier en pilier, ils avaient fini par permettre aux curés de venir déposer leur mort devant la chaire, au milieu de la nef. Certes, c'était là de la générosité; mais, hélas! quand vit-on jamais les concessions enrayer l'élan des envahisseurs? Demandez plutôt aux journaux de la résistance. Le curé de Sainte-Croix-Saint-Ouen, paroisse située à l'entrée de la rue des Boucheries, prétendait donc passer outre; et son opiniâtreté, dans cette circonstance, est d'autant plus remarquable, que sa cure étant à la nomination de l'abbé de Saint-Ouen, il était en quelque sorte le vassal de l'abbaye.

Rien de plus curieux et de plus audacieusement ironique que le compliment qu'il adresse aux moines. La réponse, quoique faite à loisir, est bien pâle auprès de ce morceau. Rien de plus significatif encore que l'insinuation semée adroitement, parmi quelques centaines de laquais qui stationnaient à la porte de l'église, que les moines égorgeaient le curé et ses prêtres dans l'intérieur. Et ce cercueil jeté à terre et foulé aux pieds; et ce conseiller au Parlement qui s'empare de la croix processionnelle, et qui la brise sur la porte du chœur, en essayant d'en forcer l'entrée : tous ces détails ne sont-ils pas curieux et pittoresques, et ne méritaient-ils pas bien que nous engagions l'un de nos plus spirituels dessinateurs à tenter d'en reproduire la physionomie désordonnée et caractéristique?

La deuxième pièce, extraite du même Manuscrit, relate diverses circonstances de cérémonial ecclésiastique, d'autant plus curieuses qu'elles sont tout-à-fait locales, et qu'elles témoignent encore de ces luttes incessantes qu'avaient à soutenir les établissemens monastiques contre le clergé des cathédrales ou des paroisses, toujours prêt à contester, à dénier les priviléges de leurs rivaux.

Il s'agit du cérémonial de l'installation et des funérailles des archevêques de Rouen. On sait que l'abbaye de Saint-Ouen avait le magnifique privilége de présenter le nouvel élu à son clergé, et, à la mort du prélat, de venir reprendre son corps, et de le garder une nuit dans l'abbaye, avant la cérémonie des funérailles. « *Nous vous le donnons vivant, vous nous le rendrez mort* », telle était l'orgueilleuse formule par laquelle les moines de Saint-Ouen s'arrogeaient en quelque sorte un droit de possession sur le prélat mort ou vivant. Notre relation prouvera que le Chapitre essaya plus d'une fois de se soustraire à ce droit exorbitant, et que, s'il ne fut pas toujours heureux dans ses tentatives, au moins faisait-il preuve, dans ses résistances et ses attermoiemens, d'une rare ténacité.

A. P.

XII

L'OISON BRIDÉ

———

XIII

LETTRES PATENTES
EN FAVEUR DE RICHARD LALLEMANT
RELATIVES A L'ÉTABLISSEMENT DE L'IMPRIMERIE A ROUEN

L'Oison bridé;

REDEVANCE SINGULIÈRE
IMPOSÉE AUX MOINES DE SAINT-OUEN;
SENTENCE DU BAILLI DE ROUEN
RENDUE SUR CE SUJET.

Lettres Patentes
EN FAVEUR DE LA FAMILLE LALLEMANT,
DE ROUEN,

PORTANT QUE L'IMPRIMERIE
RESTERA DANS CETTE FAMILLE,
A TITRE DE PRIVILÉGE HÉRÉDITAIRE,

Sans déroger à la Noblesse.

✻

RECUEILLI ET PUBLIÉ
D'après les Registres de l'Hôtel-de-Ville et du Parlement
de Rouen,
PAR ANDRÉ POTTIER,
Conservateur de la Bibliothèque publique.

✻

ROUEN,
E. LE GRAND, ÉDITEUR.
RUE GANTERIE, 26.
—
1837.

PUBLICATION
DE LA REVUE DE ROUEN
ET DE LA NORMANDIE.

IMPRIMÉ PAR NICÉTAS PERIAUX
RUE DE LA VICOMTÉ, N° 55.

SENTENCE
DU BAILLY DE ROUEN,
TOUCHANT UNE REDEVANCE SINGULIÈRE
Imposée aux Moines de Saint-Ouen,
ET APPELÉE
L'Oison bridé.

EXTRAIT DES ARCHIVES DE L'HOTEL-DE-VILLE DE ROUEN.

Du samedy, septyesme jour de septembre, mil six cents deux, en jugement devant monsieur Cavelier lieutenant.

Entre les fermiers, année présente, des moullins à baon (*ban*) apartenant à l'hostel commun de ceste ville de Rouen, demandeurs, comparents par honnorable homme Guillaume Bonnard, commissaire desdits moullins, présent, et par Dauoult leur procureur, d'une part; et noble homme Robert Gosselin, sieur du Baudrouart, recepveur général de l'abaye de sainct Ouin de ceste ditte ville, poursuyvi affin de soy voir compdamner à faire amende un oyson, marchand par terre, conduict par deux hommes tenans chacun le boult des aisles, avec un lais de soye au col, et deux joueurs devant ledict oyson, et ce despuis le dict lieu et esglize sainct Ouain jusques au grand moullin apartenant à ladite ville; mesmes de faire apporter deux cruches plaines de vin, deux miches, deux gros poullets, et deux plats de pez (*pets*) de preude-femmes, avec les piesses de bœuf, et de lard. Toutes lesquelles choses cydessus, ledit sieur abbé ou recepveur de ladite abaye estoient tenus livrer ausditz fermiers, le dimanche prochain d'après la feste de

Monsʳ Sainct Barthelemy, suyvant les lettres et piesses portés par les sieurs conscillers et eschevins de ladite ville, et [ainsi] qu'il aparoistra par le bail faict de la dite recepte audict sieur du Bosc-Drouart, et ainsy que de tout temps et antienneté il a esté accoustumé, et à la continuation, à l'advenir, des dites redevances cy dessus spéciffiées et désignées; accordants iceux fermiers, en ce faisant, recepvoir ledit oyson dans un vent (*van*). Ou, à leurs reffus de ce faire, voir descharger lesdits fermiers, ores et pour l'advenir, de la faisance et contynuation de quatre vingts livres tournois de rente, deubz à ladite abaye, et qu'ilz ont droit d'avoir et prendre, sur lesdits moullins, à cause desdites submissions et redevances cy dessus. Comparant ledict sieur Gosselin, en personne, et par Le Nepveu son procureur d'aultre part, et les sieurs conseillers et eschevins de ceste ditte ville de Rouen, faictz venir par lesditz fermiers, et leur ayant donné adjonction à ladite poursuitte, et soustenu à bonne cause icelle, saouf et sans presjudice de plusieurs années d'arriérages par eux prétendues, et demandes des chosses cy dessus speciffiées et déclarées. Comparent lesditz par honnorable homme Jourdain Cavelier, ayant la conduitte et sollicitation des affaires de laditte ville, présent, et par Perdix (Perdrix) leur procureur d'une aultre part. Partyes ouyes, sur ladite poursuite, et après que ledit sieur du Bosc-Drouart, comparent comme dessus, a déclaré quil ne vouloit en plus avent demeurer en procès sur icelle; obéyssant fournir et livrer ledit oyson et choses dessus dittes, audit jour de dimenche prochain, ensuyvant ledit jour et feste de Monsʳ Sainct Barthelemy, à commencer en ceste dite année; mais qu'il supplioyt lesditz sieurs de ville le dispenser de faire conduire et mener ledit oyson par les rues, accompagné desdits deux hommes tenantz icelluy par les deux boutz des aylles, ayant ledit cordon de soye à son col; mesme d'estre dispensé desdits deux joueurs d'instruments, attendu que cella tournoit à irrision et moquerie. Et, par lesdits sieurs, comparent comme dessus, a esté dict que, quand à présent, ils acceptoient l'offre dudict sieur du Bosc-Drouart recepveur, sans toutesfois que cella les puisse préjudicier, ou leurs successeurs, à asubjectir ledit sieur, ou aultres recepveurs et abbé, à fournir au contenu de la totalle redevance et submissions, en essence cy dessus désignés et spécifiés; demandant avoir lettre de la recongnoissance et obéyssance cy dessus, faicte par ledit sieur du Bosc-Drouart recepveur. Sur quoy et l'accord desdites partyes, il est dict que lesditz sieurs de ville auront lettre de ladite recongnoissance et obéyssance cy dessus; et, suyvant icelle, ledict sieur abbé de sainct Ouain ou recepveur en icelle [abbaye], a esté et est condamné à livrer, ledit jour de dimenche, prochain dudict jour et feste de Monsr de Sainct Barthelemy dernier passé, et à l'advenir, audict grand moullin à ban de ceste ditte ville de Rouen, ledict oyson, avec lesditz deux cruches plaines de vin, deux miches, deux gros poullets, et deux plats plains de pez de preude-femme, avec lesdites piesses de bœuf et lard, et à la contynuation d'icelle à l'advenir; saouf et sans presjudice des arriérages eschubz en précédent, à quoy lesditz sieurs demeurent entiers et reservés; et néantmointz ledict sieur abbé ou recepveur, quand à présent, et sans tirer en consequence pour l'advenir, dispencent de faire conduire et mener ledict oyson par les rues, ayant leditz lais de soye à son col, de ladite abbaye de sainct Ouain jusques au dict grand moullin, conduict par deux hommes tenant chacun le bout des aylles, deux joueurs devant lui, sans tirer en conséquence, et que cella puisse cy-apprès presjudicier lesdits sieurs de ville, ou leurs successeurs, à asubjectir, cy-après et à l'advenir, lesdits abbé et recepveur, de livrer en essence lesdites redevances et submissions cy désignées et spécifiées, à quoy ils demeurent entiers et reservés, et les partyes envoyés hors de court et de procès. Signé Gosselin et Bonnard, chacun un paraphe, et Perdrix avec un aultre paraphe.

LETTRES PATENTES,

SUR ARRÊT DU CONSEIL D'ÉTAT,

EN FAVEUR

De Richard Gontran Lallemant,

ÉCUYER,

PORTANT QUE L'IMPRIMERIE RESTERA DANS SA FAMILLE,

DE MALES EN MALES,

A TITRE DE PRIVILÈGE HÉRÉDITAIRE,

SANS DÉROGER A LA NOBLESSE.

Arrêt du Conseil.

Le Roy étant informé que l'imprimerie, cet art si utile qui assure aux connoissances humaines une existence durable, et qui, par son influence sur les sciences, la police de l'état, les mœurs et la religion, mérite une protection singulière, a été apportée à Rouen, dans le temps où elle prenoit naissance en Allemagne; de sorte que cette ville peut être considérée comme le berceau de cet art qu'elle a contribué à étendre, dans différentes parties du royaume. Sa Majesté s'étant fait rendre compte des circonstances particulières de cet établissement en la ville de Rouen, auroit reconnu qu'il est dû au soin et au zèle des ancestres du sieur Richard Gontrant Lallemand, écuier, ancien premier échevin de ladite ville, qui ont fait les plus grands sacrifices pour en accélérer et multiplier les progrès ; conformément à ce qui est énoncé dans un acte des délibérations d'assemblée générale de notables des divers états de la ville de Rouen, du 16 juillet 1494 ; titre honorable et plein de gratitude envers les sieurs Lallemant, où il est dit que ceux qui firent cet établissement furent « sires Pierre, Jean, Guillaume et « Robert Lallemant, d'ancienne lignée et noble nativité de ladite ville, « et leur devancier sire Richard Lallemant, écuier, sieur de Caron »; qu'ils avoient fait venir l'imprimerie de l'Allemagne, dont ils étoient anciennement originaires, par un nommé Martin Morin, de Rouen, auquel ils donnèrent établissement, ainsi qu'à Pierre Maufer et autres, tant nobles que non nobles, dont un grand nombre se répartit à Paris et autres lieux. Que les ancestres dudit sieur Lallemant, par cette bienfaisance patriotique, ont ajouté un nouveau lustre à celui de leur famille, également distinguée par l'ancienneté de son origine qu'elle tire du sieur Henry Le Conterey, chevalier banneret, surnommé Lallemant; par des alliances dignes de leur extraction, et par les fonctions qu'ils ont remplies dans la mairie, dans l'échiquier de Normandie et dans les grades militaires, fonctions qu'ils ont su concilier avec l'administration de l'imprimerie et les travaux littéraires. Sa Majesté aurait également reconnu que Jean et Richard Lallemant, petit-fils de Robert Lallemand, écuïer, capitaine général et commandant pour le Roy, en la ville de Rouen, et fils de Richard, aussi officier pour le Roy, et d'Isabeau Deschamps, petite nièce du cardinal du même nom, furent ruinés par les dépenses considérables de leurs auteurs pour l'établissement de l'imprimerie, et que cette époque de leur ruine fut celle d'un nouveau témoignage d'estime et de bienfaisance de la part de leurs concitoyens, dans une assemblée générale du 8 juin 1544, où la ville les gratifia avec une générosité digne du corps représentatif de la cité, et voulut encore qu'ils fussent contractés dans l'état d'imprimerie, dont leurs pères étoient les fondateurs; qu'un desdits enfants, Richard Lallemant, écuier, quatrième aïeul du sieur Lallemant, a conservé, ainsi que ses descendants, l'état dans lequel la ville les avait placés, et que depuis ils se sont également fait considérer dans les places de magistrature, les offices municipaux, et par leurs travaux littéraires, aïant continué d'exercer l'imprimerie d'une manière noble et avec distinction, ainsi qu'il est constaté par acte de notoriété du gouverneur de la province, du trente juin, et celui des seigneurs et gentilshommes, du 15 juin 1773, auquel le corps municipal de Rouen a joint son témoignage public, par acte du 2 juillet suivant. Sa Majesté voulant exciter de plus en plus, en sa ville de Rouen, les sentiments d'émulation qui y sont si naturels et perpétuer, dans ladite ville, le souvenir d'un service rendu par un établissement aussi important que celui de l'imprimerie, dont l'époque doit toujours être mémorable, et qu'il reste un monument qui porte le caractère de cet établissement; qui, en rappelant au corps de l'imprimerie de la ville de Rouen son lustre et son ancienneté, soit pour elle un motif de se distinguer par l'exactitude et par des travaux utiles; Sa Majesté voulant aussi donner au sieur Lallemant une marque particulière de sa bonté et de sa bienveillance, le récompenser des services que lui et ses ancestres ont rendu à l'état, et perpétuer dans sa famille l'imprimerie d'une manière relative à l'état primitif de l'établissement qu'elle en a fait ; ouy le rapport et tout considéré, le Roy étant en son conseil, de l'avis de M. le Garde des sceaux, a ordonné et ordonne ce qui suit :

Article I.er

L'imprimerie que possède actuellement dans la ville de Rouen le sieur Lallemant, et que lui et ses auteurs ont toujours conservée depuis son établissement, restera dans sa famille, comme un monument honorable, à titre de privilége héréditaire, pour être à perpétuité possédée par les descendants du sieur Lallemant, de masles en masles.

Article II.

Ordonne Sa Majesté que ceux qui exerceront ladite imprimerie soient dès maintenant et à toujours séparés de toute espèce de corps et communauté, sans être tenus de s'y faire recevoir ni aggréger, ni d'en païer les charges, et restera ladite imprimerie seulement assujettie à la police ou inspection du magistrat chargé, par M. le chancelier ou M. le garde des-sceaux, de la direction de l'imprimerie de la ville de Rouen.

Article III.

Chacun desdits descendants qui exercera ledit privilége, sera tenu de prester serment entre les mains de M. le chancelier ou de M. le garde-des-sceaux, ou devant telle personne qu'il leur plaira commettre.

Article IV.

Ledit privilége accordé à la famille des sieurs Lallemant ne pourra être divisé ; veut en conséquence Sa Majesté, que celui des descendants qui en aura l'exercice exclue tous les autres, et les empêche, tant qu'il exercera, de l'exercer et d'en jouir.

Article V.

Dans le cas où celui desdits descendants à qui, par ordre héréditaire ou partage de succession, échoira le droit dudit privilége, ne puisse l'exercer par lui-même, il lui sera permis de présenter, à M. le chancellier ou à M. le garde-des-sceaux, un sujet capable dans l'art de l'imprimerie, pour, sur l'agrément obtenu de M. le chancelier ou de M. le garde-des-sceaux, régir ladite imprimerie, au nom et pour le compte dudit descendant, suivant les conventions qui seront faites entre eux, et le faire jouir dudit privilége, sans qu'en aucun temps l'exercice de ladite imprimerie puisse préjudicier en rien, aux sieurs Lallemant, aux droits et prérogatives de leur noblesse.

Article VI.

Seront, au surplus, lesdits sieurs Lallemant, tenus à se conformer, pour leurs livres et impressions, aux réglements concernants l'imprimerie et librairie, en ce qui n'y est dérogé par le présent arrêt, dérogeant pour tout ce que dessus à tous édits, déclarations, lettres patentes, arrêts et réglements, en tout ce qui pourroit y être contraire, et sera ledit arrêt exécuté suivant sa forme et teneur, nonobstant toutes oppositions, troubles, empêchements de quelque nature qu'ils puissent être, et dont, si aucuns interviennent, Sa Majesté s'en réserve, et à son conseil, la connoissance, et seront, sur le présent arrêt, toutes lettres patentes nécessaires expédiées. Fait au conseil d'état du Roy, Sa Majesté y étant, tenu à Versailles, le dix-neuf novembre, mil sept cent soixante-quinze.

Signé Bertin.

Suivent les Lettres Patentes.

Louis, par la grâce de Dieu, Roy de France et de Navarre, à nos amés et féaux conseillers, les Gens tenant notre Cour de Parlement de Rouen, salut. Occupé du soin de protéger et faire fleurir les arts et les sciences dans notre royaume, et de donner des témoignages particuliers de distinction à ceux de nos sujets qui se sont signalés par des établissements avantageux à notre état; étant informés que l'imprimerie, cet art si utile, qui assure aux connaissances humaines une existence durable, etc.....

Le reste, dans la même forme et teneur que dans l'Arrêt du Conseil, qui précède; et terminé, après ces mots de l'article VI: *En tout ce qui pourroit y être contraire*, par le protocole ordinaire : *Si vous mandons, etc.* Et plus bas :

Donné à Versailles, le dix-neuf novembre, l'an de grace mil sept cent soixante-quinze, et de notre règne le deuxième. *Signé* LOUIS. Par le Roy ; *Signé* BERTIN.

Registrées au Parlement le vingt-quatre février ; à la chambre des Comptes et au Bureau des finances, les dix-sept et vingt-un juin 1776.

PIÈCES JUSTIFICATIVES

MENTIONNÉES DANS L'ACTE CI-DESSUS

ET TRANSCRITES A LA SUITE.

EXTRAIT

DU REGISTRE DES DÉLIBÉRATIONS DE L'HÔTEL-DE-VILLE DE ROUEN.

Commencé le 22ᵉ juillet 1491, fº 147 et 148.

(D'après la copie insérée dans les Registres du Parlement.)

Du Mercredi 16ᵉ jour de juillet 1494, devant sire Pierre Daré, lieutenant, et MM. les conseillers et notables bourgeois.

Délibéré fu pour et au regard de la présentation et donation qui fu faicte à MM. les conseillers, c'est assavoir ung livre de Coustume ainsi que ung livre de Croniques, iceulx livres rangés et travaillez par noble et scientifique personne sire Mahiet Deschamps, conjointement avec les présentans, dont sont très prochains parens et amis ; lesquels livres de pelles, parchemin de vellin, en escriptures de impression, en plusieurs parties, offerts et présentéz en plain burel, par vénérables et prudes hommes sires Pierre Lallemant, Jehan Lallemant, Guillaume Lallemant, et Robin Lallemant, d'ancienne lignée et noble nativité de la dicte ville, lesquels, par et au rapport de l'œuvre d'impression qu'ils offrent, au nom de sire Richart Lallemant, escuier, Sʳ de Caron, et en considération de ce que eulx et leur dit feu prouchain Richart, naguère allé de vie à trespas, plain de dessein et congnoissances et dispositions, pour procurer lumière, et donner aux hommes nécessaires congnoissances des sciences, et fachiliter la bonne invention et établissement, pour le faict de impression, en icelle ville de Rouen, que tousjours eulx et leurs devanciers ont eu en singulière recommandation et bonne amitié, et pour laquelle ont aspre affection, moult prouvé par les offices de toutes belles sortes et manières dont ont eu estat, tant en la dite communauté de ville, que en l'Eschiquier, et ès autres cours audit lieu de Rouen, et autres plusieurs fonctions et services de guerre, ont entreprins se signaler pour le soustien du dit establissement, en recevant et soutenant, tout ainsi que ils ont fait, maistre Pierre Maufer, qui a quitté icelle ville pour aller vers son prouchain parent Pierre Maufer, et aultres qui ont quitté semblablement pour aller à Paris et autres lieux, et Martin Morin, compagnion d'icellui Maufer, lequel dit Morin étant homme loyal et inventif en la recherche du dit œuvre, que a cueilly ès pays d'Allemaigne, n'avoit, non plus que Maufer, suffisante reisson de biens, lesdits dessus nommés Richard, Pierre, Jehan, Robert et Guillaume, en mémoire du dit pays d'Allemaigne, dont sont issus autres fois, et pour ce que sont iceulx demourez en icelle ville et icelle Duché de Normandie, du depuis ung certain sire d'Allemaigne qui avoit nom Conterey, de tout grant antiquité, ont voulu avoir honneur, pour leur dessus dit pays, où le dit œuvre de impression prend origine, de ledit œuvre establir en constante demeure en la ville qu'ils habitent; ont reçeu les dessus dicts en leur hostel, en la parroisse de St-Erblant, pour y loger presses et aultres choses à ce nécessaires, et ont, à leur despens, fourny à tous les frais de ce qu'il esconvient faire, selon leurs lumières et grans congnaissances en leur propre avoir, et espéciale inspection au dit gouvernement des ouvraiges de impression, que font toujours faire au nom et devise de ceulx que font besoigner au dit œuvre, et font venir en icellui pays et en leur logeys, voullant se facilliter au dit œuvre ; ont demandé assistance de la ville, et que fu octroyé descharge de guet et des aydes, pour les gens, tant bourgeois que tous autres, que ils font besongner, en leur dessus dit hostel, et leurs autres logeys de la paroisse de St-Nicolas, et autres logeys, où font faire semblablement des ouvraiges en impression, par gens experts auxquels veullent donner moult prouffit et establissement, comme ont donné aux susditz Morin, Maufer et autres, à qui le cas touchoit.

Par quoy, au regard de la dite présentation et requeste, pour plusieurs raisons remontrées, après plusieurs parolles et pourparlers, considéré du tout ce que dessus est, pour fournir à iceulx et les ayder aucunement à faire demourer, audit Rouen, gens pour le fait de la nouvelle invention, ainsi que pour le mieux, a esté mis en oppinion qu'il estoit bon de correspondre au bien de la chose publique et audit établissement, qui est pour lumières et sciences et cognoissances humaines; par ce moyen et en faveur que dessus, par tous MM. les conseillers et personnes notables, a été consenty et concluà à satisfaire aux dessusdits Lallemant, pour les gens qu'ilz recueillent en leurs dits logeys, et que ainsi soit accordé d'ores en avant, en gratuité, et par courtoisie, par chacun an, par le temps de xx années, à commanchier du dit jour de cette présente année; et consentent et veullent MM. les conseillers que il soit ainsi, en récompensation et rémunération, le tout exprimé pour la plus grant louange et honneur des devant dits Lallemant, et le bien et plaisir dont icelle ville leur aura grant merchy.

Pour ce que lesdits sires Lallemant demandent, par bonne veue du bien, que plusieurs, tant sortis que à sortir de leurs logeys pour prendre estat à eulx, pour que honorablement vacquent iceulx audit estat que trouvent faveur semblablement, accordé a esté aux autres de ladicte impression, tant nobles que non nobles, mesmes et semblables choses que dessus.

Extrait *du Registre des délibérations de l'hôtel de ville de Rouen, commencé le* 24 *septembre* 1541, *f*° 197 *et suivans.*

Du huitiesme jour de juin mil cinq cent quarante-quatre, en l'assemblée générale de la ville, en l'hôtel commun, devant Jean Moges, lieutenant général, ou étoient présents M. Lallemant conseiller en la Cour de parlement, M. Jubert président aux Généraux, M. Du Réel, Jehan Morieult, Jean et Guillaume Petit, Jehan Roque, Pierre Roque, M. de Villequier et autres notables. Par suite de délibérations dudit jour, sur ce qu'il a été dit pour Jehan et Richard Lallemant en bas aage, au subjet des pertes qu'ils ont faictes par l'établissement de l'imprimerie audit Rouen, ainsi que par le feu dernièrement advenu en la paroisse de Saint-Nicolas; il a été trouvé bon bailler en don et gracieuseté à iceulx enfans Lallemant, fournissement de deux mille livres tournois, et a esté chargé Jehan Petit eulx contracter en l'estat d'imprimerie.

Certificat *délivré par le Duc d'Harcourt, gouverneur de Normandie.*

Anne-Pierre, duc de Harcourt, pair de France, comte de Lillebonne, garde de l'oriflamme, chevalier des ordres du Roy, lieutenant-général de ses armées, gouverneur et son lieutenant-général en la province de Normandie, certifions à tous ceux qu'il appartiendra, qu'il est de notoriété publique que la famille Lallemant, de Rouen, reconnue par actes d'assemblées générales des principaux notables des divers états de la dite ville, tenues en 1494 et 1544, pour être d'une noblesse de toute grande antiquité, s'est maintenue jusqu'à ce jour dans un état qui n'a altéré en rien la noblesse de cette famille, et que Messieurs Lallemant ont toujours conservé noblement et avec distinction le droit d'imprimerie qui leur a été contracté par la capitale de la Province, comme un monument des services que leurs ancêtres avaient rendus à la ville de Rouen et province de Normandie, en procurant cet établissement. En foi de quoi nous avons délivré le présent, pour servir et valoir ce que de raison. A Harcourt, le 30 juin 1773. Signé : Duc de Harcourt, et plus bas : Par Monseigneur, Boulié.

CERTIFICAT *des notables Habitans de la ville de Rouen, du 15 juin 1773.*

Nous soussignés, certifions qu'il est de notoriété publique que la famille Lallemant, de Rouen, reconnue par actes d'assemblées générales des principaux notables des divers états de ladite ville, tenues en 1494 et 1544, pour être d'une noblesse de toute grande antiquité, s'est maintenue jusqu'à ce jour dans un état qui n'a altéré en rien la noblesse de cette famille, et que MM. Lallemant ont toujours conservé noblement et avec distinction le droit d'imprimerie qui leur a été contracté par la capitale de la province, comme un monument des services que leurs ancêtres avoient rendu à la ville de Rouen et province de Normandie, en procurant cet établissement. En foi de quoi nous avons délivré le présent pour servir et valoir ce que de raison, ce quinze juin 1773. Signés :[1] Jacques-Teneguy Levenneur, comte de Tillieres; Armand-Thomas-Hüe de Miromesnil; François-Henry de Harcourt, marquis de Beuvron, comte de Lillebonne; Anne-François d'Harcourt, marquis de Beuvron; Louis-Charles, comte de Moy; Claude-Sibille-Thomas-Gaspard-Nicolas-Dorothée de Roncherolles; Michel-Charles-Dorothée de Roncherolles, marquis de Pont-Saint-Pierre; Vuturnien-Jean-Baptiste-Marie de Rochechouard, duc de Mortemart; Claude-Constance-

---

[1] Pour l'orthographe des noms propres, nous avons scrupuleusement suivi le document manuscrit.

Cæsar, comte de Houdetot; Louis-François d'Herbouville, de Saint-Jean-du-Cardonnay; Thomas-Antoine-Cavelier de Clavelles, lieutenant de MM. les maréchaux de France, du département de Rouen; Adrien-François-Charles-Marie de Houdetot; Jean-Léon de Thiboutot; Jean-Léonor Dubosc de Radepont; Charles-François-Gaspard-Fidèle de Vintimille; André-Michel-Alexandre Dupœrier, chevalier, comte Damreville; Adrien-Robert de Fremont, marquis de Charleval; l'abbé de Belbeuf, vicaire général de Pontoise; Jacques-Etienne Dumesnil, marquis de Sommery; Anne-Louis, marquis de Mathan; Siméon Cavelier de Tourville; Pierre-Constantin le Vicomte, comte de Blangy; Jean-Jacques-Philippes de Vielz-Maisons, marquis de Vielz-Maisons; Anne-Louis-Roger de Becdelièvre, marquis de Cany; Henry-Pomponne Gaillarbois, chevalier de Marconville; Allain-Louis Dauvet; Louis d'Etampes, marquis de Mauny; Denis-Michel-Eléonor, comte de Gamaches; Hector-Joseph d'Etampes, marquis de Valençay; Olivier-Pomponne, comte de Ruppierre; François-Pierre-Marie-Joseph-de-Boniface du Réel, chevalier de l'ordre de Saint-Jean de Jérusalem; Claude de Saint-Simon, chevalier, grand-croix de l'ordre de Saint-Jean de Jérusalem, commandeur de Saint-Etienne de Renneville; Louis-Claude, comte De la Pallu; Marie-Louis-Henry Decorches de Sainte-Croix; Louis-Elisabeth de Pardieu; Charles-Joseph De la Pallu; Charles-Pierre de Bailleul; Nicolas-Thomas Hüe, comte de Miromesnil; Charles-Amable Hebert de Bauvoir; Charles-Gabriel, comte de Merle; Henry de Lambert, marquis de Thibouville; Adrien-Jacques-Etienne, comte de Malderrée, seigneur de Catheville et autres lieux, officier aux gardes françaises; Michel-Charles-Louis de Biencourt-Poutrincourt; François-Mathieu de Ruppierre, vicaire général de l'archevêché de Bordeaux; Antoine-Louis, comte de Marle; Charles-David Godefroy de Senneville; Charles-Marin-André-Quintanadoine de Betteville; Marie-Pierre-Auguste Langlois, chevalier de Criquebeuf; Antoine-Robert Desmalleville, marquis Desmalleville; François-Louis Leseigneur de Reuville; Charles Leseigneur de Maisons; Nicolas-Isambart Busquet de Caumont; Nicolas-Philippe-Auguste Ango, chevalier de Lezeau; Raoul de Sonning, chevalier, seigneur de Lignon, seigneur de Sorquainville; Remy-Charles, marquis de Toustain de Viray; Jean-François de Nogués, comte Dassat, brigadier des armées du roi; Charles-Guillaume-Léonor Dubosc, comte de Radepont; Louis-Emmanuel-Lucas de Saint-Honorine; Louis-Félix-Lucas de Boscourcel;

Jean-Pierre-Prosper Godart de Belbeuf, chevalier, marquis de Belbeuf ; Robert-François-René Le Sens de Folleville ; Jean-Baptiste-François Lecordier de Bigards, marquis de la Londe ; Gilles-Louis Hallé, comte de Rouville, président du parlement de Normandie ; Nicolas-Michel d'Osmond, abbé de Claire-Fontaine ; Pierre-Louis-Costé Dumesny, chevalier, seigneur et patron de Triquerville ; Jean-Robert Bigot, président du parlement de Normandie ; le vicomte Antoine de Marguerit, marquis de Marguerit ; Jacques-Adrien Levavasseur, maître des comptes ; Nicolas-Alexandre Bigot de Sommesnil ; Raoul-Joseph de Vigneral ; Pierre-François-Claude-Guy Duval de Cerqueux ; Jean-François d'Osmont, seigneur de la Roque, commandant du vieux palais de Rouen ; Jean-Charles Heurtault, seigneur de Lammerville ; Alexandre-Robert-Emeric Bigot de Sommesnil ; Jean-Jacques d'Houdemare ; Jean-David de Brossard de Grosmesnil ; Jean-Charles-Dominique de Croville ; Marie-Joseph Corneille de Beauregard ; Jean-Baptiste-Louis-Duperré Duveneur ; Nicolas-Jean-Baptiste Baillard Descours ; Charles-Jean-Louis Goujon de Gasseville ; Antoine-Louis Lecouteulx ; Jacques Chevalier de Vigneral ; Marie-Charles Duhamel ; Jean-Pierre le Jaulne ; François d'Heugleville ; Léon-Thomas-Charles Duval de Lescaude ; Jacques-Philippe-Romain Lebas, chevalier, seigneur de Lyeville ; Louis-Charles Hébert, chevalier, seigneur d'Houquetot ; Claude-Bernard-Antoine Dufay, comte de Maulevrier ; César-Alexandre Guilly de Vely ; Antoine-Pierre-Thomas-Louis Caillot de Coquereaumont, président de la chambre des Comptes, cour des Aides de Normandie ; Jean-Baptiste-Guillaume Haillet de Couronne, lieutenant-général criminel et président au présidial de Rouen ; François d'Hérambourg, ancien capitaine aide-major du régiment de Bretagne ; Pierre-Louis-Gérome Duval de Lescaude ; Nicolas-René Le Page de Saint-Arnoult ; Adrien-François Langlois de Louvres ; Claude Guillebon de Neuilly ; Charles Thimoléon Ledain d'Esteville ; Pierre-Barthélemy-Henry Ledain de Touffreville ; François Poterat de Saint-Sever ; Charles-Gérome de Martinville d'Estouteville, marquis d'Eudemare ; Charles-François Toustain, marquis de Limesy ; Gilles-René-Jean-Guillaume de Mauduit de la Rosière ; Isambart-Nicolas-Chevalier Busquet ; Louis Lecordier de Bigards de la Heuse ; Robert-Hector-Joseph Carié du Gravier ; Charles-François de Campulley ; Charles-Jean-Baptiste-Prosper Deschamps ; Louis-Claude Baillard de Guichenville ; Jacques-Augustin Baillard Diclon ; Claude-Hebert-Jean-Baptiste Cotton des Houssayes, chanoine de l'église de Rouen et prieur du Prieuré royal de l'Etton; Jean-Pierre-Adrien-Augustin Lepezant de Bois Guilbert; Benigne Poret de Blosseville, procureur-général de la cour des Comptes, Aides et Finances de Normandie; Charles-Marie-Joseph Aprix de Morienne, exempt des gardes du corps du roi; Pierre-Marc-Antoine de Languedor, marquis de Becthomas, président du parlement de Rouen; Jacques Delaunoy de Bellegarde, conseiller au parlement de Normandie; Louis-Jacques-Joseph-Frontin Du Tot; Nicolas Lesperon d'Anfreville, capitaine au regiment de Nivernois; Nicolas-Alexandre de Bonissent, prêtre, chanoine de Rouen, conseiller clerc au parlement de Normandie; et Charles-Barthelemy-Denis de Pillon de la Tillais; avec et sans paraphes.

Certificat du Maire et des Echevins.

Nous conseillers, maire et échevins de la ville de Rouen, certifions que l'énoncé aux actes des années mil quatre cent quatre-vingt-quatorze et mil cinq cent quarante-quatre, cités dans l'acte de notoriété ci-dessus, signé par les seigneurs et gentils hommes de cette ville et province, est conforme aux dits actes, tels qu'ils se trouvent relatés dans les anciens registres des délibérations de cet hôtel de ville; et nous joignons par le présent notre témoignage public sur la notoriété reconnue de tout ce qui est énoncé audit acte de notoriété, concernant Messieurs Lallemant et leur famille. En foi de quoi nous avons signé le présent, ycelui fait contresigner par le greffier-secrétaire de cette ville, et y avons fait apposer le sceau aux armes d'ycelle, pour valoir et servir ce qu'il appartiendra.

Donné à Rouen, au bureau de l'Hôtel-de-Ville, le deux de juillet mil sept cent soixante-treize. Signé : Lecouteulx, Malfilastre, Lebourgeois de Belleville, Jean-Nicolas-Ribard, Levieux, P. L. Lézurier, Durand, procureur du roi, et Desmarest, greffier secrétaire, avec chacun un paraphe; plus bas est un sceau aux armes de la ville de Rouen, empreint sur cire rouge. Registré ès registres de la cour des Comptes, Aides et Finances de Normandie, au bureau des Aides, ce requérant le procureur général du roi, pour, par les dits sieurs Lallemant, jouir de l'effet et contenu d'ycelui, aux termes de l'arrest de ladite cour, rendu, les Bureaux assemblés en celui des Aides, cejourd'hui dix sept juin, mil sept cent soixante seize.   *Signé* Dommey.

SUR LES DEUX DOCUMENS PRÉCÉDENS.

L'OISON BRIDÉ.

Il n'est personne qui, en feuilletant nos vieux historiens de Rouen, Farin par exemple, dans sa naïveté primitive, où Farin retouché et gâté par Le Lorrain, par Dom Ignace ou Du Souillet; il n'est personne, dis-je, qui, dès les premières pages [1], n'ait été frappé de cette redevance singulière à laquelle étaient assujétis les moines de Saint-Ouen, et qui consistait à faire hommage, chaque année, à la mairie de Rouen, représentée par les fermiers de ses moulins banaux, d'un oison bridé et enjolivé de rubans de soie, *marchant par terre*, et escorté en grande pompe, au son des instrumens, depuis l'abbaye jusqu'à la rue Caquerel, où étaient situés les moulins de la ville; le tout accompagné d'une certaine quantité de comestibles, bases d'un solide repas, sur l'emploi duquel nous ne trouvons point de renseignemens dans nos archives, mais qui, nous n'en saurions douter, ne dut jamais manquer de consommateurs. En retour de cette galante offrande, qui devait être réitérée chaque année, le dimanche qui suivait la fête de saint Barthélemy, les moines touchaient, sur le produit des moulins, 80 livres de rente; et, si nous pouvons induire, des termes de la sentence que nous publions, qu'ils s'efforcèrent parfois de laisser tomber en désuétude la redevance de l'Oison bridé, nous ne saurions, en revanche, en conclure qu'ils eussent jamais négligé de palper la rente.

Déterminer l'origine et le motif de cette bizarre servitude, serait fort difficile aujourd'hui, si tant est qu'on parvint jamais à indiquer un motif plus recevable que le caprice du fondateur de la rente; espèce de raison suffisante dont on possède déjà, d'ailleurs, tant d'autres exemples, dans ces innombrables

[1] Farin, t. I, c. VIII, p. 36.

redevances féodales, exorbitantes ou burlesques, dont presque toutes les anciennes concessions étaient grevées, et que l'Assemblée Nationale fit disparaître, avec un seul article de loi. Qui n'a pas entendu parler de ces stipulations de *chapels* de roses à Noël, de paniers de raisins frais à la Pentecôte, voire même de ce plat de neige à la Saint-Jean d'été, que certains vassaux de l'abbesse de Remiremont devaient lui payer tous les ans ; ou, faute par eux de s'acquitter en cette fragile monnaie, de la délivrance du taureau blanc, qui pouvait en tenir lieu ; alternative ingénieuse et tout à fait charitable, sans laquelle ces pauvres vassaux n'auraient pas manqué de tomber souvent en forfaiture ? Celui qui saurait expliquer aujourd'hui le motif et l'origine de ces ridicules redevances d'une alouette voiturée, devant la porte du seigneur, avec un charriot à deux bœufs, ou mieux encore de ces trois œufs péniblement traînés sur un charriot attelé de six bœufs, et descendus au perron du manoir féodal, à grand renfort de bras, de cordages et de leviers, ni plus ni moins que s'il se fût agi de l'obélisque de Luxor ; celui, dis-je, qui pourrait expliquer toutes ces folies, nous donnerait sans doute le mot de l'énigme de l'*Oison bridé*. S'il se rencontre un interprétateur, qu'il parle : nous voici prêts à l'écouter.

Que les moines de Saint-Ouen aient désiré se voir dispensés de la cérémonie bouffonne, condition de rigueur à laquelle était attaché le paiement de leurs 80 livres de rente, cela se conçoit facilement : c'était, chaque année, nouvelle occasion de tumulte, *d'irrisions et moqueries* (ce sont les termes de leur réclamation), et où sans doute les pauvres moines n'étaient pas épargnés. Ils sollicitèrent donc d'être délivrés de cette servitude, offrant toutefois de continuer de livrer, comme par le passé, mais à huis clos et sans bruit, l'oie enrubannée, les deux miches de pain, les deux cruches de vin, les deux gros poulets, les pièces de bœuf et de lard à l'avenant, et les deux plats de *pets de prude-femme*, que Farin appelle plus modestement des *beignets*. Les fermiers des moulins de la ville se montrèrent de facile composition sur cette demande, et une sentence du bailli, conciliant le tout, mit les parties hors de cour et de procès, le 7 septembre 1602. — Ainsi les bons et vieux usages s'éclipsent et s'en vont ; ainsi les saines traditions se perdent, et les empires marchent rapidement vers leur décadence. Qui doute que si l'abbé Barruel eût connu cette fatale concession du pouvoir, il ne l'eût classée au rang des causes éloignées, mais principales, de la révolution française ?

LETTRES PATENTES EN FAVEUR DE RICHARD LALLEMANT.

De la cessation d'un usage ridicule à l'institution d'un magnifique privilège, des termes semi-burlesques de la sentence du bailli de Rouen à la reconnaissance, en quelque sorte anticipée, des immenses services rendus par la presse à la cause de la civilisation, la transition est un peu brusque ; mais le cadre de notre recueil rétrospectif admet ces contrastes inopinés, et c'est de la variété surtout que doit naître l'intérêt. Quand bien même les lettres-patentes accordées à la famille Lallemant ne constitueraient pas un document des plus importans pour l'histoire des origines de la typographie rouennaise, nous éprouverions encore le désir de les faire connaître, ne fût-ce que pour mettre en lumière ces nobles et belles paroles du préambule, dans lesquelles on croit sentir respirer cette généreuse et libérale philantropie qui signala les premiers actes du gouvernement du malheureux Louis XVI. Le lecteur fera, au reste, facilement justice d'une assertion hasardée, émise dans ce préambule, et qui attribuerait à tort à la ville de Rouen l'honneur d'avoir, la première en France, accueilli l'art naissant de l'imprimerie, puis de l'avoir ensuite propagée dans les autres villes du royaume. Cette gloire appartient incontestablement à la ville de Paris, et ne saurait lui être ravie. En admettant même la première édition du *Coustumier de Normendie* comme impression rouennaise, et sa date de 1483 comme celle de l'exécution du volume, douze autres villes de France pourraient encore montrer des impressions plus anciennes sorties de leurs presses [1]. Il est donc évident que le rédacteur de l'arrêt du conseil a, dans cette occasion, forcé le sens des termes de la décision du corps municipal de la ville de Rouen, en date du 16 juin 1494, à laquelle d'ailleurs il ne fait que se référer, pour appuyer son assertion.

Si l'on a comparé, non sans quelque justesse, la découverte de l'imprimerie, dans le XVe siècle, à la révélation d'une foi nouvelle qui allait bientôt illuminer et subjuguer le monde, rien aussi ne saurait être plus exactement assimilé à un apostolat religieux et inspiré, que la mission de tous ces pieux ouvriers allemands qui, après avoir contemplé les miracles de l'art divin à son berceau, partaient successivement de Mayence, de Bamberg, de Strasbourg, pour aller de ville en ville, et souvent même de bourgade en bourgade, répandre et propager, jusqu'aux extrémités de l'Europe, les bienfaits de cette autre BONNE NOUVELLE. Certes, ce serait une histoire bien neuve et bien intéressante à écrire, même après les milliers de volumes consacrés à l'établissement de l'imprimerie, que celle qui contiendrait, non la sèche nomenclature des titres d'ouvrages et des dates d'éditions *incunables*, mais bien le tableau philosophique et animé des vicissitudes et des labeurs de ce compagnonage entreprenant et voyageur, des luttes et des triomphes de cette confrérie militante d'un Ordre nouveau, sans statuts et sans général. Infatigables ouvriers d'une œuvre mystérieuse et providentielle, dont la grandeur échappait sans doute à leurs calculs, et la fin à leur prévoyance, ces hommes s'expatriaient, sans soupçonner qu'avec ce léger bagage qu'ils emportaient avec eux : quelques milliers de caractères, la vis et le barreau d'une presse, ils marchaient à la conquête du monde des intelligences ; et que, sans autres armes que ces feuilles magiques qu'ils semaient sur leur passage, ils feraient crouler, sans coup férir, le colosse des institutions du moyen-âge, et saperaient le vieil édifice de la papauté.

Qui retrouvera, ensevelis sous la poussière des archives des villes, dans les rayons inexplorés des grandes bibliothèques, les souvenirs aujourd'hui effacés,

---

[1] Elles sont citées dans Petit Radel, *Bibliothèques anciennes*, p. 206.

si ce n'est au titre de leurs ouvrages, des sublimes travaux des Krantz, des Gering, des Friburger, des Sweynheim, des Pannartz, des Ulric Zell, et de tant d'autres ardens missionnaires de l'imprimerie, célèbres ou obscurs, connus ou inconnus! Qui s'efforcera de rassembler les titres de gloire, également dispersés, de tant de nos courageux compatriotes, qui, témoins des prodiges opérés par ces étrangers, brûlèrent de les égaler? Qui racontera leurs aventureux pélerinages vers ces contrées d'Allemagne, illustrées par la naissance si obscure de l'art sans rival? Qui redira les épreuves et les dangers qu'ils durent affronter, s'il est vrai que, comme le racontent quelques historiens, des villes se flattaient de réussir à emprisonner, dans l'enceinte de leurs murailles, un secret qui allait bientôt s'élancer par tout l'univers, et, dans ce fol espoir, se défaisaient traitreusement, par le fer ou par le poison, des étrangers qu'ils soupçonnaient avoir dessein de le ravir? Est-il une mystérieuse histoire plus digne d'être éclaircie que celle de ce Nicolas Jenson, premier émissaire envoyé, selon la commune opinion, par le cauteleux Louis XI, pour surprendre et rapporter le secret de l'imprimerie? Quelles traverses durent accueillir l'intrépide artiste, dans sa périlleuse mission? Comment parvint-il, sans doute après d'innombrables obstacles et de longues années d'attente, à pénétrer dans ce laboratoire caché où Fust, aidé de Schœffer, achevait de donner aux caractères toute leur mobilité et leur précision, et combinait ces *formes* ingénieuses, dans lesquelles allait s'encadrer, figée et durable comme le métal, l'insaisissable pensée humaine? Puis, quand l'artiste, nouveau Prométhée, eut accompli son larcin et dérobé le flambeau sacré, par quelles circonstances inexplicables, par quel retour inattendu trahit-il, à la fois, sa mission et sa patrie, et courut-il déposer à Venise son précieux trésor, au lieu d'en doter la France qui en attendait encore le bienfait?

Toutes ces luttes de courage ou d'adresse, tous ces essais, tous ces efforts, cet esprit de propagande qui s'empara des premiers adeptes de l'art typographique, l'émotion profonde que la découverte de cet art causa dans le monde moral, l'universelle acclamation dont elle fut saluée, à sa venue, par les souverains qui n'en comprenaient certainement pas toute la portée, par les villes qui se disputaient la gloire d'en fixer les bienfaits dans leur sein; toutes ces choses et tant d'autres, si obscures et si peu débrouillées, attendront probablement long-temps encore leur historien. Pour nous, nous ne songeons point à entreprendre cette tâche, même pour la partie la plus réduite du vaste cadre que nous venons d'esquisser : pour l'établissement de l'imprimerie à Rouen. Deux ou trois de nos savans s'occupent, depuis longues années, de l'étude de ces origines, et nous attendons avec confiance le résultat de leurs travaux. Mais le hasard nous ayant fait rencontrer quelques documens précieux qui jettent bien du jour sur la question, si débattue, de cet établissement, sans toutefois l'éclaircir complètement, nous nous empressons de le publier. Le haut intérêt de ces pièces, les inductions précieuses qu'on en peut tirer, et la lumière inattendue qu'elles projettent sur notre histoire typographique locale, nous ont paru des raisons suffisantes pour motiver leur publication. D'ailleurs, ne fissent-elles que venir en aide aux savans qui, depuis long-temps, nous promettent l'histoire complète de l'imprimerie normande et rouennaise, ce secours, offert à leurs laborieux efforts, nous paraîtrait encore un assez avantageux résultat.

Aucun point d'histoire n'est resté, jusqu'à ce jour, plus obscur, plus enveloppé de ténèbres et de doutes, que les premières circonstances de l'établissement de l'imprimerie dans la ville de Rouen. Cet art se révèle tout-à-coup, nationalisé et florissant, dans l'année 1487, par la publication d'une première édition de la *Chronique de Normandie*, que met au jour Guillaume Le Talleur; dans l'année 1488, par l'impression d'un *Missel à l'usage de Séez*, ouvrage du même imprimeur (Brunet, *Supp.* III, 438); par celle du *Roman d'Artus*, sorti des presses de Jehan Le Bourgeois (Maittaire, I, 495); par une édition de l'*Exemplaire de Confession*, due à Jacques le Forestier (Panzer, II, 559), et enfin, dans les années suivantes, par les travaux simultanés des Jean Richard, des Noël de Harsy, des Martin Morin et de beaucoup d'autres. Certes, on n'oserait avancer que cet art, dont la culture s'annonçait par tant et de si magnifiques productions, résultats d'entreprises rivales, en était encore à ses premiers essais. Aussi tout le monde est-il tombé d'accord qu'il fallait remonter plus haut pour trouver le premier établissement de l'imprimerie à Rouen. A la vérité, il existe un admirable *Coutumier de Normandie*, portant la date de 1483, que l'opinion commune suppose sorti d'une presse rouennaise; mais, comme cette date éprouve elle-même des objections fondées, et que, d'ailleurs, ce livre ne porte ni désignation de ville, ni nom d'imprimeur, il ne peut, jusqu'à plus amples renseignemens, fournir d'autorité pour résoudre la question.

D'un autre côté, voici un historien de l'imprimerie, De la Caille, qui affirme (p. 39) que cet art aurait été introduit, en 1476, à Rouen, par Pierre Maufer, natif de cette ville, lequel, avant de s'établir à Rouen, aurait déjà imprimé à Padoue; cet écrivain ajoute même que la première production de cette première presse rouennaise serait un *Traité des Minéraux*, d'Albert-le-Grand. Mais il est évident que De la Caille, qui a emprunté ce renseignement à Gabriel Naudé (*Addition à l'Histoire de Louis XI*, p. 305), s'est grossièrement mépris en se l'appropriant; car Naudé explique nettement que c'est à Padoue, et non à Rouen, que fut imprimé, en 1476, ce traité d'Albert-le-Grand. Voici ses expressions : « Il y eut encore un Pierre Maufer, françois de nation et citoyen de Rouen, qui « porta l'imprimerie à Padoüe, où il imprima, l'an 1474, la *Physionomie* du « Conciliator Pierre d'Apono, et, l'an 1476..... le *Traité des Minéraux* d'Albert- « le-Grand, en grand in-folio. » L'assertion de Naudé est confirmée par celle du plus exact des annalistes de la typographie, de Maittaire (I, 360), qui, rapportant à sa date précise et à son véritable lieu d'impression le *Traité des Minéraux*, relève, en termes assez durs, la bévue de notre infidèle bibliographe.

Ce n'est pourtant pas la seule erreur que De la Caille ait commise à propos de Pierre Maufer; car, dans un autre endroit (p. 31), après avoir avancé que cet imprimeur publia le *Digeste* en 1479, à Padoue, il ajoute que *quelques années après il fut à Rouen, et de là à Véronne*. Or, comment concilier cette assertion, et ce laps de plusieurs années, nécessaire, au reste, si l'on admet ces mutations d'établissement, avec la date de 1480 que porte le *Josèphe*, imprimé par Pierre Maufer, à Vérone, date relatée pourtant par De la Caille lui-même, à la page précédente de son ouvrage ?

Mais il est inutile de s'appesantir davantage sur ces contradictions et ces méprises d'un historien que ses inexactitudes ont, d'ailleurs, depuis long-temps discrédité. Il est évident que la date qu'il fixait à l'établissement de l'imprimerie à Rouen, étant le résultat d'une citation fautive, ne peut obtenir ni confiance ni autorité.

Cependant, par quelle bizarre coïncidence se fait-il que, tout en s'égarant bien positivement dans le dédale de ses assertions sans fondement réel, De la Caille se soit pourtant approché plus que personne de la vérité, en avançant que Pierre Maufer était l'un des fondateurs de l'imprimerie rouennaise? Car le document que nous avons annoncé vient prêter un appui désormais irrécusable à cette vague allégation, et la changer en certitude. Pour expliquer cette singularité, il faut absolument admettre que notre historien, aidé de quelques renseignemens authentiques, a entrevu la vérité, mais n'a pu la dégager entièrement; ou bien, il faut convenir que, dans son ignorance, il l'a fortuitement rencontrée, avec un rare bonheur.

Mais il est temps d'arriver à la pièce dont la publication fait, avec les lettres-patentes en faveur de la famille Lallemant, l'objet principal de cette notice. C'est une délibération du corps municipal de la ville de Rouen, en date du 16 juillet 1494. Ce document possède tous les caractères d'authenticité qu'on peut désirer en semblable matière, car il est littéralement extrait des registres originaux de l'Hôtel-de-Ville, où s'inscrivaient, jour par jour, les délibérations de la communauté des Échevins; en outre, sa date, postérieure au plus d'une quinzaine d'années à l'époque que l'on peut approximativement supposer la plus voisine de l'établissement de l'imprimerie dans nos murs, laisse, aux faits relatés dans cet acte, toute la garantie morale qu'assure une tradition récente et non altérée par la transmission [1].

Du mercredi 16ᵉ jour de juillet 1494, devant Sire Pierre Daré, lieutenant, et MM. les conseillers et notables bourgeois.

Délibéré fu pour et au regard de la présentation et donation qui fu faicte à MM. les conseillers, c'est assavoir ung livre de Coustume ainsi que ung livre de Chroniques, iceulx livres retrempez (*retouchés*) et travaillez par noble et scientifique personne sire Mahiet Deschamps, conjointement avec les présentans, dont sont très prouchains parens et amis; lesquelz livres de pelles (peaux), parchemin de vellin, en escriptures de impression, en plusieurs parties, offerts et présentez en plein burel, par vénérables et prudes hommes sires Pierre Lalemant, Jehan Lalemant, Guillaume Lalemant, et Robin Lalemant, d'ancienne, légitime

---

[1] Quoique la transcription de ce document, d'après les registres originaux de l'Hôtel-de-Ville, mise en regard de la copie extraite des registres du Parlement, déjà insérée parmi les pièces précédentes, n'offre que peu ou point de variantes importantes, nous avons cru cependant devoir répéter ce texte, pour qu'on en saisisse mieux le sens, en le comparant aux interprétations qui vont suivre.

et noble nativisté de ladicte ville, lesquelz, par et au rapport de l'œuvre d'impression qu'ils offrent, au nom de feu Richart Lalemant, escuier, Sr du Capon, en considération de ce que eulx et leur feu prouchain Richart, naguère allé de vie en trespas, plain de desseins et congnoissances et dispositions, pour procurer lumière, et donner aux hommes nécessaires congnoissances des sciences, et fachiliter la bonne invention et establissement, pour le faict de impressions en icelle ville de Rouen, que tousjours, eulx et leurs devanciers, ont eu en singulière recommandation et bon amour, et pour laquelle ont aspre affection, moult prouvé par les offices de toutes belles sortes et manières dont ont eu estat, tant en ladite communaulté de ville que en l'Eschiquier et ès autres cours, au dit lieu de Rouen, et aultres plusieurs fonxions et services de guerre, ont entreprins se singulariser par le soustien dudit establissesement, et en recevant et soustenant, tout ainsi que ilz ont fait, maistre Pierre Maufer, qui a quitté icelle ville pour aller vers son prouchain parent Pierre Maufer, et aultres qui ont quitté semblablement pour aler à Paris et aultres lieux, et Martin Morin, compaignon d'icelui Maufer, lequel dit Morin estant homme loyal et inventif en la resserche dudit œuvre, que a cueilli ès pays d'Allemaigne, n'avoit, non plus que Maufer, suffisantes sommes de biens, les dessusdits nommés Richart, Pierre, Jehan, Robert et Guillaume, en mémoire dudit pays d'Allemaigne, dont sont yssus autres foys, et pour ce que sont iceulx demourez en icelle ville de icelle duchié de Normandie, du despuis ung certain sires d'Allemaigne qui avoit nom Conterey, de tout grant antiquité, ont voulu avoir honneur, pour leur dessusdit pays, où ledit œuvre d'impression prend origine, de ledit œuvre establir en coustumière demeure en la ville qu'ilz habitent; ont reçeu les dessusdicts en leur hostel, en la paroisse Saint-Erblanc, pour y logier presses et aultres choses à ce nécessaires, et ont, à leurs despens, fourni à tous les fraiz de ce qu'il esconvient, faisant selon leurs lumières et grant congnoissance en leur propre avoir, et espécialement inspection audit gouvernement des ouvraiges de presse, que font tousjours faire au nom et devise de ceulx que font besongner audit œuvre, et font venir en icellui pays et en leur logeys, voulant se faciliter audit œuvre; ont demandé assistance de la ville, et que fu ottroyé descharge de guet et des aides, pour les gens, tant bourgois que tous autres, que ilz font besogner, en leur dessusdit hostel, et leurs aultres logeys de la paroisse Saint-Nicolas, et aultres logeys, où font faire semblablement des ouvraiges en impression par gens expers auxquelz veullent donner moult prouffit et establissement, comme ont donné aux susdictz Morin, Maufer et autres, à qui le cas touchoit.

Par quoy, au regard de ladite présentation et requeste, par plusieurs raisons remonstrées, après plusieurs parolles et pourparlers, considéré du tout ce que dessus est, pour fournir à iceulx et les aider aucunement à faire demourer, audit Rouen, gens pour le fait de la nouvelle invention, ainsi que, pour le mieulx, a esté mis en oppinion, qu'il estoit bon de correspondre, pour le bien de la chose publicque et dudict establissement, qui est pour les lumières et science et congnoissances humaines, par ce moyen et tous autres que dessus, par tous MM. les conseillers et personnes notables, a esté consenti et conclud à satisfaire aux dessusdictz Lalemant, pour les gens qu'ilz recueillent en leurs logeys, et que ainsi soit accordé d'or-en-avant, en gratuité, et par courtoisie, par chacun an, par le temps de xx années, à commancher dudit jour de ceste présente année ; et consentent esguallement MM. les conseillers que il soit ainsi, en récompensation et rénumération, le tout exprimé pour la plus grant louange et honneur des devantdits Lalemant, et le bien et plaisir dont icelle ville leur aura grant merchy.

Pour ce que lesdits sires Lalemant demandent, par bonne veue du bien, que plusieurs, tant sortis que à sortir de leurs logeys pour prendre estat à eulx, pour que honnourablement vacquent iceulx audit estat que trouvent faveur semblablement, accordé a esté aux autres de ladicte impression, tant nobles que non nobles, mesme et semblable chose que dessus.

Ce document, que nous avons reproduit dans tout son archaïsme littéral, avec sa phraséologie redondante et prolixe, qui s'embarrasse et trébuche, à chaque pas, dans les replis sans nombre d'une interminable déduction, aura, pour beaucoup de nos lecteurs, besoin d'interprétation ; c'est ce qui nous engage à en présenter l'analyse.

Il résulte de cette délibération que quatre frères d'une famille nommée *Lalemant* ou *Lallemant*, parce qu'elle reconnaissait pour auteur un nommé Conterey, originaire d'Allemagne [1], sont venus présenter au conseil municipal de la ville de Rouen, tant en leur nom qu'au nom de leur proche parent Richard Lalle-

[1] Sire Henry le Conterey, surnommé Lalemant.

mant, sieur du Capon, récemment décédé, un *Coutumier* et une *Chronique* imprimés sur vélin, ouvrages compilés et édités par eux et par un sieur Mahiet Deschamps; que cet échantillon de leurs travaux est destiné à établir que c'est par leurs soins et à leurs frais que l'imprimerie a été importée à Rouen; à cause de quoi ils réclament, pour eux et pour tous ceux qu'ils font travailler sous leur direction, aux diverses œuvres d'imprimerie, l'obtention de certains privilèges et exemptions; ce que la ville leur accorde.

Pour établir leurs droits à la priorité de l'importation, ils allèguent — toutefois sans en apporter d'autres témoignages que la notoriété publique, ce qui indique que ces circonstances, récentes encore, étaient à la connaissance de tous, — qu'eux-mêmes, ainsi que leur parent Richard Lallemant, *homme plain de desseins et dispositions pour procurer lumière, et donner aux hommes nécessaires congnoissances des sciences*, tant à cause de l'affection qu'ils portèrent toujours à la ville de Rouen, leur patrie adoptive, qu'en mémoire du pays d'Allemagne dont ils sont anciennement issus, *et où ledit œuvre d'impression prent origine..,* ont entreprins se singulariser par le soustien dudit établissement..., *et ont voulu avoir honneur de ledit œuvre establir en coustumière demeure, en la ville qu'ilz habitent.*

Ils rappellent, à l'appui de ces énonciations, qu'ils ont reçu et soutenu maître Pierre Maufer, qui a quitté Rouen pour aller rejoindre son proche parent Pierre Maufer[1]; qu'ils ont également défrayé Martin Morin, compagnon de Maufer, *homme loyal et inventif, en la resserche de l'œuvre d'imprimerie*, qu'il avait été cueillir ès pays d'Allemaigne, et beaucoup d'autres qui sont allés porter leurs talens à Paris et ailleurs; que Maufer et Morin, dépourvus de ressources suffisantes, ont trouvé, dans la famille Lallemant, assistance et patronage; que l'hôtel commun de cette famille, situé paroisse Saint-Herbland, leur a été livré pour y établir leurs ateliers; et enfin que c'est aux frais de cette dernière qu'il a été pourvu aux dépenses que nécessitait un pareil établissement.

Ils ajoutent, en outre, à ces témoignages, l'assertion de ce fait singulier, bien capable d'exercer un jour la sagacité des bibliographes, empressés de retrouver, dans toute la série des anciennes éditions rouennaises, celles que l'on doit à ces fondateurs de l'imprimerie dans notre patrie: c'est que les *ouvraiges de presse* qu'ils font faire, par les imprimeurs qu'ils emploient, ou par les étrangers qui viennent se perfectionner chez eux dans l'art typographique, sont toujours publiés au nom et avec la devise de ceux qui les exécutent. Il est probable que la famille Lallemant crut devoir glisser cette explication dans sa requête, afin d'obvier à l'objection qu'on aurait pu lui faire, qu'aucune de ces éditions primitives, sur lesquelles elle réclamait, en quelque sorte, un droit

---

[1] Pierre Maufer, né à Rouen, porta l'imprimerie à Padoue, où il exerça cet art de 1474 à 1479; on le retrouve à Véronne, en 1480; à Venise, en 1483. (Voyez Maittaire, *Annales typographiques.*) L'existence de deux imprimeurs du même nom étant maintenant constatée, il se pourrait que les établissemens divers et successifs que nous venons de mentionner, dussent être rapportés, non à une seule et même personne, mais soit à l'un, soit à l'autre des deux imprimeurs homonymes.

général de propriété, ne portait ni sa marque ni son nom [1]. Car ce n'est, en effet, que beaucoup plus tard qu'on voit apparaître et figurer avec éclat, dans l'imprimerie rouennaise, le nom de la famille Lallemant, qui n'a disparu de ses fastes que vers l'époque de la révolution.

Au reste, le privilége que réclamait la famille Lallemant, en récompense de l'éminent service qu'elle déclarait avoir rendu à la ville de Rouen, en la dotant de l'imprimerie, était considérable. Elle demandait que tous *les gens, tant bour-*

---

[1] Nous publions ici la marque de Martin Morin, (qu'on doit désormais reconnaitre et honorer, avec Pierre Maufer, comme les véritables fondateurs de la typographie rouennaise), exactement reproduite au moyen d'une gravure en bois qu'a fait exécuter et qu'a bien voulu nous communiquer M. Aug. Leprevost. Quelquefois cette marque est imprimée tout en noir, mais, plus souvent, et surtout dans le magnifique Missel de 1499, elle est imprimée en rouge, et la tête de maure est seule en noir, au centre de la sphère ou de l'écusson.

geois que tous autres, qu'elle faisait travailler aux ouvrages d'impression, soit dans sa propre maison, soit dans les autres établissemens qu'elle possédait dans la paroisse Saint-Nicolas ou ailleurs, fussent déchargés *du guet et des aides*; et que cette exemption s'étendît à tous ceux qui quitteraient les établissemens qu'elle avait fondés, pour en fonder de particuliers, à leur compte. L'empressement que met le Corps de ville à concéder ce privilége, pour le temps de vingt années, et les expressions flatteuses dont il se sert pour formuler son acquiescement, témoignent assez du haut intérêt que la ville portait à l'industrie importée par la famille Lallemant, et combien elle considérait le droit de priorité de celle-ci comme incontestable.

Les inductions, les éclaircissemens qu'on pourrait tirer de ce document, pour porter la lumière dans l'histoire si obscure du premier établissement de l'imprimerie à Rouen; les discussions auxquelles il faudrait se livrer, si l'on rapprochait les résultats qu'on peut en extraire des faits déjà connus, constitueraient la matière d'un travail beaucoup plus étendu que celui auquel nous pouvons donner place dans cette Notice. Nous nous bornerons donc, en quelque sorte, à cette simple *production de pièces*. Que les érudits, qui se livrent à la patiente investigation de nos origines typographiques locales, s'empressent de donner place à cet extrait parmi leurs plus précieux documens justificatifs, qu'ils s'en approprient les résultats, et qu'ils en recueillent le fruit, notre but sera complètement atteint.

Les mêmes registres de l'Hôtel-de-Ville nous fournissent, à l'année 1544, un nouveau document dont la teneur vient confirmer les énonciations du précédent, et prouver que la ville portait toujours un singulier intérêt à cette famille Lallemant, à laquelle elle devait le bienfait de l'imprimerie. Voici cette seconde pièce, transcrite d'après ces registres, pour servir à collationner la copie insérée parmi les documens précédens, et que nous avions donnée d'après les registres du Parlement.

« Le dimanche 8ᵉ jour de juing 1544, en l'assemblée générale de l'hostel
« commun,
« Sur ce qu'il a esté dict pour Jehan et Richard Lallemant, en bas aage, au
« suhgé des pertes qu'ilz ont faictes par l'establissement de l'imprimerie à
« Rouen, ainsy que par le feu dernièrement advenu en la paroisse Sainct-Nico-
« las, il a esté trouvé bon bailler en don et gracieuseté, à iceulx enffans Lalle-
« mant, fournissement de deux mille livres tournois, et a esté chargé Jehan
« Petit eulx conlater en l'estat d'imprimerie. »

Enfin, un registre qui contient des copies d'*Edits et Déclarations*, renferme, sous la date du 20 août 1776, des lettres patentes en faveur du sieur Richard-Gontran Lallemant, écuyer, portant que l'imprimerie restera dans sa famille, à titre de privilége héréditaire, sans déroger à la noblesse, en récompense des services rendus par ses ancêtres à la ville de Rouen, relativement à l'importation de l'imprimerie. Ce sont les mêmes que nous publions en tête de cette Notice, d'après la copie insérée aux registres du Parlement, et dont nous devons, ainsi que pour tout ce que nous avons extrait de ces registres, la communication à l'obligeance de notre ami M. A. Floquet.

A. P.

XIV

ÉTABLISSEMENT
DES FABRIQUES DE SOIERIES
EN FRANCE

ÉTABLISSEMENT

DANS LA VILLE DE ROUEN

DES FABRICANS

D'ÉTOFFES DE SOIE, DE DRAPS D'OR ET D'ARGENT, ETC.

EN 1531.

Statuts et Réglemens de la Communauté.

PUBLIÉ, POUR LA PREMIÈRE FOIS,

D'après un Ms. des Archives de l'Hôtel-de-Ville de Rouen ;

PAR ANDRÉ POTTIER,

Conservateur de la Bibl. publ. de la même ville.

ROUEN.

E. LE GRAND, LIBRAIRE-ÉDITEUR,

RUE GANTERIE, 26.

1838.

PUBLICATION
DE LA REVUE DE ROUEN
ET DE LA NORMANDIE.

IMPRIMÉ CHEZ NICÉTAS PERIAUX
RUE DE LA VICOMTÉ, N° 55.

STATUTS ET RÉGLEMENS

DES

FABRICANS

d'𝕰toffes de 𝕾oie, de 𝔇raps d'𝕺r et d'𝖀rgent,

DE LA VILLE DE ROUEN.

❊

A tous ceulx qui ces présentes lettres verront, Robert Langloys, escuyer, seigneur d'Escales, licencié ès loix, conseiller du Roy nostre sire, Lieutenant-général de noble et puissant seigneur monseigneur Jéhan d'Estouteville, chevalier, seigneur de Villebon et de la Gastine, Conseiller, Chambellan du Roy nostre sire, Lieutenant-général de monseigneur le gouverneur de Normandie, et son Bailly de Rouen.

Comme, puis naguères, les Maistres et Ouvriers du mestier de faire draps d'or et de soye, et leurs appartenances, estans de présent en grand nombre, en ceste ville et cité de Rouen, nous ayent faict dire et remonstrer que feu, de bonne mémoire, le Roy Loys unzième, que Dieu absoule, ayant desir de augmenter le bien de la chose publique de son royaume, eust, durant le temps de son règne, faict venir des pays d'Italie, Jennes[1] et aultres nations, en sa ville de Tours, desdicts ouvriers de drap d'or et de soye, pour, en icelluy lieu, en besogner au bien du-

[1] Gênes.

dict royaume, rétention des deniers qui, au moyen desdicts ouvrages, se transportoient hors dudit pays, et aultres commodités; lesquels ouvriers y ont depuis résidé et demeuré, résident et demeurent à présent, non seullement en ladîte ville de Tours, mais se sont, par les guerres et mutations d'Italie, augmentez par deçà[1], que plusieurs résident à Paris, où le Roy notre sire, à leur faveur, leur a baillé Constitutions et Ordonnances, comme ils disoient; et seroit ensuivy que, à raison de la multiplication d'iceulx ouvriers, grand nombre d'iceulx suppliants, ayant considération que ceste ville et cité est paisible, populée, et vivante en bonne pollice, assise et scituée prez la mer et les ports, entrées et issues d'icelle, abondante en marchandises, communiquée de plusieurs nations, avoient en intention, et de faict plusieurs se sont jà retirez, pour commencer user et continuer ledict estat et mestier, en icelle ville et banllieue de Rouen, dont ils prévoient la commodité leur estre propre, et avoir plus de expédition, augmentation et despêche que en ville de ce royaume.

A ces causes; et que leurdict estat et mestier requiert besongner loyaument, et éviter à toutes frauldes; faultes, déceptions et malices que l'en y pourroit faire et commettre; aussi que chose raisonnable est, en tous estats, vivre en pollice, et conserver le bien et l'utilité de la chose publique, nous ont requis leur constituer et bailler ordre politique, selon laquelle, par cy après, ilz pourront exercer et continuer ledict estat et mestier, et ouvrer de draps d'or et de soye, en ladicte ville et banllieue de Rouen. Desquelles Constitutions et Ordonnancés politiques, ils avoient faict dresser et rédiger, par escript, anciens articles à eulx propres et convenables, ainsi qu'ils disoient avoir délibéré et conclud entre eux, suyvant les Ordonnances qui, ès aultres, avoient esté baillez et limitez, audict estat et mestier, lesquels articles et requeste avoient esté receuz. Et, à ceste fin, assemblé les Advocat et Procureur du Roy audict bailliage, et aultres notables conseulx, et après avoir consulté et délibéré lesdicts articles, et iceulx corrigez et réformez en aulcuns d'iceulx, lesdictz ouvriers oys et entenduz, en toutes les difficultez qui peuvent toucher ceste matière, et que en ladicte délibération a esté trouvé que l'habitation desdicts ouvriers de soye

---

[1] *Sous-entendu :* tellement.

estoit le grand bien et utilité de ladicte ville ; par l'advis et délibération desdicts officiers, et de l'acord et consentement desdicts ouvriers :

C'est assavoir Jéhan Yon, Thybauld Hémon, Gilles Granville, Pierres Valleau, Pierres Vimont, Paoul Pain, Symon Gournay, Aynemont Mellon, Jéhan Doublet, Jéhan Séné, serviteur de Aynemont Mellon, Jéhan Ravane, Julles Julien de Gagain, Nicolas Caillot, Jéhan Picquot, Symon Lesueur, Jéhan Linel, Anthoine Brouart, Gabriel Aumont, Richard Lemaistre, Vivian Vinemer, Jéhan Coquin, Robert Lesueur, Jéhan Valloys, Guyon Adenet, Hiérosme Rouault, Estienne Gournay, Cosme Camilles, Jéhan Ruelle, Loys Gournay, Claude Prévost, Jéhan Crosnier, Mathurin Donmeldes, serviteur de Jéhan Yon, Christhofle de Préaulx, Guillaume Nourry, serviteur de Thybauld Hémon, Ysabeau Yon, Jacqueline Valeau, Michelle Grainville, Marie Thévalie, Katherinne Yon, Jacqueline Hémon ;

Avons, soubz le bon plaisir et vouloir du Roy nostre sire et non aultrement, permis et accordé, et de l'auctorité de mondict seigneur le Bailly, en tant que à nous est, et comme à son office appartient, pour le bien de la chose publique, permettons et accordons ledict estat et mestier de ouvrage de tous draps d'or et de soye estre faict, exercé et continué par cy après, en ladicte ville et banllieue de Rouen, par lesdicts Maistres et Ouvriers d'yceluy, et aultres qui par cy après vouldront y venir, en gardant et observant l'ordre, constitutions et articles qui ensuivent :

I

Premièrement, est statué et ordonné que tous les ouvriers dont les noms ont esté baillez et qui, de présent, besongnent dudict mestier, en ladicte ville, excepté ceulx qui sont encore en estat d'apprentissage, sont dès à présent créez, érigez et constituez Maistres dudict estat et mestier d'ouvrer de tous draps de soye, et feront le serment, par devant mondict sieur le Bailly, ou son lieutenant, et seront enregistrez en la fin de ceste présente ordonnance, ès registres dudict bailliage, sans ce qu'ilz soient, pour ceste première foys, tenus faire aulcuns chefs-d'œuvre, payer disner, hanse, ne aultre chose.

II

Item, que les apprentis qui sont à présent louez et arrestez audict mestier, en achevant la reste de leur temps, auront et gaigneront la franchise dudict mestier. Lesquels non pourtant n'empescheront, pour ceste foys, que, pendant qu'ilz achéveront leurs temps, s'il survient audict Maistre aultres apprentis, qu'il ne les puisse prendre, pour le temps et ainsi qu'il sera cy après déclairé, en considération que cela sera cause de augmenter le nombre des compaignons dudict mestier, qui, de présent, sont en petit nombre.

III

Item, désormais ledict temps des apprentis à présent passé, nul Maistre dudict mestier ne pourra avoir ne tenir que ung apprentis, qui servira sondict maistre le temps de quatre ans, en sa maison, besongne et ouvrage de sondict maistre; lequel apprentis ne pourra estre tenu en besongne, pour essay, emplusavant de quinze jours, sans le faire jurer, sur peine de dix solz tournoys d'amende, à appliquer, moictié au Roy nostre sire, et l'autre moictié à la boëtte dudict mestier, pour supporter les fraiz et affaires d'icelluy. Et ne pourra le Maistre transporter ne bailler sondict apprentis à ung aultre maistre, s'il n'y a cause suffisante, et que en ce les Gardes du mestier soient appellez, et que à ce Justice les auctorise, sur semblable peine et amende que dessus. Et paiera ledict apprentis, à son entrée, la somme de dix solz tournoys, pour estre employez èsdictes affaires d'icelluy mestier.

IV

Item, après que ledict apprentis aura servy ledict temps de quatre ans, s'il veult estre reçeu à la maistrise dudict mestier, et [s'] il est à ce faire suffisant, il se retirera par devers les Gardes qui seront pour lor audict mestier, pour luy bailler [1] chef-d'œuvre, affin que par icelluy il monstre et justifie qu'il soit suffisant ouvrier dudict mestier. Lequel chef-d'œuvre lui sera ordonné et lymité par lesdicts gardes, et faict en la maison de l'ung d'iceulx, tel qu'ilz verront bon estre, assavoir est

[1] *C'est-à-dire :* pour qu'on lui baille.

ledict chef-d'œuvre à la merche ou la tire [1]; et qu'il fasse son harnoys et mette à poinct son mestier luy mesme, sans ce que aultre y touche ; et face sur icelluy deux aulnes de l'ouvrage qui luy seront baillez par lesdicts gardes. Et si ledict chef-d'œuvre est trouvé bon et suffisant, et tel rapporté par lesdicts gardes, il sera admené au serment, reçeu et passé maistre dudict mestier, en payant : c'est assavoir, au Roy nostre sire, pour sa hanse [2], la somme de dix solz tournoys ; à la Confrairie dudict mestier, vingt solz ; aux Gardes, pour leurs peines et vacations d'avoir assisté audict chef-d'œuvre et serment, vingt solz ; autres vingt solz à la boëtte dudict mestier, pour subvenir auxdictes affaires; et cent solz pour donner à disner honnestement auxdicts Gardes, et aulcuns des anciens maistres qui auront vacqué à la visitation dudict chef-d'œuvre, sans ce qu'il soit faict plus grand despense, fraiz, ou mise, sur peine d'en recouvrer l'oultre plus sur lesdicts Gardes, et d'amende arbitraire, à la discrection de Justice.

V

Item, et pour le regard des compaignons venant de dehors, pour besongner en ladicte ville, iceulx compaignons seront receuz à en ouvrer et besongner, en la maison et des estoffles des Maistres, et non aultres ; et aprez qu'ilz auront servy quinze jours, s'ilz se veulent allouer ou demeurer à ladicte ville, ilz paieront à la boëtte dudict mestier, la somme de dix solz tournoys, pour subvenir auxdicts fraiz ; desquelz dix solz, le Maistre où il besongnera sera tenu respondre audict mestier, sauf son restor [3] sur ledict serviteur.

VI

Item, aulcun ne pourra doresnavant tenir ouvreur [4] dudict mestier

---

[1] Termes du métier encore en usage aujourd'hui : dans le tissage *à la merche* ou *à la marche*, les fils de la chaîne, entre lesquels doit passer la navette sont soulevés au moyen de pédales appelées *marches*; dans le tissage *à la tire*, ces mêmes fils sont mus par des cordeaux qu'on tire à la main.

[2] *Hanse :* nom qu'on donnait aux sociétés de commerce pendant le moyen-âge, à certains impôts prélevés sur les marchandises, et à la bienvenue qu'il fallait payer pour être admis dans les communautés de métiers.

[3] Recours.

[4] *Ouvreur* pour *ouvroir*, c'est-à-dire atelier.

de faire drapes de soye, ne faire iceulx ouvrages, tant large que estroict, à la merche, à la tire, à la navette, ne au pigne [1], de quelque largeur que ce soit, où il y ayt or, argent ou soye, ourdy ou tissu, en la ville et cité et banllieue de Rouen, si premièrement il n'a esté reçeu et passé Maistre dudict mestier, en la forme et manière que dessus ; et se aulcun est trouvé faisant le contraire, son ouvreur luy sera cloz, et [luy] mys en amende arbitraire, à l'Ordonnance de Justice, à applicquer comme dessus.

VII

Item, s'il advenoit qu'il y eust aulcun varlet ou apprentis mal vivant, ou qu'il soit de mauvaise vie et dissolute, notoire et scandaleuse, le Maistre s'en pourra plaindre à Justice, et ledict apprentis ouy, il sera pourveu [selon ce] qu'il appartiendra.

VIII

Item, que nul compaignon dudict mestier ne pourra laisser son Maistre, au temps qu'il aura commencé une pièce d'ouvrage, que icelle pièce d'ouvrage ne soit premièrement achevée, sur peine de vingt solz tournoys d'amende, à applicquer comme dessus.

IX

Item, que nul Maistre dudict mestier ne pourra oster ne substraire le serviteur l'ung de l'autre, jusques à ce que le temps de son service soit accompliz, et son Maistre content de luy ; s'il n'avoit cause raisonnable de changer de Maistre, ou que Justice y entrevint pour l'ordonner.

XI

Item, s'il advenoit que, pendant le temps desdicts apprentissages, le Maistre de l'apprentis allast de vie à trespas, ledict apprentis, si la veufve dudict deffunct ne exerçoit ledict mestier, sera, par les Gardes, pourveu en la maison de l'ung des Maistres dudict mestier, qui n'aura point d'apprentis, affin de parfaire le temps dudict apprentissage, pourveu qu'il y ayt Maistre qui ne ayt apprentis pour le recevoir. Aultrement, il sera pourveu en la maison de l'ung desdicts Maistres.

[1] Au peigne.

X

Item, et pour le regard des filz de Maistre dudict mestier, est ordonné et statué que tous filz de Maistres, tenuz et reputez nez en loyal mariage, pourveu qu'ilz soient ouvriers suffisans, seront receuz et passez Maistres, sans faire aucun chef-d'œuvre, en payant la somme de soixante solz tournoys; c'est assavoir: dix solz de hanse au Roy nostre sire; dix solz à la Confrarie; dix solz aux Gardes; dix solz à la boëtte dudict mestier; et les vingt solz pour applicquer à desjeuner auxdicts Gardes et Maistres, pour la vaccation dudict serment; et, sans en prendre ne exiger emplusavant, sur semblable peine que dessus.

XII

Item, si aucun Maistre dudict mestier va de vie à trespas, sa veufve, durant son veufage, pourra tenir le mestier et ouvreur de son mary, à la faveur d'iceluy, pourveu qu'elle soit de bon gouvernement; mesmes tiendra l'apprentis, s'aucun en avoit, en ayant gens suffisans pour instruyre et montrer audict mestier, affin qu'il ne perde son temps, et en cas qu'elle se remarie à aultre qui ne soit Maistre dudict mestier, elle sera privée de besongner, comme Maistresse dudict mestier; mais elle pourra besongner en chambre, de ce qu'elle saura ouvrer, sans tenir aucuns serviteurs en besongne.

XIII

Item, que nul dudict mestier ne pourra tenir deux ouvreurs, sur peine de vingt solz tournoys d'amende, à applicquer comme dessus.

XIV

Item, que aucun dudict mestier ne puisse besongner d'iceluy, à jour de dimence, ne feste condamnée à garder à l'église, sur semblable peine que dessus.

XV

Item, s'il advenoit que aucun Maistre dudict mestier mariast sa fille à ung compaignon qui auroit esté apprentis dudict mestier, servy le temps de l'Ordonnance, et gaigné la franchise, en ce cas, par la faveur d'icelle fille de Maistre, iceluy compaignon sera quicte, en payant semblable somme, comme les filz de Maistres, et non plus.

XVI

Item, que les compaignons venans de dehors, ouvriers dudict mestier, qui se vouldront passer Maistres, seront receuz, en faisant chefz-d'œuvres, et payant les droictz dessusdicts, pourveu qu'ilz soient de bonne vie et honneste conversation, sans reprouche; en monstrant premièrement leur lettre d'apprentissage, ou tesmoings suffisans qu'ilz auront faict et accomply leurdict apprentissage, en ville de loy [1]; ou aultrement, s'ilz n'avoient apprins en ville de loy, pourveu qu'ilz soient ouvriers suffisans, et qu'ilz aient besongné deux ans, soubz ung Maistre, en ladicte ville et banlieue, ils seront receuz.

XVII

Item, et ne pourront les Maistres dudict mestier bailler à besongner à ung compaignon estranger, que, préalablement, les compaignons de l'apprentissage de la ville ne soient miz et preferez en besongne, s'ilz le requièrent; mesmes, ung Maistre qui n'aura de quoy tenir ouvreur, sera préféré à luy bailler à besongner, pour gaigner sa vie, audevant de tout compaignon, affin d'éviter mendicité, pourveu que lesdicts Maistres et serviteurs se donnent à prix raisonnable.

XVIII

Item, pour conserver, garder et entretenir ceste présente Ordonnance, et ledict mestier gouverner, seront esleuz, par la communaulté du mestier, quattre des expertz et suffisans Ouvriers d'iceluy, pour le présent, qui feront le serment, pardevant mondict sieur le Bailly ou son lieutenant; desquelz quattre Gardes, deux seront chacun an changez, et d'aultres mys en lieu; et seront les deux qui demourront, appellez les anciens Gardes, et les deux aultres les jeunes Gardes, affin que les ungz puissent enseigner les aultres; lesquelz quattre Gardes seront tenus et

---

[1] C'est-à-dire dans une ville où les ouvriers du même métier soient soumis à des réglemens.

subjectz faire bonne visitation des ouvrages desdicts mestiers, précédent que estre exposez en vente, et rapporteront à Justice toutes faultes, frauldes et abbus qu'ilz trouveront estre faictz et commis audict mestier, affin que la chose publicque ne soit préjudiciée.

XIX

Item, et affin que ledict estat et mestier soit bien et loyaument exercé, quant aux ouvrages d'iceluy, et que la chose publicque ne soit detrimentée des abbus et cautelles que aulcuns pourroient commettre, mesmes que la bonne œuvre soit congnue et la mauvaise apperçeue, pour la répudier, pugnir et corriger les malfaicteurs, il est statué et ordonné que tous draps de soye qui seront faictz, en la ville et banllieue de Rouen, contiendront et seront faictz des largeurs qui ensuyvent :

C'est assavoir : que les taffetas en deux filz, les moindres, auront demye aulne de large, entre les cordons; l'aultre largeur aura deux tiers d'aulne, entre lesdicts cordons; et l'aultre façon aura troys quartz d'aulne, entre les cordons; une aultre, troys quartz et demy, aussi entre les cordons; et le dernier, une aulne, entre lesdicts cordons. Et si aulcun avoit esté trouvé avoir faict aulcun taffetas plus estroict que lesdictes largeurs, il sera mys en amende, à la discrection de Justice; mais s'il se trouvoit si grand malice que ladicte largeur fut estroicte emplusavant, et oultre dix filz, elle sera forfaicte, confisquée et acquise au Roy, pour ce que c'est une malice inexcusable; de laquelle forfaicture le mestier aura la moictié, pour leur peine, sallaire et vaccation de ladicte visitation et poursuyte qui s'en fera en Justice.

XX

Item, que les taffetas qui se feront à quatre filz, en six et à huict, ayent les largeurs dessusdictes; toutesfois qui en vouldra faire en plus grand largeur que d'une aulne, faire le pourra, et n'est point deffendu.

XXI

Item, et pour ce que aulcuns Ouvriers pour engorgiasir, fallerer et polyr leurs ouvrages de draps de soye, ont acoustumé de tiltre [1] de l'or, aux commencemens ou lizières, sur la largeur, qui donne grant lustre de bonté, et monstre ce qui n'est acoustumé de faire, sinon en bons et riches ouvrages de soye, et qui portent prix et conséquence; et, soubz umbre de telles palliations et praticques, aucuns, qui ne congnoissent la bonté ou valeur d'iceulx ouvrages, en sont souvent frauldez; il est prohibé et deffendu à tous les Maistres et Ouvriers dudict mestier que, au taffetas de deux filz qui sont les moindres, ne soit mys ne exposé aulcun fil d'or ne d'argent, sur peine de confiscation, à applicquer comme dessus; mesmes que ledict taffetas de deux filz ne soit vendu pour quatre, ne le taffetas de quatre filz pour six, ne celuy de six pour huict, sur paine semblable que dessus; mais que chacun en bonne plevyne [2] seullement des filz qu'ilz contiennent et sont faictz. Toutesfoys qui vouldra mettre fil d'or ou d'argent, ès taffetas en quatre, six et huict filz, faire le pourra.

XXII

Item, et pour ce que, en l'ouvrage des sarges de soye, qui se doibvent faire totalement de fil de soye, se peult faire et commettre plusieurs abbus, tant en diminution de largeur, que à raison que, à la tilture aucuns y passent du fil de layne et aultre fil, qui est abbus audict estat, il est prohibé et deffendu à tous les Maistres et Ouvriers dudict estat et mestier, de user, mettre, ne apposer ausdictes sarges de soye aucun fil de lin, de layne, ne aultre fil, sinon qu'ilz soient de soye, ainsi que à l'ouvrage appartient, sur peine, à la première foys, de grosse amende, à l'arbitrage de Justice, et, à la seconde, de forfaicture de la pièce qui sera ainsi trouvée; le tout à applicquer, moictié au Roy, et moictié audict mestier, comme dessus.

XXIII

Item, et au regard des ouvrages de damas, ceulx qui seront d'une couleur auront demye aulne du moins, entre les deux cordons; et damas

---

[1] Tisser.

[2] Sous bonne garantie

[3] Au tissage.

à pichole, et damas caffart semblable laise, sur semblable peine d'amende, pour la première fois, de forfaicture pour la seconde.

XXIV

Item, et au regard des draps de velours, tant hault que bas velours, ils seront bien et loyaument faictz, de bonnes estoffles, matières, et tainctures loyales et marchandes, et de la largeur de demye aulne de laise, entre les deux cordons.

XXV

Item, le drap d'or, de quelque couleur qu'il soit, raiz[1], frizé ou non, sera, par semblable, faict et composé de bonnes matières, loyales et marchandes ; et auront et garderont la laize dudict satin, c'est assavoir demye aulne, entre les deux cordons.

XXVI

Item, et davantage, pour le faict desdicts draps d'or qui auront figure, soit haulte, soit basse, en nervure ou à toute ample figure, aura, par semblable, demye aulne de large, entre les cordons, sur semblable peine que dessus. Toutesfois qui en voudra faire en plus grand largeur, faire le pourra, mais, en moindre, il est prohibé et deffendu, si ce n'est pour faire rubans ou ceinctures, portans lizières des deux costez.

XXVII

Item, et au regard des satins, il est ordonné et statué que tous satins en huict lices, et, par semblable, en dix lices, auront demye aulne, entre les deux cordons ou lizières ; et deffendu de mettre ne apposer fil d'or ne d'argent ausdicts satins, s'il n'est de dix lices, affin qu'on congnoisse la différence d'entre ceulx de huict lices et ceulx de dix ; le tout sur peine d'amende pour la première fois, et de forfaicture pour la seconde.

XXVIII

Item, et pour ce que souventesfoys les Ouvriers, pour leur pra-

---

[1] Ras.

ticque, usent et meslent des soyes de faulses et mauvaises couleurs, comme de brésil qui n'est pas parfaicte ni permanente taincture, et les plevissent couleur de graine[1]; les aultres, en lieu de graine, plevissent vray cramoisy, dont advient souvent grand préjudice à ceulx qui ne si (s'y) congnoissent, et estiment que lesdictes couleurs fausses, pour la vivacité qu'ilz ont de prime face, et à l'œil, soient cramoisy ; il est prohibé[2] à tous ceulx qui voudront user desdictes couleurs qu'ilz les séparent, sans mesler, mixstionner, ne incorporer l'ung à l'aultre ; et deffendu de vendre satin rouge, ne violet, tainct en brésil, pour couleur de graine, s'il ne l'est de graine pour cramoisy, ne qu'il soit aucunement mys ne tyssu traime rouge de brézil, en chaîne de couleur de graine en cramoisy, à la peine que dessus.

XXIX

Item, qu'il ne soit aussi tyssu fil de lin ou de chanvre, en pièce de velours, à la peine que dessus.

XXX

Item, et pour ce que aux toilles d'or, il se faict en fraulde plusieurs sortes de filz, les aulcuns faulx, les aultres bons, il est prohibé et deffendu à tous Ouvriers de faire, ne faire faire aucun drap ne toille d'or, là où il y ayt une duyte d'or faulx et l'aultre bon, sur peine que le drap soit bruslé publicquement comme faulx, et d'amende arbitraire, à l'Ordonnance de Justice.

XXXI

Item, et pour ce que, à présent sont en usaige aucunes toilles d'or et d'argent, qui s'appellent et nomment communément toilles faulses, où se peuvent commettre plusieurs faultes, fraudes, et abbus, parce que le peuple n'en a pas congnoissance, ou estiment la marchandise meilleure, pour le lustre qu'elle porte, et affin de y mettre notable différence, il est prohibé et deffendu à tous les Ouvriers dudict mestier

---

[1] Les garantissent teints en graine, *c'est-à-dire* avec de la cochenille, qu'on appelait aussi graine d'écarlate.

[2] *C'est-à-dire* il est ordonné.

de faire desdictes toilles faulses, qui ayent plus de quatre dentz de cordon, affin que, par cette différence, on puisse congnoistre ladicte marchandise.

XXXII

Item, et pour ce que aucuns convoiteux, remplis d'avarice, povoient applicquer secrètement, en leurs ouvrages et opérations, aucunes eaues, gomme, et aultres drogues, qu'ilz apposent sur lesdicts draps, qui les rendent plus fermes et plus poisans pour le vendre, ou trouver bon, en poix ou en la main, en quoy plusieurs peuvent estre deçeuz et trompez ; pour éviter ausdicts abbus, il est prohibé et deffendu le faire, sur peine de forfaicture, sans attendre grace de Justice, veu que c'est tromperie et déception manifeste.

XXXIII

Item, et pour ce qu'il peult advenir que aucuns mauvais serviteurs, ou aultres, robbent les soyes de leurs maistres, et les vont revendre aux aultres maistres, dont il advient plusieurs dommages et préjudices, il est prohibé et deffendu à tous d'achapter, d'aucuns varletz ou serviteurs, lesdictes soyes, ne aultres ouvrages, sur peine d'amende, ou aultre pugnition de Justice, selon l'exigence du cas ; mais est enjoinct à ceulx ausquelz le cas s'offrira, les retenir et apporter ès mains des Gardes ou de Justice, pour en ordonner qu'il appartiendra.

XXXIV

Item, que aucun Maistre dudict mestier ne puisse faire ne vendre ruben de soye, qu'il ne soit de bonne soye, aussi bon dessus comme dessoubz, sur peine de confiscation desdicts rubens, et de dix solz d'amende, à appliquer comme dessus ; et, s'il y a aucun qui fasse ruben de soye où il y ayt du fil, que iceluy fil demeure long aux deux boutz, affin que on puisse appercevoir que ledict ruben n'est pas tout de soye.

XXXV

Item, et ne pourront lesdicts Gardes intenter ne commencer aucun procès d'importance et de conséquence, que, préalablement, la matière soit consultée et délibérée, avec le corps et communité dudict mestier, et que la pluspart s'y accordent, sur peine, aux Gardes qui feront le contraire, d'en respondre en leurs noms privez, et perdre ce qu'ilz y auront mys.

XXXVI

Item, les femmes dudict mestier qui besongnent et tiennent de présent ouvroer, le pourront, par semblable, tenir, leurs vies durans, sans avoir pour l'advenir apprentis ou apprentisse dudict mestier; mais si aucunes veufves avoient desdicts apprentis par le décex de leurs maris, ilz le pourront tenir et parfaire le service, ainsi que précédentement est déclaré, et le tout, sauf à modifier, augmenter ou dimynuer, selon et ainsi que le temps et affaire le requerront, et que Justice veoirra que bien et raison sera.

Si donnons en mandement à tous à qui il appartiendra et mestier sera, que ce présent statut ilz facent, chacun en droict soy, observer, continuer et entretenir, en donnant auxdicts Maistres et Ouvriers ayde, faveur et confort, en ce que mestier sera[1], et à leur estat et mestier appartiendra; sans permettre ne souffrir estre molestez, travaillez, ne empeschez au contraire. En tesmoing de ce, Nous, Lieutenant-général dessus nommé, avons sellé ces présentes du grand séel aux causes dudict bailliage, le vendredi, vingt sixième jour de may, l'an de grace Mille cinq cens trente et ung.

Collation faicte,
Fautrel.

---

[1] Autant qu'ils en auront besoin.

AVIS AU RELIEUR.

Les Planches doivent être placées dans l'ordre suivant :

FAC-SIMILE d'un Document du XIIe siècle, en regard de la p. 25 de la Légende du précieux Sang (cinquième pièce.)

FUNÉRAILLES de M. de Feuguerolles, en tête de la dixième pièce.

L'OISON BRIDÉ, en tête de la douzième pièce.

ROUEN,
IMPRIMÉ CHEZ NICÉTAS PÉRIAUX,
RUE DE LA VICOMTÉ, 55.

SUR L'ÉTABLISSEMENT

DES FABRIQUES DE SOIERIES

EN FRANCE.

Que la production de la soie et les industries qui emploient ce précieux fil, soient assez nouvelles dans l'Occident, c'est un fait qui est hors de contestation. Pline, le grand naturaliste, croyait que la soie croissait sur des feuilles, d'où on la retirait au moyen de l'eau. Pausanias, un peu mieux informé, reconnaissait qu'elle était due à un insecte; mais il affirmait que cet insecte vivait cinq ans, qu'on le nourrissait de roseau vert, et que ce n'était qu'après sa mort qu'on tirait de son corps une grande quantité de filets de soie. Il est évident, d'après cette explication, que Pausanias n'écrivait que sur ouï-dire, et que les vers à soie n'avaient point encore été introduits dans l'Occident, à la fin du second siècle de notre ère. Si l'on s'en rapporte à quelques historiens, il faudrait même descendre jusqu'au VIe siècle, pour rencontrer la première mention de cette importation. Sous le règne de Justinien, deux moines persans auraient, dit-on, pénétré jusqu'en Chine, et en auraient rapporté, dans des bâtons creux, des œufs qu'on aurait fait éclore à Constantinople, en les plaçant dans du fumier. Cette tradition, soumise à la discussion, ne supporterait peut-être pas l'examen; il est probable que les pieux voyageurs ne rapportèrent pas leur précieuse capture de contrées aussi lointaines que la Chine ; car, avec les difficultés du voyage à travers tant de pays inconnus, et les lenteurs du retour, il était impossible que ces germes féconds n'atteignissent pas leur entier développement avant le terme de cette longue pérégrination.

Quoi qu'il en soit, l'industrie de la soie s'étendit bientôt dans les différentes parties de la Grèce, et surtout dans le Péloponèse. Ce fut un prince de race normande qui, transplantant cette industrie de la Grèce en Sicile et en Italie, lui fit faire un nouveau pas vers l'Occident. Vers l'an 1130, Roger, roi de Sicile, neveu du célèbre Robert-Guiscard, revenant des croisades, fit la conquête de la Morée. Ayant trouvé l'industrie de la soie florissante dans cette contrée, il forma le projet de l'introduire dans ses états ; il assembla donc tous les ouvriers en étoffes de soie, d'Athènes, de Thèbes ou de Corinthe, qu'il put engager ou contraindre à le suivre ; et, à son retour, il les établit, partie en Sicile, partie dans la Calabre. La culture du mûrier et l'éducation des vers à soie se concentrèrent surtout autour de Reggio. Palerme et Messine devinrent bientôt célèbres par leurs fabriques de tissus, par leurs étoffes façonnées, à fleurs et à dorures. Il subsiste un témoignage du degré de perfection qu'avaient alors atteint ces fabriques, dans le manteau royal que fit faire le roi Roger, et que l'on a conservé jusqu'à nos jours à Nuremberg, sous le titre de manteau de Charlemagne. Lucques partagea bientôt, avec Palerme, les bénéfices de la fabrication de la soie ; mais, vers 1320, la proscription des Guelfes par Castruccio, ayant contraint d'émigrer la plupart des familles industrieuses de cette ville, Florence, Bologne, Milan et Venise surtout, recueillirent le fruit de ces divisions intestines. Bien plus, la conquête de la Morée par les Vénitiens, réunissant bientôt, dans la main de ces habiles spéculateurs, la production de la matière première et la fabrication des tissus, cette industrie prit, dans cette république, un essor étonnant ; et, pendant le quatorzième et le quinzième siècle, Venise eut les premières manufactures du monde pour les étoffes de soie brochées d'or, les damas, les velours, etc., qu'à l'aide de sa puissante marine elle exportait pour les répandre sur tous les marchés de l'univers connu.

Pendant ce temps, et dès le douzième siècle, suivant les auteurs arabes, la culture de la soie florissait en Espagne, principalement chez les Maures d'Andalousie, qui parvinrent à rivaliser, dans la fabrication de leurs étoffes, avec l'Orient même.

Rien de plus difficile à fixer que l'époque précise de l'introduction en France, soit de la culture de la soie, soit de la fabrication des soieries. On prend ordinairement pour point de départ les premiers réglemens que l'on voit promulguer, relativement à l'art dont on cherche l'origine, et l'on ne fait pas attention que ces règlemens présupposent toujours un usage long-temps continué; car, lorsqu'on en examine la teneur, on les trouve bien plutôt dirigés contre des abus déjà existans, dont il s'agit d'obtenir la réformation, que formulés dans la prévision d'inconvéniens qui pourraient survenir. Quoi qu'il en soit, c'est ordinairement au règne de Louis XI, que les historiens généraux, les auteurs de dictionnaires et de compilations, et tous ceux qui en général copient leurs devanciers, rapportent l'introduction en France des diverses industries qui emploient la soie. Cependant, il est incontestable qu'on peut citer une foule de faits qui témoignent de tentatives réitérées d'importation, et même d'une fabrication habituelle beaucoup plus ancienne. Ainsi, selon les historiens du Languedoc, lorsque Grégoire X obtint, vers 1274, de Philippe-le-Hardi, la cession du comtat Venaissin, qui devait, trente ans plus tard, devenir le siége de la papauté, il y fit planter des mûriers, et venir de Sicile, de Naples et de Lucques, des fileurs et des tisserands. Cette industrie naissante, que favorisèrent bientôt la présence et les encouragemens des papes, prit assez de développement pour que les étoffes façonnées, les damas d'Avignon, rivalisassent de perfection avec les plus belles soieries de l'Italie. Les habitans d'Avignon montraient encore, il y a quelques années, en preuve de l'antiquité de cet établissement chez eux, des ornemens d'église très anciens et très riches, qu'ils assuraient provenir de leurs manufactures primitives, et si la perfection à laquelle arrive la main d'œuvre, dans un lieu, peut devenir un témoignage certain de l'ancienneté de la fabrication dans ce même lieu, les Avignonnais pouvaient, à juste titre, revendiquer la priorité en faveur de leur ville, car il est incontestable que, vers le milieu du xviiie siècle, c'était, de toute l'Europe, l'endroit où la fabrication était arrivée à son plus haut degré de perfection.

A partir de l'époque citée plus haut et de ce point de départ, il est difficile de déterminer par quelles voies et suivant quelles vicissitudes cette industrie se répandit en France. Les habitans de Nîmes convenaient de bonne foi qu'ils tenaient des Avignonnais leurs procédés et leurs manufactures, et se prétendaient les descendans immédiats de ces créateurs de la fabrication des soieries en France. D'un autre côté, les Lyonnais affirmaient que quelques ouvriers avignonnais mécontens s'étaient joints à d'autres ouvriers venus d'Italie, et avaient fondé des manufactures dans leur ville. Selon les uns, cette émigration, résultat des guerres civiles entre les Guelfes et les Gibelins, aurait eu lieu vers la fin du XIIIe siècle; selon d'autres, cet établissement ne daterait que du règne de François Ier. Toutefois, quelques écrivains pensent que Lyon fut la première ville de France qui posséda des tissages d'étoffes de soie [1]. Ils supposent même que cette ville obtint cet avantage avant Tours, qui, jusqu'alors, avait été considérée comme ayant des droits incontestables à la priorité.

Avant de parler de cette dernière ville, il est cependant équitable de citer Paris, qui peut alléguer en sa faveur des titres non moins anciens que tous ceux que nous venons de citer. Il existe un document bien précieux pour l'histoire du commerce et de l'industrie de cette capitale, pendant le moyen-âge; c'est le recueil des statuts des communautés de métiers, qu'Étienne Boileau, prévôt de Paris sous le règne de saint Louis, fit recueillir dans une espèce de code qui porte son nom; or, le registre d'Étienne Boileau contenant plusieurs statuts relatifs aux ouvriers et aux ouvrières qui travaillent la soie, il faut bien en induire que, dès le XIIIe siècle, l'industrie de la soie s'était naturalisée à Paris, quoiqu'il reste probable que cette industrie fût encore restreinte dans des limites assez étroites, puisqu'elle n'employait que des matières qui venaient alors fort difficilement de l'étranger, et n'occupait guère que des femmes. Voici les diverses classes d'ouvriers opérant sur la soie, pour lesquels on trouve, dans le registre d'Étienne Boileau, des statuts ou réglemens : *Les filaresses de soie à grans fuiseaux*, c'est à-dire sachant *desvuider, filer, doubler et recordre;* — *les filaresses de soie à petiz fuiseaux, les crespiniers de fil et de soie;* — *les ouvrières de tissu de soie*, que l'on suppose n'avoir travaillé qu'à la rubannerie; — *les ouvriers de draps de soie et de veluyans*, dont on

---

[1] On se rappelle qu'Avignon ne faisait pas alors partie de la France.

croit l'établissement postérieur aux précédens ; — enfin, *les tesseirandes de quevrechiers de soie*, qui fabriquaient des coiffures pour les femmes.

Après cette simple indication, qui prouve que la fabrication des soieries eut, dans le nord de la France, un développement beaucoup plus ancien qu'on ne le suppose généralement, disons quelques mots de l'établissement de cette industrie dans la ville de Tours, qui a toujours passé pour se l'être appropriée la première. Tous les écrivains qui ont parlé de cet établissement sont d'accord pour le rapporter au règne de Louis XI, qui, ayant fait de la Touraine sa résidence favorite, sembla s'occuper particulièrement de ce qui pouvait enrichir la capitale de cette province. Toutefois, tous les documens que l'on a cités à l'appui de ce fait n'ont point encore été produits ou au moins constatés d'une manière irréfragable ; ainsi, l'on dit que c'est en 1470 que Louis XI fit venir à Tours des ouvriers de la Grèce, de Gênes, de Venise, de Florence, et l'on allègue des lettres patentes du 24 novembre 1466, d'autres lettres patentes du mois d'octobre 1480, par lesquelles ce monarque aurait institué ou confirmé cet établissement. Mais toutes les recherches que nous avons faites pour parvenir à la connaissance de ces lettres patentes, ont été infructueuses ; la *Collection des Ordonnances* n'en fait aucune mention, et, si elles existent, probablement elles sont enfouies dans les archives de Tours, d'où il serait fort à désirer qu'on les exhumât.

Les renseignemens les plus plausibles que nous ayons rencontrés, sur l'établissement des fabriques de soieries à Tours, nous sont fournis par un historien local [1]. Cet écrivain affirme que ce fut en l'année 1470 que Louis XI établit à Tours des fabriques d'étoffes de soie et draps d'or et d'argent, qu'il fallait auparavant tirer de l'Italie. Il ajoute que, pour cela, il fit venir à grands frais, de Gênes et de Florence, les plus habiles ouvriers qui furent logés d'abord chez les habitans, où l'on s'empressa de leur procurer tout ce qui était nécessaire à leurs travaux. Le roi continua à les encourager par divers priviléges qu'il leur accorda depuis. Entr'autres, il leur permit de disposer de leurs biens en faveur de leur parens qui habitaient hors de France ; enfin, par lettres patentes du mois d'octobre 1480, il affranchit tous les ouvriers en soie, tant fran-

[1] Chalmé : *Histoire de Touraine*, II, 265.

çais qu'étrangers, du droit de taille et de toute autre espèce d'imposition. On dit que Charles VIII, au retour de son expédition de Naples, en 1495, amena avec lui une nouvelle colonie d'ouvriers qu'il établit à Tours, en leur donnant pour chef et directeur un habile ouvrier, nommé François le Calabrois; on ajoute, qu'au mois de mai 1497, par lettres patentes données à Saint-Just-lès-Lyon, il confirma tous les priviléges que son père avait accordés à la ville de Tours, en faveur des *maîtres, ouvriers et compagnons besongnant l'art et mestier de faire draps d'or et de soie.*

L'ordre chronologique nous amène à parler maintenant du document que nous publions, et qui prouve que Rouen suivit de près Tours, dans la nouvelle carrière industrielle que cette ville s'était ouverte. Il est daté de 1531, et, par conséquent, se rapporte au règne de François Ier; mais on peut induire, des termes dans lesquels il est conçu, et du nombre des ouvriers que la fabrication des soieries occupait alors à Rouen, que l'établissement de ces derniers pouvait être antérieur d'un assez grand nombre d'années, et remonter presque au commencement du xvie siècle.

Au reste, ces statuts sont extraits du livre même de la communauté des fabricans de draps d'or, d'argent et de soie, établis dans la ville de Rouen. Ce livret, qu'on conserve aux archives de l'Hôtel-de-Ville, est un petit in-4°, décoré en tête d'une précieuse miniature que le temps a fortement endommagée, mais qui laisse pourtant encore apercevoir, à travers ses nombreuses dégradations, la suavité du style italien dans lequel elle est exécutée. Elle représente la patrone des fabricans, occupée à tisser sur un métier, et servie par une multitude de petits anges ou de génies qui lui présentent la soie et les fuseaux, ou qui, groupés de toutes parts autour d'elle et jusque sur les pièces d'assemblage du métier, semblent lui composer une cour nombreuse et empressée. Ce volume, indépendamment des statuts que nous publions, et qui en forment la pièce d'introduction, contient un assez grand nombre de supplémens ou de modifications à ce réglement primitif, et, en outre, des confirmations par François Ier et par Henri II; on y trouve enfin différens arrêts rendus sur des contestations pour faits de métier. La dernière pièce est datée de 1595.

Tous ces documens, comme on le voit, sont bien antérieurs à ceux que M. Floquet a publiés récemment dans une intéressante notice intitulée : *Établissement, à Rouen, en 1604, d'une manufacture de soieries, favorisée par Henri IV* ; ils prouvent que la fabrication des soieries existait à Rouen, à cette dernière époque, depuis près d'un siècle ; que cette fabrication y était établie sur de larges bases, puisque les fabricans s'étaient formés en communauté, et que leurs statuts avaient reçu la sanction de plusieurs rois ; enfin, ils autorisent à tirer cette conclusion que Henri IV ne fit que tenter de donner à ces manufactures un nouvel essor, en favorisant la propagation des vers à soie ; tentative qui n'eut probablement que des succès fort problématiques, puisqu'on ne trouve point de traces des plantations de mûriers qu'on aurait dû nécessairement exécuter, pour subvenir aux besoins de cette nouvelle exploitation.

Il est, d'ailleurs, naturel de supposer que la soie récoltée à Rouen, et qu'on montra en 1604 au bon roi, pour l'engager à protéger de sa faveur royale cette industrie naissante, ne devait être qu'un échantillon de curiosité. La Normandie, en effet, ne pouvait avoir alors de mûriers, puisque la Touraine elle-même n'avait vu exécuter ses premiers semis que l'année précédente, au moyen de trente livres de graines de mûrier que la ville de Tours tira du Languedoc, à raison de quarante sous la livre, et de vingt milliers de jeunes plants, au prix de trente-trois livres sept sous six deniers le millier. Il est vrai qu'un édit du 21 juillet 1602 avait ordonné de planter des mûriers autour des villes de Paris, d'Orléans et de Tours ; mais il est constant que ces plantations ne purent réussir que sous le climat relativement plus méridional de cette dernière ville. Du reste, on ne trouve aucune mention de plantations exécutées, vers cette époque, aux environs de la ville de Rouen.

Cependant, à l'aide de l'importation des matières premières, la fabrication des soieries se soutint à Rouen, car la communauté, qui subsistait encore florissante vers le milieu du siècle dernier, fit imprimer alors ses statuts réformés, sous ce titre : *Ordonnances, Statuts et Réglements des marchands, maîtres, ouvriers de draps d'or et de soie, etc., de la ville de Rouen.* — Rouen, 1735, in-8°.

Nous ne saurions fixer l'époque vers laquelle la fabrication des soieries cessa d'être cultivée dans la ville de Rouen ; toutefois, nous avons constaté que, dans le *Tableau de Rouen* pour les années 1775 et suivantes, dans lequel on trouve une statistique très complète des divers corps de métiers, les fabricans de draps de soie n'y figurent point. Ainsi, c'est dans l'intervalle qui s'est écoulé depuis la dernière édition des statuts de la communauté jusqu'à la date citée plus haut, que cette l'industrie se sera éteinte ou transportée ailleurs.

L'insuffisance et le peu d'authenticité des renseignemens que nous avons pu recueillir pour établir les données essentielles de ce petit aperçu, témoignent assez de ce fait : que la plupart des documens nécessaires à l'histoire générale ou particulière de l'industrie, sont encore enfouis dans la poussière des archives des villes ; que c'est surtout dans les statuts des diverses communautés de métiers, que l'on peut espérer de trouver l'indication de la naissance et des progrès de chaque art et de chaque industrie ; enfin, qu'il est à désirer que chaque ville, considérée de tout temps comme un grand centre d'activité manufacturière et industrielle, suive l'exemple donné par la commission instituée pour la recherche des documens inédits sur l'histoire de France [1], et publie un recueil des plus anciens statuts jadis en vigueur dans sa circonscription.

[1] *Réglemens sur les arts et métiers de Paris*, rédigés au XIIIe siècle et connus sous le nom de *Livre des métiers d'Étienne Boileau;* publiés pour la première fois en entier, d'après les mss., avec des notes et une introduction, par C.-B. Depping. — Paris, 1837, in-4°.

A. P.

TABLE DES PIÈCES

CONTENUES DANS CE VOLUME.

I. Chronique du roi Richard, depuis son retour de la Palestine jusqu'à sa mort.

II. Chronique rimée relatant divers événemens de l'histoire de France, arrivés pendant le xiiie et le xive siècle.

III. Siége de Rouen par le roi Charles VII, en 1449.

IV. Chronique de l'abbaye de Saint-Wandrille.

V. Histoire du précieux Sang de N. S. J.-C., conservé en l'abbaye de Fécamp.

VI. Introduction de la Réforme de la congrégation de Saint-Maur, dans l'abbaye de Fécamp.

VII. Troubles excités par les Calvinistes dans la ville de Rouen, depuis l'an 1537 jusqu'en l'an 1582.

VIII. Journal d'un Bourgeois de Rouen, mentionnant quelques événemens arrivés dans cette ville, depuis l'an 1545 jusqu'en l'an 1564.

IX. Passage de Jacques II, par la ville de Rouen.

X. Funérailles de M. et de Madame de Feuguerolles, dans l'abbaye de Saint-Ouen de Rouen.

XI. Installation et Funérailles de Claude-Maur d'Aubigné, archevêque de Rouen, en 1708 et 1719.

    Installation de messire de Besons, successeur de M. d'Aubigné.

XII. L'Oison bridé, redevance singulière imposée aux moines de Saint-Ouen.

XIII. Lettres patentes en faveur de Richard Lalemant, et Établissement de l'imprimerie à Rouen.

XIV. Établissement, dans la ville de Rouen, des fabricans d'étoffes de soie, de draps d'or et d'argent, etc., en 1531.

www.ingramcontent.com/pod-product-compliance
Lightning Source LLC
Chambersburg PA
CBHW072009150426
43194CB00008B/1044